国家社会科学基金（14BZZ051）资助出版
教育部人文社科基金（17YJC790188）资助出版
重庆内控科技中心资助出版

乡村治理框架下农村审计创新研究

李　歆　杨兴龙　薛　俨　杨开元　赵匀滔 ◎ 著

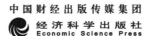

中国财经出版传媒集团

经济科学出版社

Economic Science Press

图书在版编目（CIP）数据

乡村治理框架下农村审计创新研究／李歆等著 . —
北京：经济科学出版社，2021. 2
ISBN 978 - 7 - 5218 - 2380 - 6

Ⅰ. ①乡…　Ⅱ. ①李…　Ⅲ. ①农村经济—审计—研究—
中国　Ⅵ. ①F239. 61

中国版本图书馆 CIP 数据核字（2021）第 028057 号

责任编辑：李　军　谭志军
责任校对：靳玉环
责任印制：李　鹏　范　艳

乡村治理框架下农村审计创新研究
xiangcun zhili kuangjia xia nongcun shenji chuangxin yanjiu
李　歆　杨兴龙　薛　俨　杨开元　赵匀滔　著
经济科学出版社出版、发行　新华书店经销
社址：北京市海淀区阜成路甲 28 号　邮编：100142
总编部电话：010 - 88191217　发行部电话：010 - 88191522
网址：www. esp. com. cn
电子邮箱：esp@ esp. com. cn
天猫网店：经济科学出版社旗舰店
网址：http://jjkxcbs. tmall. com
固安华明印业有限公司印装
710 × 1000　16 开　13 印张　220000 字
2021 年 6 月第 1 版　2021 年 6 月第 1 次印刷
ISBN 978 - 7 - 5218 - 2380 - 6　定价：56. 00 元
（图书出现印装问题，本社负责调换。电话：010 - 88191510）
（版权所有　侵权必究　打击盗版　举报热线：010 - 88191661
QQ：2242791300　营销中心电话：010 - 88191537
电子邮箱：dbts@ esp. com. cn）

序

党的十九届五中全会提出"十四五"时期要全面推进乡村振兴。实施乡村振兴战略需要用法治思维引领乡村治理。为保障乡村振兴战略如期实现，中央全面依法治国委员会《关于加强法治乡村建设的意见》提出了到2035年，"乡村治理体系和治理能力基本实现现代化，法治乡村基本建成"的建设目标。

自《中华人民共和国村民委员会组织法》颁布实施以来，我国的乡村治理与基层民主取得了长足的进步，伴之而来的是涉农资金投入的不断攀升。由于农村经济监督体系还不健全，这些资金成了少数农村干部眼中的"唐僧肉"。建立健全统一高效、适合农村经济社会发展需要的农村审计制度，是法治乡村建设的重要内容，也能为提高涉农资金使用效率、全面实现乡村振兴提供坚实的保障。作为一项保障组织目标达成的制度设计，农村审计能够在这场社会治理、政府治理和产业转型的大变革中，担当更大的历史使命，它不应缺席这场深刻的乡村治理变革。令人欣喜的是，院校审计理论研究的触角已经逐渐延伸到农村审计，乡村治理框架下农村审计的探索已经起步，但还远远不能够满足农村审计实践的需要，存在着许多不尽如人意的地方。比如有的研究注意到了监督失效和信息不对称对乡村治理的不利影响，但对于背后更深层次的问题，如村级审计对乡村治理的作用机理等，尚未做系统深入的研究；多数农村审计的文献侧重对现状、问题和对策的阐述，较少从国家治理和乡村治理的高度做系统性的谋划与设计。

该书的问世一定程度上弥补了上述缺憾，主要有以下的特点和贡献：

（1）理论联系实际。该书将农村审计置于乡村治理系统中进行研究，具有明显的学科前沿性；从多维度（三种审计模式）、多学科交叉（政治学、社会学、审计学）研究农村审计的主体定位和模式选择，尝试构建了一套有效的运行机制，具有理论上的创新性；将农村审计纳入乡村治理的框架下进行研究，发展了国家审计和国家治理理论；更可贵的是，该书从中国乡村社会的实际出发，设计了具有中国特色的农村审计运行机制，为相关部门决策提供了有力的依据和支撑，也为广大农村审计工作者指明了未来发展与改革的路径。

（2）观点新颖。在部分章节中，作者提出了不少新颖的见解如提出信息对称是知情权存在的前提，知情权是参与权的基础，乡村治理要实现大众民主，必须以亿万普通村民的民主素养的养成为根本依靠，提高村务信息的透明度和可靠性，有助于培养村民民主素养和村民自治的实现。又如，乡村治理是国家治理的一个重要组成部分，是国家治理的微观体现，农村审计是乡村治理的内生变量，作为一种强有力的外部监督工具，审计参与乡村治理可以有效地解除信息不对称问题，对实现乡村"良治"有重要意义。

（3）时代性强。该书以中共十九大和十九届二中、三中、四中、五中全会精神为指引，以党中央、国务院《关于实施乡村振兴战略的意见》《关于加强和改进乡村治理的指导意见》《中国共产党农村工作条例》《关于加强法治乡村建设的意见》等政策文件为依据，系统探索了农村审计定位、审计对象、审计范围、审计标准、审计方法等理论问题，具有鲜明的时代气息。

总之，该书是一部理论研究与实践创新并举的著作，丰富和发展了审计理论和国家治理理论，对审计学科建设和农村社会发展有新的贡献，在农村审计运行机制设计上有创见，具有鲜明的时代特征，为我国农村审计工作的开展提供了重要参考。

当然，任何学术观点的提出都必须接受实践的检验。我期望看到作者团队在这个领域做持久和细致的耕耘，贡献更多让人欣喜的政策建议。

2021 年 1 月

前　言

近年来，由于经济监督存在盲区，缺乏常年性、专业性专业监督手段，部分农村地区集体资产流失问题突出，损害了农村集体经济的健康发展，加剧了党群干群的矛盾，甚至影响到农村基层政权的稳固。作为乡村治理和国家监督体系的重要组成部分，农村审计对农村集体经济活动和村级公共资金管理发挥积极的保障和促进作用。

农村审计制度的形成，离不开乡村治理这一重要的环境因素。我国是一个多民族的国家，各地风俗文化差异较大，不同历史时期形成了不同的乡村治理模式。在历时长久的传统小农耕作时期，中央高度集权但县级以下不设正式的国家政权机构，乡村治理权力和社会秩序主要由宗族、乡绅控制。晚清时期，为了应对帝国主义列强入侵所造成的国家治理危机，强化对乡村社会的控制和掠夺，清王朝开始实行推行乡镇自治，试图将国家权力渗透到乡村社会。民国早期，军阀割据，国家处于无政府状态。民国后期，国民党军阀内部不和，组织涣散，乡镇自治一直未能真正实现。中华人民共和国成立初期，延续解放区乡村治理的成功经验，农村基层政权主要实行乡村政权并存的治理结构。1958 年，随着人民公社化运动的推行，以人民公社为基础的乡村治理组织体系逐渐确立。改革开放以后，国家在乡村设立乡镇政府和村民委员会，分别行使不同权力，形成了乡政村治的乡村治理模式。进入新时代，乡村振兴和农村基层的有效治理需要多方主体共同参与，村党组织领导下多元共治的乡村治理模式得以形成。

以人民为中心是中国特色社会主义道路的根本遵循。让改革发展成果更多惠及全体人民，是我国改革进程的总基调和基本要求。但在乡村社会实现共同富裕过程中，损害群众利益的小官贪腐行为还一定程度上存在，村民自治需要外部常态化、制度化的监督力量做保障。作为乡村治理体系的组成部分，农村审计是实现乡村善治的重要保障，在优化村权结构、推动多元主体参与、缓解乡村治理信息不对称、推动国家重大政策落实等方面发挥着积极的作用。

我国农村审计现行的法规依据主要是农业农村部的部门规章。在实务中，农村审计工作主要由乡镇经管站承担。近年来，随着村级财务管理模式的变化，不少地方积极探索农村审计改革，形成了政府直审、三年一轮审、村居巡回审计庭、独立机构审计、联合审计等多种模式，推动了村庄有效治理。中共十八大以来，中央十分重视农村基层的审计监督工作，在多项政策文件中明确了对农村审计监督的要求。但从农村审计所发挥的作用来看，与中央的要求还存在较大的差距。农村审计需要在遵循审计学科一般规律的基础上，针对村级经济监督的实际需求，从机制、理念、方法等诸方面进一步创新。

沿着以上基本脉络，本书从农村审计所处的环境维度，探寻乡村治理结构演变的内部原因和历史背景，比较分析不同区域村民自治的现状和问题，以及城镇化影响下乡村治理面临的机遇与挑战。在此基础上，分析乡村治理各要素之间的关系及其运行机制，并以产权理论、委托代理理论和国家治理理论为基础，厘清农村审计助推村民有序参与乡村治理的内在机理。结合村级公共资金内部监督和外部监督的现状，识别村级公共资金内部有效监督难以形成的原因，探索农村审计创新路径。在坚持党对农村审计工作全面领导的原则下，从组织模式、行为模式、审计内容和审计环境四个维度进行创新。

本书的基本结构如下：第一章绪论，主要阐述研究的背景和意义，并梳理和评价乡村治理和农村审计方面所做的研究贡献；第二章是相关概念与理论基础，首先对乡村治理、国家治理和农村审计等概念进行界定，其次分析农村审计所依据的国家治理理论、委托代理理论和产权理论；第三章为我国乡村治理的历史演变，从近现代乡村治理模式的演变过程和推动我国乡村治理向现代化演变的动因两个方面进行阐述；第四章为我国乡村治理的现状和问题；第五章为村级审计监督现状与问题，分为三个小节，第一节描述我国农村审计监督法规概况，第二节总结我国农村审计监督典型实践并对其进行比较，第三节对我国农村审计存在的问题进行分析；第六章是农村审计创新，分别从农村审计创新的原则、农村审计组织模式创新、审计行为模式创新、农村审计内容创新和农村审计环境优化五个方面进行阐述。

本书由李歆、杨兴龙、薛俨、杨开元和赵匀滔共同完成。具体分工为：

李歆负责第一章第一节，第二章第一节，第五章第二节、第三节，第六章第二节、第四节。杨兴龙负责第一章第二节，第五章第一节，第六章第一节、第三节。薛俨负责第四章第四节和第六章第五节。杨开元负责第二章第二节和第四章第一、二、三节。赵勻滔负责第三章。

李　歆

2021.1

目　录

第一章 绪 论

第一节 研究的背景和意义

一、研究背景

农村工作在党和国家事业全局中具有重要战略地位，是全党工作的重中之重①。党中央历来重视"三农"问题，始终把解决好"三农"问题作为全党工作的重中之重，连续多年出台的"中央一号"文件，都是与解决"三农"问题有关。在中共十九大报告中，把"三农"问题作为关系国计民生的根本性问题，并提出实施乡村振兴战略。在中共十九大后的中央农村工作会议、中央全面深化改革委员会中，分别对乡村振兴和乡村治理提出了明确的建设目标：（1）2020 年基本形成乡村振兴和现代乡村治理的制度框架和政策体系；（2）2035 年基本实现农业农村现代化，党组织领导的"三治"相结合的乡村治理体系基本完善，并实现乡村治理体系和治理能力现代化；（3）2050 年全面实现乡村全面振兴。

为实现乡村振兴，更好地促进各乡镇、村庄更快、更稳定、更和谐的发展，各级政府、各个部门都加大了对农村建设的投入，形成了农村公共资金投入主体多元化、来源层次多元化、架构多样性、管理条块型且涉及广泛等特点，使得村级公共资金监管出现诸多问题（赵金楼、李曼静，2009），部分农村地区由于经济监督存在盲区，常年没有开展专业性的经济监督，导致虚报冒领、挤占公共资产、收取回扣等问题层出不穷（梅敏，2014）。因此，在完善乡村治理、推动乡村振兴的过程中，必须加强对村级组织经济活动和财务管理的经济监督。村级财务管理与财务监督不仅是 9 亿人口农村的一项重要且基础性的工作，同时也是一个最敏感的热点、焦点、难点问题，关系群

---

① 《中国共产党农村基层组织工作条例》（2019 年修订）。

众的切身利益，关系农村的改革、发展和稳定，关系社会主义和谐农村的创建，关系我国深化经济的改革发展（陈超儒等，2010）。

近年来，各级党委、政府一直在加强和规范农村财务管理和财务监督方面进行不懈努力，但农村财会规章制度不健全、管理不规范、集体资产流失严重、资金利用效率低、浪费严重等现象依然存在。"村民难参与、公开难到位、民主难实现、管理难规范"等村级财务管理问题依然没有解决，影响了社会稳定，极大地阻碍了农村经济发展和农村社会进步。在推进乡村振兴、完善乡村治理和社会主义新农村建设过程中，如何紧紧围绕乡村有效治理的要求，创新农村审计的领导体制和组织领导、优化农村审计的运行机制、拓宽农村审计的内容、强化现代信息技术在农村审计中的应用、优化农村审计的环境，是一个亟待研究和解决的问题。

二、研究意义

村级治理机制的完善既是农村一项重要的基础性工作，又是一个最敏感的热点、焦点、难点问题，关系农村的改革、发展、稳定和社会主义和谐农村的创建。自《中华人民共和国村民委员会组织法》（简称《村民委员会组织法》）颁布实施以来，我国的乡村治理与基层民主取得了长足的进步。但"四难"问题依然没有解决，影响了农村和谐与稳定。本书以中共中央提出的乡村振兴战略为背景，立足于乡村治理体系的完善来设计村级审计的有效运行机制，为广大地区农村审计监督的发展提供了可供实现的途径，具有极大的现实意义和实际应用价值。

1. 有助于建设完善的乡村治理体系，实现乡村的全面振兴

治理有效是乡村振兴战略的保障（耿永志、张秋喜，2018）。农村产业的发展需要各方主体参与并形成合力，没有有效的乡村治理，各方主体的合力就很难形成，产业兴旺就会缺乏动力。兴旺的乡村产业虽然提升了农民的收入和物质文化生活，但也可能会对生态环境产生威胁，解决农村产业发展可能带来的环境污染问题，需要良好的制度设计和执行，需要重构人与自然、人与人之间的合作关系，缺乏有效的乡村治理，很难建设和维护宜居的乡村生态环境。良好的文明乡风无法一夜形成，需要长期的培养和积累，只有良好的制度和机制，才能确保村民间向心力和凝聚力的形成并得到维持，没有有效的乡村治理机制作为黏合和维持作用，文明乡风将难以形成。本书结合

国家审计、注册会计师审计和内部审计的优缺点探索建立农村审计监督机制，有助于有效防止农村集体资产流失，维护农民群众的根本利益，促进农村集体经济健康发展；有助于村务信息的公开透明，保证农民依法行使民主权利，提高村民的参与意识，调动广大村民参与村庄公共事务的积极性和主动性，扩大基层民主，促进村民自治的实现；有助于提高村干部权力运行的透明度和规范化，促进基层党风廉政建设，化解村干部和村民间的矛盾，进一步密切党群干群关系，保持乡村社会稳定；有助于实现在法治的框架内对村干部受托经济责任履行情况进行有效监督，促进村级民主法制建设；有助于健全自治、法治、德治相结合的乡村治理体系，促进全社会的和谐发展和乡村振兴战略的实现。

2. 有助于农村经济监督体系的完善

近年来，国家在"三农"方面投入了大量的财政资金，涉及农田、水利、交通、环保、科技等各方面。为了确保这些专项资金的安全有效使用，财政及各行业主管部门制定了一系列的制度规范，但由于乡村各类业务事项涉及管理部门多、中间环节多、链条长，各监管主体之间的沟通协调不够，而且村庄分布广、地点偏远，导致农村经济监管体系难以有效形成，再加上村民的财务管理意识比较薄弱，群众监督不到位，使得村级财务账目混乱、乱收乱支现象屡见不鲜，甚至在部分地区出现了村干部利用职权侵占集体资产的现象。本书的研究，构建了农村审计中心与村务监督委员会、国家审计机关、纪委监委、司法机关、农业主管部门、民政部门和财政部门等村级组织内外部经济监督机构的协同机制，有助于从根本上解决小微权力腐败屡审屡犯等问题。

3. 有助于提高农村财务人员的素质，规范村级财务管理，确保会计数据和资料的真实可靠

当前农村财务人员的业务水平普遍偏低，相当一部分村级财务人员没有经过专业知识培训，账务处理不能严格遵守会计核算要求，影响了农村会计工作的正常开展，严重阻碍农村财务工作的顺利、有效开展，影响农村经济发展。本书所构建的农村审计机制，一方面，能够促进农村财务人员不断地提升业务水平；另一方面，能够及时纠正各类不符合农村财务制度的经济业务，促使农村经济组织建立健全财务管理制度，约束和规范财务监管人员和资金使用人员职务行为，确保经济业务的合法合规，确保会计数据和资料的

真实可靠。

4. 有助于提高村民的民主管理和民主监督能力

现阶段，部分农村地区的财务公开还不是特别规范，个别地区存在财务造假现象。本书成果的应用，一方面，将大大提升农村审计的效率和质量，通过有效审计，及时指出农村财务管理中存在的问题，提升村民参与民主监督的能力；另一方面，有效的审计监督将大大促进农村财务公开制度的实现，有利于村民深入了解村庄财务收支状况，确保村民的知情权，并提升村民民主参与的热情，改善干群关系，增强乡村社会凝聚力，促进农村社会的稳定。

5. 有助于提高农村领导干部的清正廉洁，维护农村社会稳定，推动农村经济的健康发展

在农村发展过程中，广大农村党员干部为农村经济社会发展做出了重要贡献。农村党员干部队伍的主流是好的。但也应当看到，随着经济的发展，广大农村地区的集体资产不断累积和增值，个别农村地区的基层财务管理工作仍然比较薄弱，对经济活动的有效监督尚未形成，还存在滥用职权、挥霍公款、贪污腐败等亟待解决的问题和弊端。本书成果的应用，可以有效防范农村党员干部滥用职权，减少村干部犯错的机会；可以对村干部在职期间的经济发展建设做出公正系统的评价，消除群众的种种怀疑，使干群矛盾得以化解；可以提升村民民主意识，通过制度化、规范化的方式化解干部矛盾，促进农村社会的稳定；可以促进农村集体资产的合理分配和高效使用，保障农村集体经济的健康持续发展。

第二节　文献综述

一、乡村治理研究综述

国外相关研究中并没有使用"乡村治理"一词，对乡村治理的研究主要集中在"地方自治"或"区域自治"的集权与分权讨论中。在国内，有关乡村治理的研究重点随着农村政治经济改革的推进而变化。

20 世纪 80 年代，人民公社制度已越来越不适应时代要求。随着"乡政村治"模式的逐渐形成，不同学科的专家学者开始大规模地开展乡村治理研究，主要从公共权力配置与运行（徐勇，2003；党国英，2005；温铁军，2006；

贺雪峰，2007；卢福营，2010）和不同治理主体在乡村治理中的作用与影响（于建嵘，2003；贺雪峰，2005；汪荣，2013）角度进行研究。

《中华人民共和国村民委员会组织法》颁布实施后，中国各地开始了以村民自治为主要标志的乡村治理实践活动，学者们研究的重点开始转向村民自治实践存在的问题。村民自治是法律所保障的制度化的乡村治理机制，它为乡村社会的和谐发展和平稳运行提供确定的制度框架（董颖鑫，2013）。但由于村民自治是一种自上而下的制度供给，而非乡村社会的自发行为，在嵌入乡村社会的过程中难免会出现摩擦，其在表现出优越性的同时，也面临大众民主难以有效推行的种种困局。保证群众知情权、参与权和监督权是大众民主的基础（林丽娜，2012），但一直以来，乡村治理都被信息失衡所困扰（王守智，2008）。推行村务公开制度，增加了政策执行的透明度和信息反馈的及时性，可以较大地节约交易成本（丁煌、吴艳艳，2012）。但在村务公开具体的运行过程中，农村基层组织垄断了村务信息（王世兴，2011），导致村民参与不积极，村务公开质量不高（周燕玲，2012），公开流于形式，缺乏真实内容（徐雪峰，2013），不及时、不透明，反馈渠道不通畅（宋海青，2013）等问题，容易引发农村基层干群关系紧张，甚至爆发群体性事件。这一治理困境是制度运行不力或无效的表现（杨沛艳，2011）。随着城镇化的推进，我国村级治理面临新的挑战，一方面，城镇化将使乡村治理的事务更加复杂，治理成本更高，治理难度增加（朱玉伟，2013）；另一方面，城镇化过程中，一些有文化、有知识、有较强的公共事务管理能力的农村精英流向城市，在一定时期内造成农村治理资源的缺乏，治理能力下降（柯芳、张翠，2011；李姗，2012）。

随着乡镇振兴战略的提出，如何建设有效的乡村治理体系成为学者们研究的重点。学者们普遍认为，乡村治理是一个系统工程（周少来，2018；黎珍，2019；赵晓峰、马锐，2019）。新时代的乡村治理体系建设是一项艰巨的任务（刘守英、熊雪锋，2018），需要充分发挥自治、法治、德治在乡村治理中的作用（焦石文，2018）。自治、法治和德治（简称"三治"）是乡村治理体系中不可或缺的三个要素，它们相互区别，又相互联系（邓超，2018；吴理财，2018）。自治是乡村治理体系的核心，是乡村治理体系建设的前提与基础。村民自治的过程，需要法律制度引导乡村社会发挥内生动力（邓超，2018），在法规制度的保障下参与村庄事务（冉光仙、徐兴灵，2018），通过制度化，使乡村治理逐渐走向依法治理的过程（吕德文，2019；贺雪峰，2018）。在城镇化和大量村民外流过程中，一些乡村出现道德滑坡，传统文化逐渐消融解体（王文彬，2019）。重构社会主义乡村新文化，需要把德治融入乡村治理体系中，激活传统道德文化的制约力量，以村规民约促进村民自治的程序规则（乔惠波，2018；王裕根，2018；汪鑫、李渡，2019）。通过"三治"的有机融合，实现乡村社会的有效治理（邓建华，2018；吕德文，2019；陈寒非，2019）。

二、农村审计监督研究综述

（一）农村审计监督的实践探索

1. 监审合一的农村集体经济审计实践

2005年，浙江省余姚市成立了农村集体经济审计中心，负责全市农村集体经济审计的指导监督工作。审计中心以余姚市审计局管理为主，农林局协助。在各乡镇（街道）设立监察审计室，与纪委合署办公，负责本乡镇（街道）农村集体经济的具体审计工作。村级财务实行"三年一轮审"，审计内容包括"三资"管理、工程项目、村干部任期届满或离任等事项。2011～2013年，全市各乡镇（街道）共组织工程项目竣工结算审计3694个，审计金额49亿元，核减工程款2.61亿元（陈德霖，2014）。2014年，江西省吉安市安福县从县纪委、农工部、审计局等单位抽调财会、审计专业工作人员组建专项审计骨干队伍，对近年来实施新农村建设点的村进行直接审计。在此基础上，对19个乡镇农村经管站"三资"管理情况进行异地交叉审计，共审计查处管理不规范资金2738.2万元，出具审计报告275份，提出整改意见725条（刘丽强，2015）。

2. 县级农业主管部门主导的农村审计实践

浙江省丽水市云和县于2005年成立"云和县农村审计室"，与县农业局农经站合署办公，两块牌子、一套人马，审计人员全部为县农业局的农经干部和乡镇农经员兼任，以"三年一轮审"的方式开展村级财务审计工作（廖少兰等，2015）。浙江省温州市平阳县在农业局成立农经审计站，承担全县600多个村的审计任务。乡镇不设专门的农村审计机构，也不配备专职的审计人员，由乡镇农经人员负责本辖区村级财务工作并兼任审计员，审计对象主要是群众反映强烈的村集体（朱小洁，2015）。山东省沂源县在农经局设立农村集体"三资"管理科，负责全县农村集体经济的审计指导工作。各镇街依托农经站设立农村集体经济审计站，实行一套人马、两块牌子合署办公。全县共设农村审计机构 13 个，审计人员近百人（唐敬国、董纪民，2015）。

3. 乡镇主导的农村审计实践

福建省屏南县由乡镇经管站承担农村集体经济审计工作，经管站受乡镇政府和县农业局双重领导。县农业局负责业务指导工作，而乡镇政府负责日常管理工作。经管站承担农民专业合作社组织指导、农村集体经济审计、农村土地承包合同管理、农民负担监督管理等工作。经管站不设专职审计人员，由农经人员兼任（陈金状，2015）。广东省潮州市农村集体经济审计主要是乡镇经管站主导，审计内容主要为涉农资金的审计，没有专门开展对农村集体经济的日常财务收支和干部经济责任审计（郑炜亮，2014）。

（二）农村审计监督的理论探索

受体制的束缚，农村地区几乎是各种经济监督的盲区，这是农村各种经济问题、各种经济矛盾日益加深的一个重要原因（赵金楼、李曼静，2009）。由于缺乏有效监督机制，致使村集体资产的管理缺乏效率（陈超儒等；2010），同时也在一定程度上诱发了个别村干部利用制度漏洞挤占挪用村集体资产，甚至进行贪污，其结果是村民对村干部的不满意见增加，村干部威信下降，干群矛盾激化，影响着农村的和谐和稳定（白海峰、杨少峰，2010；李歆、王路瑶，2016）。鉴于此，部分学者对农村经济监督和农村审计问题进行了研究。

在外部，经管站是村级财务审计监督的主要力量，但县乡两级农经管理力量配备不强，农经队伍专职化率不高（章海锋、任国华、俞丽芬，2010）。农村审计机构队伍建设滞后，没有设立农村审计机构，没有配备专职审计人员，没有落实审计经费（叶爽，2010；张志，2015），审计队伍整体素质偏低（陈金状，2015；张连风，2015）。有的经管站还同时履行会计职能，令审计的独立性、客观性、公正性受损（陈琛凝，2010；陈金状，2015；黄波兰，2015）。作为外部人员的农经人员，对村级财务审计监督活动是否认真负责，主要取决于其对财务审计监督后果的功利性判断，他们缺乏成为村级财务审计监督"积极的"责任人的动机（赵志明，2006）。在针对村级财务、农民负担等内容进行审计时，普遍存在审计项目狭窄、不到位等情况（庄俊娟、王宝香，2008；李歆、王路瑶，2016）。在执行审计结果时，常常由于缺乏手段而使被审计单位存在侥幸心理，审计执行难的问题比较突出（张志，2015；柳尚德，2017）。

在内部，村级集体资产产权不明晰，农民群众作为资产所有者地位虚置，农民对本村的集体资产很少有知情权、参与权、处置权和监督权（刘明，2008）。作为代理人的村委会成为天然的、事实上的、司法支持的集体资产管理受托人，甚至成为事实上的资产所有者，行使着资产的占有、使用、分配与处置等全部资产权利（刘知林，2007）。全体村民作为农村集体资产的所有者和农村社区公共资源的提供者，村委会的管理行为直接涉及村民的切身利益，村民应是村级财务审计监督的"积极的"责任人。而由村民代表组成的民主理财小组应是村级财务审计监督的主要形式（赵志明，2006）。但由于村民民主监督参与力不够，村民民主意识不强，民主理财能力不强，其监督有效性一直较低（章海锋等，2010；李歆、吴凌飞，2011；周燕玲，2012；贺方志，2016）。

在强化农村审计方面，学者们主要提出了三个方面的建议：

第一，由于村民"自治权"的发育还不成熟，村民缺乏参与村级公共财产治理的有效渠道，必须借助国家"行政权"来培育村民的"自治权"（张志，2015）。具体做法是将乡镇审计纳入政府审计范畴，变乡镇内部审计为外部审计监督，增强审计的独立性（黄波兰，2015）。但也有学者对这一建议提出异议，认为村级组织财务形式属集体经济，《中华人民共和国宪法》和《中华人民共和国审计法》等国家相关法律法规并没有赋予国家审计机关监督村集体财产的职权（白海峰、杨少峰，2010）。由于缺乏相关的法律依据，在审计过程中审计机关应该担任什么角色，在工作中应当如何定位，基层审计机关很难把握和操作（赵金楼、李曼静，2009；杨秀球，2015）。为此，应规范村级审计组织机构设置（陈金状，2015）。

第二，在农村审计中，应淡化政府的作用，重点培育和强化民主理财小组。在民主理财小组专业胜任力不足的情况下，可以通过购买服务方式聘请注册会计师参与农村审计（赵志明，2006）。审计监督的对象不仅局限于村委会，还应包括乡镇经管站、乡镇代理记账中心、农村集体经济组织、村办企业、村集体投资参股的企业、乡镇医院和农民资金互助合作社等（俞校明，2008）。从产权制度来看，农村审计应该定位为内部审计（白海峰、杨少峰，2010）。为保持审计独立性，提高审计质量，可以借鉴企业内部审计的一些做法，推行农村财务交叉审计监督制度（叶爽，2010；黄波兰，2015）。也有学者提出，应综合国家审计、内部审计和民间审计的优点，建立新的农村审计监督机制（李歆、闫晋洁、邱瑾，2013；黄波兰，2015；李歆、王路瑶，2016）。

第三，为确保农村审计的有效运行，李丽美（2015）、邢君（2016）等提出，应创新审计工作方法，提高审计工作人员的专业水平和综合素质，加强审计工作的群众监督，不断提高审计工作的质量。张连凤（2015），王兆锋、肖会（2017）等则认为，应健全法律制度，加强对农村审计档案的管理，改变村干部的农村财务审计观念，在审计结果出来之后，乡镇必须依据积极稳妥的原则，对审计结果进行公开，以严肃财经纪律。

总体而言，我国学术界对乡村治理框架下农村审计的探讨尚属起步阶段，研究乡村治理的学者注意到了监督失效和信息不对称对乡村治理的不利影响，但已有研究尚未关注村级审计对乡村治理所起的作用。研究农村审计的文献大多为现状问题对策的描述，没能从治理的高度谋划审计，研究缺乏理论深度；在审计模式的选择上也没有考虑各地区经济文化水平差异等外部因素的影响；在农村审计的制度设计上，注重单一的解决方案，没有设计出一整套涉及审计主体定位、审计职能设计、审计目标、审计范围、审计人员、经费和质量保证等的有效的运行机制，研究缺乏系统化。

第二章　相关概念与理论基础

第一节　相关概念

一、乡村治理

（一）乡村治理的含义

乡村治理由"乡村"和"治理"两个词组成。乡村是指以农业生产活动为基础的生产和生活共同体。乡村的主要特点是人口分布分散，密度低；经济活动以种植业为主，自给自足；血缘关系比较浓厚，邻里关系密切，世代居住，村规民约约定俗成。全球治理委员会（1995）将"治理"定义为或公或私的个人和机构经营管理相同事务的诸多方式的总和，是调和相互冲突或不同利益的持续的过程（马欣荣，2012）。"治理"具有四个特征：（1）治理涵盖公共部门和私人部门；（2）治理是一个持续的过程；（3）治理过程的基础是协调而不是控制；（4）治理并非一种正式的制度，而是持续的互动（蔡拓，2004）。

关于乡村治理，徐勇（2002）认为村级治理是一种政治活动，主要通过对公共权力的配置与运作，组织、管理和调控村域社会，从而达到一定目的。郭正林（2004）认为，"乡村治理"就是指乡村社会中性质不同的各种组织，包括正式的组织，如乡镇政府及其附属机构，村庄的基层党组织、村委会，还有非正式的民间机构，如红白喜事会、各种协会、宗族会等，通过持续的互动共同把乡下的共同事务管理好。贺雪峰、董磊明（2005）认为，乡村治理是指中国的乡村社会如何才能实现自我管理，最终实现乡村社会的和谐、有序发展。党国英（2008）认为，乡村治理是指以乡镇政府为代表的国家机构和乡村其他非正式机构为乡村社会提供公共产品的过程。在乡村治理过程中，治理主体如何产生、组织机构如何运行、治理资源如何整合以及治理主体与乡村社会之间的关系等构成了乡村治理机制。吕云涛（2010）则认为，乡村治理结构是指为管理乡村社会或实现乡村社会自主管理而建构或形成的一整套机构设置、权力运作与资源配置的体制机制及方式。

综合上述各学者的定义，本书将乡村治理界定为：在相关政策法律和制度构架下，国家权力机关和乡村社会主体通过采取联合行动，对乡村社会公共事务进行持续管理和建设，以保障乡村多元利益间的协调，推动乡村政治、经济、文化、社会、生态和谐发展，实现乡村社会现代化的过程。

（二）乡村治理与国家治理

国家与社会是一个不可分离的关系，国家有始以来就担负着统治和管理社会的职能，为了能够更好地实现这两个职能，国家建立行政机关，依靠合法的手段确保被统治阶级服从统治阶级要求的权威（马克斯·韦伯、林荣远，2012）。国家治理就是国家为了保证其统治和管理社会职能的行使，通过强制力的手段来维护统治阶级的利益，实现社会的整合和治理。国家并非一个独立的发展领域，其存在和发展都在社会经济政治生活中得到反映。国家能力是国家通过强制性权力将自身的意志转化为现实的效果和能力，这种能力是否得到有效的实现，取决于国家对于社会的治理成果及是否与社会形成合作共存的关系。在中国传统的政治思想中，国家治理通常指统治者如何治理国家和处理政务（王浦劬，2014）。在我国历史上，从统治者"治国理政"角度来解释"治理"，主要有统治和管理、治理政务的道理、处理公共问题和理政的成效四种含义（石国亮，2014）。如古代历史上脍炙人口的"治大国如烹小鲜""修身、齐家、治国、平天下"等，都充分体现了中国历史上统治者治理国家的智慧和经验。对于现代国家来说，国家治理指的是以政府为核心的部门或公共机关通过经济、政治、法律和行政等手段，聚集社会各种力量，保障国家发展能力，提高政府绩效，促进社会和谐，实现国家长治久安和社会公平。

中国作为农业大国，乡村治理的核心就是国家与农民的关系，而基层治理本质上就是国家权力向基层延伸并为其指定规则的过程（黄冬娅，2010），农村基层治理包括延伸至乡村社会的国家治理及国家在治理过程中与乡村各治理主体的合作治理。其中延伸至乡村社会的国家治理包括对乡村社会的资源汲取能力、发展经济能力、社会管理能力、公共服务能力四个方面；国家与乡村各治理主体的合作治理包括国家与乡村社会之间的制度化、规范化、程序化协商与沟通的能力。虽然在乡村治理结构向现代化演变的过程中，不同阶段采取了不同的治理方式，但是，其始终是国家权力背景下的乡村社会治理模式，可见，乡村治理是国家治理体系的重要组成部分。

二、农村审计

（一）农村审计含义

本书所称的农村审计是指农村审计组织依照国家相关法律法规，对村集体的财务收支、经营管理活动及其相关资料的真实性、合法性和效益性进行审查和监督，用以维护财经法纪、改善经营管理、提高经济效益、促进乡村有效治理的一项独立性的经济监督活动。

（二）农村审计的特点

1. 审计主体和客体具有特殊性

农村审计是基于特殊的农村经济关系而产生的。与国家审计、内部审计相比较，农村审计的审计主体具有一定的特殊性。国家审计的主体是县级以上人民政府依法设立的审计机关，内部审计的主体是被审计单位内部设立的独立组织，而农村审计的主体既不是国家审计机关，也不是村庄内设的组织，它是由国家成立，但受村委会会议或者村民代表大会以全体村民的名义委托，对村集体实施独立经济监督的专业的机构。但这种独立的审计机构与会计师事务所审计又有显著的区别。会计师事务所审计提供的是一种有偿服务，由被审计单位或委托人向会计师事务所支付审计费用。农村审计是一种无偿服务（马广奇、张保平，2018），通常由国家财政给予承担。从客体来看，国家审计的监督客体是政府部门、国有金融机构和企业事业单位，内部审计的监督客体是本单位及所属单位，而农村审计的客体主要是村集体及其下属组织单位。

2. 农村审计目标具有综合性

作为乡村治理机制和重要组成部分，其目标不仅是保证村庄财务信息的真实、合法，更重要的目标在于服务于乡村治理，即确保乡村实现有效治理。习近平总书记在中央审计委员会第一次会议上指出，审计机关要坚持以新时代中国特色社会主义思想为指导，依法全面履行审计监督职责，促进权力规范运行，促进反腐倡廉。因此，农村审计的主要目标就是履行审计监督职责，确保党和国家有关农村的重大政策措施得到贯彻和落实，确保村庄经济活动、财务收支的真实性、合法性和效益性，促进乡村振兴的全面实现。为此，需要农村审计发挥监督和服务作用。一方面，通过农村审计组织，对村庄的经济资料及经济活动进行审查，识别并揭露村庄经济活动过程中的违法违纪行为，促使村庄经济活动的合法合规，督促有关村干部忠实地履行经济责任；另一方面，通过农村审计组织的活动，识别村级组织在经济活动管理方面存在的缺陷并提出改进的意见和建议，有助于村级组织改善管理、提高经济效益。另外，通过农村审计组织对村庄经济活动资料所进行的审查和验证，确定村务公开中相关的财务信息能否如实地反映村庄的经济支出和财务状况，有助于乡村治理多元主体的参与（朱先福、肖吉军，2014）。

3. 农村审计内容的复杂性

为了实现维护村庄财经法纪、改善经营管理、提高经济效益、促进乡村有效治理的目标，农村审计内容通常比较复杂。具体来看，有针对村组及所属企业事业单位所发生的收入、支出、资产管理、债权债务、基本建设等与财务收支相关的内容，也有针对村民个人的征地补偿费、安置补助费，以及针对农田基本建设和村公益事业发展等财政专项资金的分配和使用的内容，还有针对农村民主管理制度的建设和执行，村组及所属企业事业单位内部控制及风险管理，村组及所属企业事业单位贯彻落实国家重大政策措施，履行受托自然资源资产管理责任和乡村社会生态环境保护责任等综合性较强的内容（朱永金，2015；王继翠，2014）。

第二节　理论基础

一、国家治理理论

（一）国家治理机制

1. 国家治理

马克思经典理论认为，国家是社会在一定发展阶段上的产物，是阶级矛盾不可调和的产物。私有制导致社会利益冲突不可调和，需要一个超越社会的"力量"以"缓和冲突"，这个"日益同社会相异化的力量"就是国家（杜宝兰，2018）。国家治理就是国家运用公共权力管理公共事务的活动和过程（邓大才，2017）。国家治理的本质，就是通过其属性和职能的发挥缓解社会矛盾，维持良好的社会秩序。国家治理所要维护的最基本秩序是政治秩序，通过政治秩序实现政府对社会资源进行持续、有效的分配（宋常等，2012），保证国家机构和国家权力朝着有利于经济社会发展的方向起保护和促进作用，尤其"防止国家和国家机关由社会公仆变为社会主人"（包心鉴，2017）。国家治理实现对国家及社会事物的控制、管理和服务的手段主要是通过对国家权力的配置和运行（张莉，2017）。整个国家治理体系的基本要素应包括治理主体、治理客体、组织结构、价值观以及制度规则等（潘享清，2015）。在整个巨大的治理体系中，个人、社会、政府及企业等多元主体之间相互协调，共同发挥作用。个人、企业和社会组织、政府起到三足鼎立的作用，国家则充当调节者和治理者的角色（廖义刚、陈汉文，2012）。

新中国成立后，中国共产党带领全国人民进行国家治理实践，经历了从中华人民共和国成立初期边稳定边发展的治理思想，到改革开放初期以经济建设为中心的治理思想和21世纪初以科学发展为中心的治理思想的演变。中共十八大以来，以习近平同志为核心领导的党中央，总结新中国成立以来国家治理实践经验，创新性地提出了新时代中国特色社会主义国家治理思想（杜宝兰，2018）。新时代中国特色社会主义国家治理体系是一个包括政治、经济、文化、社会事务、生态文明等方面的制度体系。新时代中国特色社会主义国家治理始终把广大人民群众的根本利益作为国家治理的出发点、落脚点和治理目标。中共十八届三中提出全面深化改革的总目标是完善和发展中国特色社会主义制度。中共十九大提出，到21世纪中叶实现国家治理体系和治理能力现代化。中共十九届四中全会深刻阐述了支撑中国特色社会主义制度的根本制度、基本制度和重要制度。

2. 乡村治理是国家治理的重要组成部分

国家治理包括政府治理和社会治理，政府治理是国家治理的顶层设计，社会治理则是底层设计。乡村治理是社会治理的重要组成部分。乡村治理是关乎乡村的治理方式，是国家治理的一个子集（何得桂、张硕，2019），也是国家治理的基础。从历史来考察，国家治理现代化的发展过程推动着乡村治理的变迁，从而表现出不同区域、不同历史时期的乡村治理实践不尽相同（吕德文，2019）。乡村治理体系和治理能力是国家治理体系和治理能力的重要组成部分，没有乡村治理体系和治理能力的现代化就没有国家治理体系和治理能力的现代化。在政府治理层面，按照中共十九届四中全会的要求，优化行政决策、执行、组织和监督，构建职责明确、依法行政的政府治理体系。

在社会治理层面，按照《关于全面深化改革若干重大问题的决定》提出的创新社会治理体制和变革社会组织管理体系要求，培育和发展社会组织，加快构建多元主体参与治理的社会共治格局。在乡村治理层面，遵照《关于实施乡村振兴战略的意见》的要求，要加强妇联、团支部、残协等基层组织建设，支持多方主体参与乡村治理。充分发挥多方主体在团结群众、联系群众、组织群众方面的积极作用。

当前，乡村治理正由外部性制度安排转向内生型需求推动的制度创新变革（梅长青、李达，2019）。随着乡村经济的发展和村民民主意识的提高，乡政村治逐渐成为乡村社会治理的主要模式。国家治理正慢慢从乡村退出，回归到乡镇一级，村庄实行村民自治制度。村民自治制度的实施，拓宽了广大村民参与村庄治理的渠道，推动了基层民主政治建设，有效促进了乡村社会的和谐与稳定。但应当看到的是，我国地域辽阔，乡村社会经济、民主法制发展不充分、不平衡，乡村自治组织的治理能力还存在不足，村庄治理仍需要国家权力的扶持，需要基层政府强有力的行政介入和国家、集体、村民各方的共同努力（张红阳、朱力，2017）。乡村治理主要依赖于村民和各类村级组织的自治来实现，但这种村民和各类村级组织的自治方式并非排除在国家的制度体系之外，而是在国家相关法律法规的框架内运行，因此乡村治理的运行逻辑实际上体现为国家治理的行动逻辑（张新文、张国磊，2018）。

（二）审计是国家治理的制度安排

1. 审计是国家治理的制度安排

社会契约论认为，公共力量需要一个能够使其按照公意指示进行活动的代理人。在国家治理的委托代理关系中，人民群众是国家的主权者，他们通过人民代表将治理国家的权利委托给政府，政府以人民的名义行使权力。在国家资源和公共事务的管理和分配过程中，人民群众以国家主人的身份委托政府管理国家公共事务，赋予政府行使公权力的属性。人民期望生活在一个政治安定、经济繁荣、生态优美、秩序良好的国家，而政府为了推动社会经济的健康发展、维持安定团结的社会秩序，以及政府自身目标的追求，需要获得社会公众的支持。两者的出发点和目的虽有所不同，但殊途同归。人民的需求如果得不到满足，就不会支持和信任执政的政府，而执政的政府因为得不到人民支持而无法继续执政。因此，政府通过满足人民大众的诉求获得治理国家的权力。但由于信息的不充分对称性，政府和人民大众经常处于动态博弈之中。政府组织在公共事务的管理和国家资源的分配过程中，有可能会偏离人民的意愿。为了确保双方的权利都得到满足而达到平衡状态，需要引入某种经济监督的制度安排，使国家治理效能得以充分发挥（肖迪，2018）。作为保障公共利益的政治工具，在国家治理的复杂权力结构中，审计以政治视角和立场对政府行为、经济责任履行情况等予以监督，因此，审计是对政府履行国家治理权力的制约机制（张莉，2017）。国家审计作为政府管理体制中的一部分，它的产生和发展源于国家治理的需求，国家治理的目标决定了国家审计的审计目标、审计职责和审计内容（魏明、邱钰茹，2015）。

2. 审计的本质

审计作为党和国家监督体系的重要组成部分，在经济社会发展的党的建设中发挥越来越重要的作用。中共十九大从健全党和国家监督体系的高度提出改革审计管理体制的重大决策部署。中共十九届三中全会决定组建中央审计委员会、优化审计署职责，构建集中统一、全面覆盖、权威高效的审计监督体系，充分体现了党中央对审计工作的高度重视。《中华人民共和国宪法》和《中华人民共和国审计法》规定，县级以上各级人民设立审计机关，对本级人民政府组织部门及其所属单位进行审计监督。从这里可以看出，国家审计机关是政府组织部门，是政府内部的一种控制机制。这种审计管理体制的优势在于审计监督的及时性和全面性，可以适时对政府各部门的活动进行检查，评价政府的各项经济行为。审计署前审计长刘家义把国家审计定位为国家治理的"免疫系统"，其实质是把审计看作是国家治理体系的内生免疫系统，它通过对重大经济政策落实情况、公共资金使用与公共项目投资、政府领导人员履职情况等方面的审查，实现服务于国家治理的目的。

3. 农村审计是乡村治理的重要组成部分

审计是党和国家监督体系与国家治理体系的重要组成部分。农村审计在乡村治理过程中发挥着监督的作用，它是乡村治理体系的内生变量，农村审计作用的发挥与否直接影响乡村经济发展和乡村社会的和谐稳定（赵丽金，2018）。"治理有效"是新时期乡村振兴战略的主要目标之一，农村"三资"管理是乡村治理活动的重要内容，在乡村振兴战略实施中加强审计监督，是审计监督推动政策落实、维护人民根本利益、完善国家治理体系和治理能力现代化的必然要求。

二、委托代理理论

（一）乡村治理中的代理问题

委托代理问题最早隶属于经济领域，是经济学家在企业管理研究过程所提出的。詹森和梅克林（Jensen and Meckling，1976）将委托代理关系定义为一种契约关系，即一个人或一些人委托其他人从事某些活动的决策权。所有权与经营权分离、委托人和代理人都是利益最大化追求者以及契约关系存在是委托代理关系产生的三个基本前提。在委托代理过程中，委托人和代理人可能会因如何分配代理过程中产生的费用或获得的收益而产生矛盾，具体表现为委托人追求自身利益的最大化，而代理人也追求以薪酬、休闲为形式的利益最大化。新古典经济学家认为，在完全信息条件下，市场上拥有足够多的参与群体且信息完全对称，市场参与者能够选择符合自身利益最大化的理性经济行为，由此基础而达到市场均衡。但在经济实际运行过程中，市场参与者经常是有限的且信息并不完全对称，受信息不完全性或不对称性的影响，市场主体所做出的行为决策往往受到一定程度的影响。由于委托人和代理人存在利益冲突和信息不对称，代理人可能会出现"逆向选择"和"道德风险"，进而损害委托人的利益。委托代理理论所处理的核心问题就是在利益矛盾和信息不完全情况下，探讨委托人如何以最小的成本去设计一种契约或机制，促使代理人努力工作，最大限度地保证自身利益的最大化（李玉峰，2017）。在委托代理关系中，代理损失无法完全避免，但可以通过制度安排进行有效控制（胡育波，2018）。

在国家治理领域下，公共权力运行的委托代理关系更为复杂。人民是社会公共资源的真正所有者，但人民无法直接行使全部社会公共资源和公共权力，需要委托给全体人民所推选的政府来行使，在这一委托代理关系中，人民是初始的委托人。政府通过人民的授权获得管理国家的权力，这是原始的委托代理关系。从这一委托代理关系的治理目标来看，其最高目标是国家和全体人民的利益最大化。这一目标由政治目标、经济目标和社会目标等多个子目标组成，这些子目标之间有时会存在一定的冲突，共荣的难度很大。在政府内部，由中央到地方又划分为若干个层级，每一个层级内部又划分为多个不同部门，这种行政级别和内部职能的划分都代表着权力在纵向或横向的委托，从而派生出新的委托代理关系（郑石桥，2014）。委托代理关系层级越复杂，所产生的委托代理问题也就越严重。任何委托代理关系都必须保证权力行使者能够自由行使其权力，以便履行其受托责任，即委托代理关系形成需要权力的让渡，但这种权力的让渡是有限制条件的（蔡春、李江涛，2009）。如果权力的让渡给受托人带来的自由侵害了委托人的利益，委托代理问题将随之产生。因此，由于受委托关系多层性和多目标性的影响，在国家治理过程中"代理人问题"更加频发和突出。在国家治理过程中，人民是委托人，但单个的人民能力是有限的。而作为代理人的政府，对社会事务的管理、对社会公共资源分配却是实实在在的，并在社会事务管理和公共资源分配中处于主导和强势的地位。虽然人民规模大，但成员多且分散，行为能力有限，导致委托人与代理人之间力量悬殊。解决这一问题的办法是强化对政府的监督，但单个人民监督能力有限，且不符合成本效益原则，无法真实解决此类代理问题。可行的办法是建立监督制度，以制度化的方式解决这一委托代理问题。而作为监督机制中重要组成部分的国家审计，是维护人民权益的重要力量，也是保证国家公共资源合理有效的重要保障，是完善国家治理的根本要求（胡育波，2018）。

作为国家治理的重要组成部分，乡村公共事务和公共资金管理也存在多层委托代理关系，包括村民与村民委员会之间的委托代理关系，村民与村民理财小组成员、村委会与乡镇会计代理中心之间的委托代理关系等。在这个多层委托代理关系中，授权者除了村民之外，还受着政府的影响。这种多重委托代理关系的存在不可避免会带来代理问题。在对村级公共资产进行管理和配置过程中，村委会手握村民及政府赋予的决策权利，而作为所有者和委托者之一的村民对公共资金管理认知有限、风险管理和维权意识较弱，缺乏对村庄共有权益的真正掌控。一旦村委会、村民理财小组或者乡镇会计代理中心等受托者存在社会责任"缺位""错位"，就容易出现"逆向选择"和"道德风险"。

（二）乡村治理中的信息不对称

"信息不对称"最早由美国经济学家乔治·阿克洛夫等提出。信息不对称理论认为，人们对于各类信息的掌握和了解是有限或有差异的。在乡村治理工作中，也普遍存在着信息不对称现象。受托人（村干部）可能会拥有委托人（村民）所不掌握的信息，从而造成乡村治理活动中委托人与受托人之间的信息不对称（李坤，2012）。信息不对称的产生有两个方面的原因。某些工作本身的内涵、性质和技术要求等导致了受托人与委托人之间的信息不对称，这一类的不对称信息并不是由个体的主观意识所造成的，而是一种客观事实。这种信息不对称，可能随着委托人知识能力的提高而得到缓解。不对称信息产生的另一个原因是内生性的，是受托人利用他人对其行为事前无法预测、事中无法观察和监督，且事后又很难验证的情形而发生的（刘志鹏，2010）。在乡村治理中，第二类问题表现比较突出。村委会作为群众性自治组织，在乡村管理过程中，出于个人利益，故意隐瞒信息，不按要求公开或只部分公开村务信息，导致人民群众无法获取全部的信息，或获取的信息不完整、不真实。受制于信息不对称，村民无法对村干部进行有效的监督和问责，由此带来村干部的"逆向选择"和"道德风险"问题。"逆向选择"使村民无法识别政策的实用性，导致政策制定和执行效果大打折扣。道德风险造成管理过程中出现违反道德规范、职业素养甚至法规法纪的事情发生，对乡村治理运行造成伤害。解决道德风险和逆向选择的问题，消除村民的信息劣势是关键，村民只有充分了解村级公共资金的管理和使用情况，才能更好地行使和维护自己的权益。由此，构建包括审计在内的监督机制成为必然。

三、产权理论

（一）产权与乡村治理

产权是以财产所有权为基础，包括所有权、使用权、收益权和处置权等的权利集合体（张光雷，2017）。马克思认为，生产关系是产权的实质内涵，生产关系决定社会的上层建筑。在乡村社会，农村集体产权关系是经济基础，乡村治理是上层建筑。农村集体产权关系决定乡村治理，在农村产权关系发生变化时，乡村治理会随之在组织形式以及治理结构上发生变化（章轲，2012）。马克思认为，财产权利的本质不仅仅是财产主体和客体之间的人与财物的关系，而是财产主体通过一定权利来反映经济主体人与人的关系。在市场经济条件下，乡村治理的实质是适应乡村产权的要求，以产权制度为基础，通过行为准则引导村委员、村民代表会、村民理财小组、乡村精英人士和普通村民在产权维护中实现妥协和均衡（黄韬、王双喜，2013），使乡村中各个阶层和村民之间实现良好的互动而得以长治久安（黄振华、张会芬，2018）。

（二）我国农村产权制度改革与治理变迁

从乡村治理演进的视角看，每一次乡村治理的变革都与产权制度变化有关。中华人民共和国成立以后，始于 1953 年的合作化运动拉开了农村土地所有制改革的序幕，通过合作化运动将农民土地所有制改造为集体土地所有制。1962 年人民公社制度形成，人民公社制度的产权特征是"共有共用"，所有权与经营权完全重合（仝志辉、韦潇竹，2019）。在人民公社制度下，公社内部的成员对生产资料没有产权，劳动成果共享，监督激励不足，劳动效率不高。

1978 年安徽凤阳小岗村率先实行的包产到户催生了集体产权制度。家庭联产承包责任制的基本特点是，集体土地所有权归属于农民集体，承包经营权归集体成员，农地集体所有权与农民承包经营权发生分离。农民承包集体土地，并享有独立的经营权和收益权，生产效率显著提高。在新的产权关系下，农民对集体的依赖程度下降，以人民公社、生产大队形式存在的集体经济组织逐渐被乡镇政府和村委会取代。与此同时，在商品经济比较活跃的地区，部分生产队改组为经济合作社，乡镇企业开始出现，以产权为基础的农业经营逐渐形成。发展到今日，形成了以私人产权为主、以集体产权为主和以合作产权为主的不同农业经营方式。

在以私人产权为主的经营方式中，最常见的是以家庭为单位生产经营。伴随着城市工业化的进程，部分外出打工的农民把自己无力耕种的土地流转给留守的邻居或朋友，家庭农场生产经营方式出现。随着越来越多的农民外出务工，一部分留守的农民手上聚集越来越多的土地，另一部分土地被外来资本通过租赁方式进行经营，私人公司化经营方式出现。

在各地推行家庭联产承包责任制过程中，一些村庄推行一村两制，集体土地的一部分承包给愿意单干的家庭，剩余部分以集体方式进行经营。也有一些集体经济发展较好的村庄继续集体所有和集体经营。还有一些集体经济发达的村庄，开始实行集体资本公司化经营。

随着城镇化的推进，东部经济发达地区的部分村庄开始出现农村股份合作制。在股份合作制下，农民以自己承包的土地经营权作为资本入股，实现集体土地承包经营权到公司股权的转变。同时一部分原先以集体经营方式存在的村庄，在村集体经济组织变更为公司后，集体经济组织成员也变成公司股东。公司化的经营模式，明晰了产权关系，同时也清晰了村民的权利和利益边界，村庄因经济利益而引发的矛盾逐渐减少。

当前，农村集体产权制度改革正在全面铺开，新的农村产权制度下需要新的乡村治理模式与之相适应。

（三）审计与产权维护

有效的产权制度并不意味着所有权利都集中于同一主体，而是表现为权利的适当分解（王昉，2008）。在两权分离的情况下，所有者将财产的使用权和处分权转让给受托者，两者形成受托责任关系。受托责任关系能够长期维持的前提是所有者和受托者的利益得到公正维护。在委托关系中，所有者担心自己所付出的薪酬没有得到最大限度的回报，而采取受托人报酬与企业效益相互挂钩进行激励，但这种做法加大了受托者虚报企业效益的可能性。为解决受托者虚报企业效益的问题，所有者在契约中约定受托者编制财务报告，并且由独立第三方对此报告进行鉴证，以便约束受托者的行为，使受托者的利益最大化目标与所有者利益最大化目标相一致（李孝林、李歆，2013）。对管理者而言，他们也迫切需要一个独立的第三方对自己的财务报告进行鉴证，以便向所有者显示其良好的经营能力和经营业绩。这样，独立的、专业的审计监督成为所有者和经营者的共同需求。所有者通过审计维护了自己的所有权，而经营者通过审计维护了自己的经营权。

自改革开放以来，我国农村所采取的经济制度形式是集体经济，符合我国以公有制为主体、多种所有制共同发展的基本经济制度的要求。村庄集体资产属于农村生产资料的一部分，按照公有制经济制度的要求，村庄集体资产应该由群众占有，即从产权角度来说，农民拥有村庄集体资产的所有权，对村庄集体资产有支配权、使用权、监督权和收益权。根据《村合作经济组织财务制度（试行）》《中华人民共和国村民委员会组织法》的规定，全体村民是村级公共资产的所有者，村集体经济组织或村委会是村庄集体资产的经营者。全体村民与村集体经济组织或村委会存在委托代理关系。从中国农村改革的大背景来看，20世纪60年代初自留地和包产到户的形式为十几年后的农村改革积累了经验。但在改革的过程中，产权界定问题一直没有得到根本解决，其中，村庄集体资产产权的界定模糊尤为突出。的确，从产权来看，农民拥有村庄集体资产的所有权，但由于产权及其界限不明晰，很容易造成村庄集体资产所有者主体虚置和缺位，农民并没有完全对村庄集体资产行使应有的权利（贾娜，2010），而作为代理人的村委会行使着资产的占有、使用、分配与处置等全部资产权利，成了事实上的资产所有者。产权界定的不清晰，很大程度上成为腐败滋生的沃土。全体村民作为农村集体资产的所有者以及农村社区公共资源的提供者和使用者，应该是村庄经济监督的"积极的"责任人。村委会应该在授权范围内对村级财务做出决策，并接受村民和独立第三方的监督。但由于村民民主监督参与力度不够，村民民主意识不强烈和学识相对较低，民主理财能力不强等客观存在的因素，使得对村庄集体资产使用和效益的监督一直成效不高，无法奖惩代理良莠行为，也不能对渎职或违法代理人做重新选择。基于维护村民产权的需要，建设高效的农村审计监督机制成为必然。

（四）农村集体产权与农村审计

市场经济使乡村社会变得利益多元化。在参与市场的过程中，村委员、村干部、普通村民等乡村治理主体都有着自己的利益诉求，也屡屡出现村干部损害侵占农村"三资"，集体资产被挪用、占用、低价变卖等现象（刘德浩，2016）。个别地方村庄还存在家产不明、底数不清、账实不符的现象以及部分集体资产存在账外运行等现象，这些现象与乡村的产权状况有很大联系。科斯（1994）认为，产权是协调各方利益关系的边界。清晰界定了产权，市场就会自动、合理地解决外部性经济问题，而不再需要国家的干预。因此，合理的产权关系能够协调各种产权主体之间的利益关系，可以有效地降低交易成本，提高资源的配置效率（张五常，2015）。当前一些地方乡村治理机制的失效与农村集体产权不清晰有关。

1. 产权关系模糊导致审计范围错位

与其他产权不一样，农村产权不是单纯由国家所有，也不是纯粹的私人产权。它是由国家控制并以村集体名义占有的一种制度安排（黄韬、王双喜，2013）。分析农村集体产权，首先要明确农村集体财产及产权的界定和分类。农村集体财产由农村集体资金、资产和资源构成，产权关系包括农村集体经济组织与其成员的权利关系、成员与成员之间的权利关系等。农村集体资金指农村集体经济组织所有的货币资金；农村集体资产指农村集体经济组织投资兴建的房屋等固定资产、水利等基础公益设施以及其他资产；农村集体资源指按照法律规定，属于集体所有的土地、林地、水面等自然资源（张应良、杨芳，2017）。集体土地所有权归属于农民集体，承包经营权归集体成员。村级公共资金、公共资源、村办企业等集体资产归村集体所有，由农村集体资产管理人员管理。在市场化和城市化进程中，相关的资产的经营权经常出现变化，导致部分行政村、村民小组和承包人之间资产权属不清、界限不明

（李素珍，2016）。

产权管理主体的模糊性造成了审计范围的错位。所有权是物权中最重要的一种权利，它决定了财产的占有权、使用权、收益权和处置权。根据《中华人民共和国物权法》《中华人民共和国民法通则》《中华人民共和国土地管理法》等法律规定，村民委员会、村集体经济组织、村民小组等行使农村集体财产所有权。《中华人民共和国村民委员会组织法》则规定，土地等村集体财产由村民委员会管理（陈荣卓、刘亚楠，2017），由此，矛盾不言而喻。《中华人民共和国物权法》等法律虽然规定村民委员会等代行集体财产所有权，但对其代为行使的内容是什么、行使程度如何并不明确，尤其在具体的产权制度、组织形式、组织治理结构等方面界定模糊，村民委员会和农村集体经济组织在职责权限上存在交叉重叠的问题。由于管理主体权力与责任边界的不清晰，产生了管理交叉或管理真空，以致集体财产流失、集体利益被侵损等事件屡屡发生的现象。另外，虽然在村一级，既存在村民委员会，也存在村级集体经济组织，但随着村集体经济的萎缩，许多地方村民委员会已经在事实上替代了村集体经济组织，随着近年来城镇化和工业化的发展，由于人口流动性增强，部分地区的社区工作人员也不再局限于本地村民，正是因为如此，易造成监督管理主体模糊，各监督人员职权叠加。随着农村改革的推进，集体资源所带来的收益在农民收入中所占的比重越来越小，村民对乡村的集体资源依赖程度逐渐下降，部分农民对自己所拥有的集体资产权利并没有自觉意识，对于集体资产管理的积极性不高，集体产权随着时间的流逝由共有逐渐演化为私有，出现了产权的灰色地带（苏璐琳，2013）。产权管理主体和产权范围的模糊，使得审计范围错位，集体财产难以维护也就不足为奇。

2. 产权主体虚化导致审计效果不佳

村民对村干部具有监督权。但对于村民来说，监督权力的实现来自参与监督的动力，即当自身拥有财产所有权时，才愿意去监督。根据法规规定，全体村民对农村集体财产拥有产权，但是作为村集体中的某个具体的个体，他们的权力范围和实现途径并没有明确的规定。如在一些经济不发达的中西部地区，很多村民只知道村支部和村委员，不了解也不清楚是否有村集体经济组织，也不了解有没有村集体财产，自己在其中是否拥有权力，更不清楚自己的权益是否被侵害等问题，因此也就没有了对村干部监督的想法。此外，村民监督动力不足与基层政府对村民权益保护不力有关。如一些地方为了新型农村社区建设，政府制定政策规划并通过村干部迫使农村流转土地或强制性搬迁（陆剑、彭真明，2010），农民土地财产的自由处置权没有受到保护，以至于大多数村民认为村干部在执行政府的政策，村干部腐败问题应该是由政府来监督和管理，村民缺乏监督村干部的动力。最后，集体资产所有者分散化，村民对被委托人并没有有效的监督。受监督成本过高影响，县乡镇政府对村级集体资产的监督太远，而同级的监督又太软，容易出现监督管理机制虚化问题，导致村级集体资产有话语权的集团或人借机"寻租"（刘德浩，2016）。

如何对村民私有和集体共有产权进行有效监督，如何对村民的财产和利益进行维护，是实现乡村振兴需要解决的重要现实问题。而明确农村集体产权的受益主体及受益主体的具体权利划分，建立合理的利益分配机制，对于农村审计与监督和乡村治理具有重要意义。

第三章 我国乡村治理的历史演变

第一节 近现代乡村治理模式的演变过程

一、传统社会"宗族"为主的"县政绅治"模式

（一）传统小农耕作的治理基础和背景

中国地域宽广，且大部分为山脉和高原，适宜耕种的平原仅占全部国土面积的12%，加上我国地势西高东低，东部平原面积较少，北部黄土高原水土流失严重，东南地区多为丘陵，因此，耕地面积相对不大，且分布分散。中国传统小农耕作历史悠久，小家庭农业经营模式为传统社会的主要特点，政府"重农抑商"等政策一定程度上阻碍了商业的发展和进步，使土地成为流转成本较大的稀缺性商品。"男耕女织"自给自足只能满足家庭吃穿基本所需，农民被迫的兼业化成为小农避免破产的主要手段。对于土地少而劳动力又多的家庭来说，单靠耕种已无法应付全家的生活需要，他们只能通过纺纱织布或生产农具并在市场上出售，用来弥补家庭开支的不足。这样的家庭，难免沦为佃农或雇农，"贫农型的生活方式，实际上是家庭式农作加上雇佣劳动"（黄宗智，2019）。《补农书》也反映着在经营地主家的长工的工作状况。长工在经营地主家的农业之外，同时还兼做家庭手工业的生产，除纺织以外，还经营商品性的副业。这种商品化了的手工业在政府的剥削下，一方面造成过剩的劳动力；另一方面也加剧了近代手工业的竞争，使小农家庭经营更加贫困。至此，只有加大对于土地的精耕细作才可以获得多一点的土地的收益。

（二）宗族、乡绅互利统一管理村落

在国家重农的政策下，传统农民依附政府和皇权。中央高度集权，至中央以下，形成一个等级森严的封建官僚集团，一直延伸到县级。县级以下不设正式的国家政权机构。县级以下的乡村社会由当地的乡绅、宗族家老设立或形成一些社会组织机构，协助官府办理村庄公共事务，乡绅阶层作为管理

村落的主导性力量。但由于改朝换代以及大规模的战争过程中，农民失去对政府和皇权的依附，呈现出游离的状态。在此形势下，长期以特权存在的原始宗族发挥其巨大作用，有利于政府对小农的直接统治。朱新山（2017）认为，宗族组织机构是国家、绅士和小农三方面相互制约、保持均衡的一种安排，传统国家只能利用宗族中的长老或乡绅来治理乡村。宗族组织在中央政府管理薄弱的地方长期存在，成为地方上的重要势力，族权作为传统农业社会的经济组织形式，具有天然的血缘关系，是一种自然的、亲情的联系，也是熟人社会的共同的集体价值观的体现。在封建时代的中国，受制于交通、信息的不发达，政府管理和控制整个社会的成本非常高昂，特别是农村地区，广袤的土地及落后的交通使得政府的直接治理代价巨大。综合统治成本和乡村社会有效管理的需求，政府只能依赖乡村资源，而有意愿又有能力协助政府实现对乡村社会控制的乡绅阶层成为必然的选择（沈费伟，2017）。宗族、士绅阶层一方面协助地方政府管理乡村事务；另一方面代表村民向当地政府表达利益诉求，他们在地方政府与乡村民众之间发挥着平衡的作用，平衡着政府的行政权和村民的自治权，使自上而下的皇权和自下而上的民权相交融，维护了乡村社会的稳定和发展。在此情况下，乡村治理权力和社会秩序主要由宗族、乡绅来控制，宗族实际上是维护乡村社会秩序和巩固乡村社会基础的主要组织形式。在县政绅治模式下，政府与乡村社会保持着良性互动，维持着有序安宁的局面。

二、近代时期的"营利性经纪人"模式

（一）晚清历史背景下"乡镇自治"难以实施

晚清时期，随着帝国主义列强的入侵，清王朝对国家的治理出现了危机。为了强化对乡村社会的控制和掠夺，清王朝开始实行"新政"，要求实现国家对乡村社会权力渗透，将乡村社会整合到国家政权体系中。1908年清政府第一次将官僚机构延伸至县级以下，开始推行乡镇自治。清政府在《城镇乡自治章程》中规定，除府厅州县官府所在地明确为城外，对人口满5万人以上的市、镇、村、屯、集等地设置为镇，人口不满5万人的地方设置为乡。乡设立议事机构——议事会，乡议事会在本乡选民中产生。乡作为地方自治执行机关，由乡董、乡佐负责管理，管理范围包括农工商务、公共营业、教育、卫生、道路、慈善事业及自治经费等（徐勇，2015）。但

是随着传统的"县政绅治"的社会基础的瓦解、科举制的废除、宗法制度和乡绅阶层的分化，实质上的"乡镇自治"并未真正实现。到民国时期，土豪劣绅越来越多，他们不再以管理乡村社会秩序、进行教化乡民和提供社区福利等自治活动为主，而是将小农作为榨取利润的对象，将乡村公职作为他们谋利的工具。而国家却只能采取妥协的方式，主要原因是国家需要从乡村社会获取更多资源，但又无力对乡村社会进行更加有效的治理，只能任凭土豪劣绅横征暴敛。晚清时期的劣绅治理模式正好适应了战乱时期当局对乡村管理的需求（黄强，2007）。

（二）军阀割据无政府状态下村治的"匪进绅退"

在民国时期，政权组织分裂，国家动荡不安，村治混乱并没有得到有效解决。各地军阀肆意对平民和地主进行盘剥，横征暴敛。由于军阀政府毫无节制的盘剥，乡村社会生产力遭到了巨大的破坏，地主乡绅不再愿意承担生产经营的巨大成本，再加上科举制度的废除而导致的特权的丧失，有能力的乡绅纷纷逃离乡村而移居城市。这一时期的财政收入增加并不是靠生产效率的提升，而是靠税负的增加得以实现。而国家财政收入的增长又同步带动了官员的贪污贿赂（黄强，2007）。到民国后期，国民党军阀内部不和，组织涣散，并未深得民心。军阀混战所形成的"匪进绅退"的乡村治理状况弱化了政府效率，动摇了政权基础。

三、中华人民共和国成立初期的"乡村政权"模式

（一）中华人民共和国成立初期乡村治理的历史背景

在经过漫长的战乱后，中国共产党在抗战期间建立了以"清廉""民主"为主要特点的根据地政权形象，在农村推行以三民主义和地方自治为实质的"民选"方式。1938 年晋察冀边区开始进行民选村干部的运动，多个村庄由村民选举了村干部（唐晓腾，2007）。根据 1939 年《陕甘宁边区选举条例》等选举法所建立的"三三制政权"就是一个包容性更强、更具代表性的政府形象。这种情况一直持续到中华人民共和国成立初期，这一时期建立的也就是"乡村政权"并存的政权体制。

（二）乡与行政村同为农村基层行政区划

中华人民共和国成立以后，为了稳固农村基层建设，解放区进行了一场土地改革，使得乡村内生性地方权威赖以存在的基础彻底消失，中国从封建

半封建的土地所有制转变为农民土地所有制。此后，政府实现了将权力渗透到村庄的每一个角落，实现了国家对乡村的控制。改善了生产关系，释放了农民的生产积极性，乡村社会的物质生活和精神生活得到极大的改善，也巩固了乡村政权。在这一时期，农村基层政权主要实行区乡建制，形成乡村政权并存的治理结构（马欣荣，2011）。

（三）"区—乡镇—组"结构的乡镇体制

为适应农业合作化和集体化的发展，国家决定加强乡政府的权力。这一点在1954年的宪法中得到充分体现。1954年宪法将乡、民族乡确定为农村基层的行政区划，将乡政权确定为国家政权的组成部分（吕云涛，2010）。取消了行政村，自然村不作为政权单位而是成为一个自治组织，自然村的公共事务由村党支部和上级工作组负责（金太军，2002）。此时的"人民政权＋自治精神"的乡村治理水平得到很大的提高。但随着实践的推进，政府直接管理乡村社会成本太高这一弊端也逐渐体现出来。而中华人民共和国初期的中国，工业基础非常薄弱，同时还面临外部的经济封锁，要改变我国经济落后的状况，只能依靠独立自主，因此优先发展重工业成为这一时期国民经济战略的必然选择。在这一大的背景下，国家需要农村人力和原材料的支持，因此能够满足对农村资源汲取的人民公社制度得以建立起来。

四、人民公社时期的"全能主义"模式

（一）人民公社制度是"政社合一"的基层政权组织

1958年，全国各地开始进行人民公社化运动，建立以人民公社为基础的乡村治理组织体系。人民公社是基层政权组织，下设生产大队和生产队。生产大队和生产队都是自治组织。人民公社行使行政权力，对生产大队的生产进行指导和监督，直接干预农业生产。在公社和生产大队设立基层党组织，对农村经济和社会事务进行全面管理（苏海新、吴家庆，2014）。人民公社制度的推行，完成了乡村社会的政治一体化，国家权力快速地介入并深入乡村社会各个角落。人民公社不仅是国家政权机构，同时也是乡村社会的生产生活机构（彭勃、杨志军，2014）。

（二）人民公社时期治理的问题

人民公社实行的集体制度最大的特点和优势是实现了国家对乡村的有效控制，同时满足了工业发展对农村人力与经济资源的需求，但集体生产、集

体所有的制度并没有带来生产的积极性，其带来的问题是：第一，集体生产的模式生产过于集中，农民没有生产活动自由，生产力水平不高，经营效益低下。第二，分配平均主义，农民人均纯收入和消费水平很低，再加上负担过重，农民长期处于贫困状态。第三，农村公共服务体系瘫痪、干群矛盾激化，极左思想的入侵以及高度集权的系统阻碍了农村政治参与，村民自治陷入困境。第四，影响了乡村的正常分化，人民公社制度使得农业人口与非农业人员间存在着坚固的体制间隔，城乡之间的人口流动被严格禁止，农民的劳动积极性和创造性被严重削弱。

五、改革开放后的"乡政村治"模式

(一)"乡政村治"模式形成的背景

20 世纪 70 年代末，人民公社体制的不足越来越明显，农村社会生产力受到制约。乡村需要新的社会管理和生产方式。在这样的背景下，各地农民自发地探索村庄经济管理体制，家庭联产承包责任制悄然出现。家庭联产承包责任制推动了农业和农村经济的发展，加速了人民公社、生产大队的逐渐消退，村务管理出现了空缺。为了适应家庭联产承包责任制对村务管理的需要，一些村民自发组建了村民委员会，行使村务管理的职能并取得较好的效果，进一步调动了村民的生产积极性（邢斌，2009）。中共十一届三中全会的召开，社会主义现代化建设成为国家的建设目标。此后，农村的改革问题也被提上重要的议事日程。为推动乡村社会经济的发展，宪法规定在乡村设立乡镇政府和村民委员会。乡镇政府是国家的基层政权组织，行使行政权力，村民委员会是自治组织，拥有管理本村事务的权力。由此，乡政村治的乡村治理模式形成。

(二)"村民自治"的发展与完善

进入 20 世纪 80 年代中期，随着乡镇一级改革的初步完成，农村改革的重心逐渐转向村一级。村民委员会这一基层群众性自治组织开始出现。在乡村，村民实行自我管理、自我教育和自我服务，乡镇政府对村民委员会的工作给予指导、支持和帮助。1998 年，全国人大通过《中华人民共和国村民委员会组织法》，村民自治制度正式确立（项继权、李增元，2012）。在此后的实践中，国家不断完善村民民主选举、民主决策、民主管理和民主监督制度。各级地方政府在国家法律法规的基础上结合本地的实际情况，对村民民主选举、民主监督等制度进行完善（李志刚、刘晔，2011）。村务公开等制度的落地实施，规范了村干部的行为和村民参与乡村事务的方式，极大地推动了农村社会秩序的建立，提高了村干部的廉洁和行为透明度，使党与群众、村民之间的关系更加和谐（金太军，2002）。同时，村民自治也推动了理论界和实务界对农村自治体制的探索和农村管理制度的创新，在增强村民民主意识、巩固国家政权、保持乡村社会发展稳定等方面起到了不可替代的作用，有效推动了基层政治民主化的进程。然而，乡政村治的格局虽然使乡镇机关得到精简和优化组合，但这种管理体制并未实现灵活高效运转，农村基层组织建设尚存在薄弱环节的问题，村级治理的规范化仍是农村适应新形势发展的内在需要。

（三）"乡政村治"存在的问题

在"乡政村治"模式下，宪法和相关法律对于乡镇政府和村级自治组织的职责权限有比较明确的规定，但在实施运行中，仍然发生了乡镇政府的国家行政管理权与村民自治权存在冲突的情况，乡村社会的管理面临着不和谐甚至违背制度制定初衷的现象，可能造成农民的合法权益得不到有效的保护。具体来看，一是乡镇政府和村委会之间的矛盾；二是村委会和村民之间的矛盾。

《中华人民共和国村民委员会组织法》规定乡镇政府可以指导、支持和帮助村民委员会，但也规定了乡镇政府不得干涉依法属于村民自治范围内的事项。同时也规定：村民委员会协助乡、民族乡、镇的人民政府开展工作。所以在理论上，乡镇政府和村委会之间其实是一种上级对下级指导、下级对上级协助的关系。但由于法律法规对村委会协助乡镇政府开展工作的内容、方式并没有明确规定，因此乡镇政府在落实有关政策过程中，可能出于自身的目的和需要，采取与村委会"合谋"甚至"强行控制"的方式，在这种情况下，可能使村民的利益得不到有效的保护。"合谋"主要表现在农业税取消之前，乡镇政府要完成上级指标要依赖于村干部的征收，而乡镇政府为了调动村干部的积极性，对其多征收税费的行为"睁一只眼闭一只眼"，并且还常常给村干部选举特别关照，以此来实现顺利在农村贯彻各项政策的效果。"控制"主要表现在农业税取消之后，由于乡镇政府的财政收入主要来自国家补助，组织运转的经费有限，其开支有时难以保障，因此，为了提高乡镇政府的财政收入，发展辖区经济为其主要途径。除了向上级申请投资资金外，招商引资、征用土地资源为主要方式，而土地征用能否顺利的实现取决于村干部是否支持。乡镇政府往往会利用其权利对村委会干部的选举施加影响，同时给予其经济利益的承诺，以此来实现其目标。这种方式表面上看加强了对村委会的监督，实质上强化了对村庄的控制。

根据《中华人民共和国村民委员会组织法》规定，村民依法将村务工作的组织领导权委托给村委会，同时，村委会要接受村民大会和代表大会的监督。村民和村委会之间实际上是一种委托代理关系。然而，由于二者之间目标利益存在冲突，村委会很可能利用信息和资源优势，来达到利己的目的，这种情况下会导致农民的利益受损。在实际执行过程中，"内部人"控制的问题往往得不到有效解决，在面对村干部的利己行为，但这种行为又有乡镇政府的默许时，村民通常会选择沉默。个人针对村干部的工作实施监督，具有收益的外溢性，此时的成本不能有效分摊，而监督恰恰具有公共产品的属性，如果个人实施监督行为，监督成本只能由个人承担，这就会出现个人收益小于社会收益的问题，这种外部不经济即收益外溢性。在"集体性逻辑"的博弈论中，个人是不会为此付出成本的，这种情况即"囚徒困境"，从而导致对村干部的监督不足的问题。

六、新时代的"村党组织领导下多元共治"模式

2017 年 10 月，中共十九大提出"中国特色社会主义进入了新时代"。中共十九大报告指出，农业、农村、农民问题是关系国计民生的根本性问题，要推进乡村全面振兴。要实现乡村振兴，治理有效是基础。为此，必须健全乡村治理体系，推进乡村治理体系和治理能力现代化。新时代的乡村治理体系，必须坚持基层党组织的领导，发挥村民自治组织和村务监督组织的积极作用，通过集体经济组织、农民合作组织以及其他经济社会组织的协同作用，不断完善村民会议制度，支持妇联，团支部，残协，公益性、互助性社区社会组织多方主体参与乡村治理。这样，形成了村党组织领导、村民委员会、村务监督委员会、村民会议、村民代表会议、村民议事会、村民理事会、村民监事会、普通村民、共青团、妇联小组、农民组织、市场企业和乡村精英等多元主体参与的乡村治理模式。

第二节　推动我国乡村治理向现代化演变的动因

一、农村社会经济的发展是推动乡村治理结构变迁的物质基础

经济基础决定上层建筑，同样，乡村治理结构的演变离不开农业生产力和经济的发展。19 世纪 20 年代初，近代大型工厂的建造，资本和技术的引进，改造了中国经济发展的空间，工业的发展刺激了生产需求的增加，促进了农村经济商品化的变迁。鸦片战争后，在长期的战争、自然灾害和社会转型的冲击下，资本主义的发展具有一定的规模和水平，生产关系发生变革，经济基础的变化导致上层建筑和社会环境的改变。传统社会的解体推动了中国向现代化的探索，19 世纪七八十年代，随着中国封建制度的解体和民族资本主义的发展，早期维新派提出了地方自治主张，其早期的发展成为地方政治现代化的基础。辛亥革命失败后，北洋军阀统治了国家政权，至此，频繁的战乱给农业造成破坏，农民赋税较重，农业生产缓慢，此时的乡村治理是在国家与乡村社会分权的框架内运作的，是国家政权体制变化推动乡村社会管理模式由封建传统向现代民主方面转变的制度形式。抗日战争期间，中国共产党建立抗日战争根据地，在三民主义的影响下推行民选，毛泽东提出了"新民主主义"。中华人民共和国成立后，新生的共和国面临着西方资本主义国家的经济封锁和政治挑战，在这种局势下，农村就肩负着突破封锁、建立稳固政权和国家的重托（唐晓腾，2007）。土地改革后，小而分散是当时农村社会生产单位的特点，但农村社会后续的秩序恢复需要国家政权向基层逐渐下放，于是在社会主义改造后，人民公社应运而生。改革开放后，市场经济迅猛发展，为农村经济发展注入新的生命力，许多乡镇企业也在农村如雨后春笋般出现，农村的经济结构也在这种发展过程中悄然变化。具体表现为市场经济的发展，使农村由原来单一的经济结构转变为以公有制为主体、多种所有制经济共同发展。农村治理经济基础的变化，必然引起农村治理上层建筑的变化。此时，原有乡政村治的乡村治理问题也逐渐暴露出来，村民对于资源的配置和政策优待问题也开始关注，广大村民参与村庄事务管理的积极性开始被唤起，农民的平等和主体意识在不断提高。总之，农村社会经济的发展，对农民参政、实现民主管理起到了有力的推动作用。

二、农村管理体制的改革与基层民主的发展

（一）土地制度的变迁

20 世纪 70 年代末的家庭联产承包责任制将生产资料集体承包给农民，以个体为单位来生产经营分配，这样一来生产经营权由农民主导，极大地调动了农民的生产积极性，同时，废除了"三级所有，队为基础"的人民公社体制。农村社会由于土地制度的改革，无法随之产生与之相匹配的新的治理模式，导致一系列农村基层问题层出不穷。此时，诞生了新的基层组织形式——村民委员会。以前的人民公社被改为乡镇政府，作为农村依法设立的基层政权组织，原来的生产大队由乡镇以下的村民委员会代替，村民小组代替原来的生产队，"乡政村治"的治理模式由此形成。村民自治的治理模式弥补了废除人民公社体制后出现的农村社会治理的"真空化"，维护了农村基层社会的稳定发展。随着集体经济体制和土地制度的变化，土地出租、转租、转包等多种土地流转形式的出现，农民的经济来源、工作性质和生活需求都随之改变，乡村治理又面临新的挑战，贫富差距大、利益两极分化等现实问题又推动着乡村治理向政府主导的多元化治理模式转变。

（二）"大学生村官计划"的实施

为了解决城镇化所带来的农村精英缺失、基层工作难以推动的问题。从 2008 年起，中组部等四部委开始推动"大学生村官计划"，聘选有知识、有文化、有能力的高校毕业生到村庄任职。大学生担任村干部，成为村"两委"（中国共产党支部委员会和村民自治委员会）的成员，极大地优化了村委人员结构和工作能力，对乡村治理现代化具有积极的作用。首先，相比农村精英而言，大学生知识丰富、思想活跃、眼界开阔，他们积极进取的品质，促进了农村软实力的提升，不但为农村基层工作注入了新鲜血液，同时也促进了基层组织的完善，对强化党和政府的领导具有积极的作用；其次，大学生投身新农村建设，为农村注入的不仅是知识，更重要的是改变了农村的文化土壤，使农民从思维和观念上有所转变，形成科学、健康、文明的生活方式，这种新的观念和技术带领农民转变其落后的生产方式，进而有力地提高农村的生产力水平；最后，大学生在乡村经历了几年的磨炼，不仅培养了他们坚定的理想信念和奉献精神，更重要的是增强了他们对人民群众的深厚感情。部分优秀的大学生在服务乡村过程中脱颖而出，成为党政干部的后备人才，

走上更重要的工作岗位。他们的榜样作用会引领新来的大学生村官，这样一代一代传承，形成了农村基层党政干部的培养链。大学生思想政治素质高、法制观念强，在处理乡村事务的过程中会全面贯彻落实依法治国的政策方针，不会因循守旧，并且敢于执言，运用"制度"管人管事，推动农村法制建设，切实保障农民的正当权益。大学生村官既是政治文化的传播者，也是农村基层民主政治制度的推动者，还是民主意识的承载者（邱哲，2010），为我国现存治理贡献不少力量，同时对于乡村治理模式向民主化转变具有推动作用。

（三）农民制度化政治参与和农村协商民主的发展

中国共产党领导在革命斗争时期，通过民主平等的方式与各民主党派和进步人士进行协商，发扬协商民主的独特优势，夺取了新民主主义革命的胜利。在中华人民共和国成立以后，协商民主成为我国社会主义民主政治的特有形式。所谓协商民主，是指在平等、自由的前提下，公民通过公共协商的方式，提出各种意见和建议来说服他人，从而赋予立法和决策以政治合法性，基于公民实践推动的政治自治理想，在乡村治理向现代化演进的过程中起着重要作用。其中，以协商民主对乡村体制进行监督的方式主要有两种：乡村民主评议会和村务监督委员会，前者是干部在演说后村民进行评议，评议结果与村干部的薪酬、职位相结合；后者主要是给村民传达村务工作，听取村民意见和建议，以便更好地保证村民的监督权和知情权。政治参与是公民通过特定的方式和渠道参与到政治事务的管理中。在农村协商民主发展过程中，农民的政治参与能力对于农村协商民主的进行具有重要意义。改革开放以来，我国实行的是村民自治制度，在广大村民积极参与乡村治理的过程中，不断推陈出新，如农民通过制度化政治参与选举出村委会成员并赋予其合法性，这为协商民主的进行提供了前提。另外，在村务公开的过程中，村民按照村民自治制度的相关规定，一方面，以平等独立的主体身份参与到乡村各项事务的管理中去，共同协商；另一方面，又可以有效地监督村干部的行为。现代文化和市场经济的运行进一步培育了广大农民的参与意识，在新经济体制下，村民在与外部的接触和交流越发频繁，他们在现代社会经济的熏陶下，行为方式更趋于理性化（李增元，2009），这也为在农村发展协商民主提供了可能。村民协商民主机制的形成，为化解乡村不同利益主体之间的冲突提供了一个有效的平台，乡村不同利益主体可以通过公共协商平台，理性地表达自己的观点和诉求。尽管协商民主在乡村治理中发挥了重要的作用，但在乡村社会管理过程中，一些非制度化手段仍然存在。表现在涉及村庄事务的管理过程中，部分村干部由于威信不够而受到村民的质疑，或者个别农村干部利用手中权力贪污腐败，侵害群众利益，进而削弱了村民制度化政治参与的积极性，最终直接影响了我国基层协商民主的发展程度和水平。因此，农村制度化政治参与的意义不容小觑，要重视其发展，通过制度化政治参与提升村民对国家政治制度的认同和支持，进而维护乡村社会的稳定，推动乡村治理更好地向现代化发展。

（四）政府治理理念的变化与发展

在乡村治理制度的变迁过程中，政府始终处于主导的地位，保证国家的公正和统筹城乡社会经济发展，巩固自身的权威并维护自身政权的合法性地位。中华人民共和国成立后，中央政府废除了封建乡绅精英统治的乡村治理模式，建立人民民主专政制度，1958年后建立人民公社。改革开放后，对乡村治理制度进行改革，村民自治制度、乡政村治的治理模式形成。至此，国家行政力量大幅度推进，政府权力进一步向乡村延伸。税费改革后，制度环境的改变，乡村基层组织的自我管理、自我服务功能被忽视，乡村公共事务难题无法有效解决（覃耀坚、农植媚，2016）。为改变这一状况，国家颁布《中华人民共和国村民委员会组织法》，以制度化的方式约束和规范村民自治，为村民自治提供了保障（李飞跃、林毅夫，2011）。任何一个历史时期的制度安排和政策法规，都是由政府制定并供给的。从中华人民共和国成立初期的土地改革，再到农业合作社建立，这一乡村治理历史变迁过程中，国家为了政权的稳定和乡村社会的发展，也为了激发农民参与乡村建设的积极性，建立了一系列针对乡村社会的制度。这些制度的建立，不仅实现了国家政权深入农村内部，而且吸引了村民积极参与到乡村建设中来。

三、宗族势力的兴起与中国传统观念的转型

（一）宗族在乡村公共秩序中的维持功能

由于宗族势力对宗族成员行为有很强的约束力，在中国几千年的封建社会中，宗族分担了一部分政府维护社会秩序的责任，这是由中国社会的特殊结构和宗族组织的特定功能决定的。宗族的核心是维护宗族利益（胡珊，2007），这种长期共同生产生活建立起来的合作和人情网，使得零散的村民个体能够被组织起来。宗族之间的互动，密切了彼此之间的关系，同时在调节

矛盾和纠纷中起到中间人的作用。比如涉及"自家人"的矛盾纠纷和道德层面的人伦秩序时，一般由本宗族有权威的老人出面调解，这说明宗族在乡村治理中充当矛盾的化解器（俞新天，2016）。此外，宗族不但为村民提供了一定的福利和保障，而且满足了村民对自身归属感和心理文化的追求，这种寄托包括血缘、仪式、宗教、伦理等各种宗族理念，在一定程度上舒缓了社会的紧张，稳定地方的人心及秩序，减少了村民的失落和报复心理，提高乡村自治能力，推动了国家和社会公共事务的运行。还有，宗族的存在为农民表达和反映其权益提供了新的渠道，具有组织化特征的自上而下的行政方式使村民的地位有所缺失，而宗族的治理使村民有了更多的自主性，一个人的力量虽然微薄，但通过宗族后声音得到放大，问题同样得到重视，对于乡村治理与维护社会和谐稳定具有一定的积极作用。

（二）中国传统伦理观念的转型在乡村治理制度变迁中的作用

我国作为一个千百年的农耕社会，传统伦理道德也一直延续至今，其作为文化范畴对于乡村社会制度的变迁起到塑造性作用，从本质上说社会制度的变迁是社会心理的重塑与社会文化的更新的过程。从经济角度来看，中国经历几十年的市场化改革，其生产模式发生很大变革，农业生产在农民总收入中的比重逐渐下降，这一点在经济发达的地区表现较为明显，农村大规模的青壮年外出务工，农民虽有土地的承包权和经营权，但逐渐向工业化生产模式转变，小农经济已经不能适应农民当前的发展格局，因此，在原子化的、个体农户基础上的乡村伦理观念也必然与基于家族基础上的乡村伦理观念有着本质的不同（吴杰华、刘志秀，2011）。经济基础决定上层建筑，上层建筑反作用于经济发展，现代化的伦理观念推动农村经济向更好的方向转变。从政治角度来看，《中华人民共和国宪法》和《中华人民共和国村民委员会组织法》等相关法律的颁布，明确了乡镇政府与村民委员会之间的指导与协助关系，然而，由于传统宗族观念根深蒂固，在转型过程中难免影响村民自治，再加上国家体制存在的局限性，在民主选举的过程中，宗族势力参与并操控村委会的选举，这种"熟人社会"使选民容易受到亲戚关系的影响，一定程度上对基层政治的运行产生阻碍作用，因此，要警惕并严厉打击干扰破坏村"两委"换届选举的宗族势力。从文化角度来说，与传统的乡村社会相比，村民的物质文化水平的提高使村民的精神文化也有所提高，由于生产生活方式的改变，原来的庙会、祠堂、宗教活动被逐渐淡化，取而代之的是参加村集体文艺活动、赶集、广场舞等活动，这种现代化的娱乐方式，对于村民意识形态的重构与社会价值的引导具有积极作用。

四、基层社会意识形态的成熟与农民组织化水平的提高

(一) 村民的大规模进城务工为公民素质养成、民主化治理奠定基础

我国乡村治理模式从传统的精英治理模式向村民自治治理模式的转变主要得益于亿万农民的素质养成。其中，村民的素养包括责任意识、民主意识、公民观念和参与能力等。城市化进程中农民的大规模进城务工是一把"双刃剑"：一方面，造成农村大量空巢老人和儿童的空心化、人才枯竭的局面；另一方面，在亿万农民进城务工的过程中完成了现代公民的启蒙教育，对于其民主精神和责任意识的提高起到促进作用，同时，实现了我国青壮年群体参与乡村治理的意识与素质的整体改善。从积极性方面可以看到，亿万农村青年有机会改变面朝黄土背朝天的生活，进城务工一定程度上为农民们提供了改变命运的机会。在城市化和工业化的进程中，农民们从事各种各样的工种，感受并接受了日新月异的城市文明，包括民主意识与参与意识，使他们的社交能力和自我尊重与实现的品质得到了提升。城市良好的教育资源与交通设施，完善的医疗保障与卫生环境，使他们感受到了城市公民的维权和民主意识。于是广大农民开始有机会参与其中，了解并学习到民主意识与维权方式，同时认识到对自身合法权益维护的重要意义。

(二) 村民良好素养与政治地位的提升

村民是村庄的主人，是村庄治理的重要主体，村民的思想觉悟和道德素养对乡村社会的稳定和发展具有重要作用。中华人民共和国成立初期，由于我国经济、教育资源有限，政府并没有充足的资金投入教育和文化建设中。因此农民整体教育水平低、素质不高的状况普遍存在，尤其是在政策执行的过程中，村民们根深蒂固的封建思想和落后的教育文化水平及淡薄的政治观念，无疑加大了贯彻落实政策的阻力。在当时高度集权的治理模式下，虽然新生的人民政权对农民进行了一定程度上的文化和政治教育，但受传统文化和封建思想的影响较大，教育成果微乎其微，农民并未成为乡村治理的主体并且丧失了能动性。改革开放后，随着乡村经济活动模式的转变，农民经济活动范围加大，农民的价值观念发生了变化，其自主性和能动性得到很大提升。同时，农民的受教育程度在逐渐提高，对于农村事务的关注也愈发强烈，

许多农民开始关心村庄的发展，尤其期望对村内事务能提供一些自己的意见和建议，以推动自己生活的家园更好地发展，村民自治应运而生。"民主选举""民主管理""民主监督""民主服务"在一定程度上锻炼了农民的民主精神和参与乡村治理的能力，为乡村治理的变革和发展起到推动作用。

（三）农民自组织动力源的现代发展与转型

农民自组织是指农民在社会经济活动中为争取自身权益而自发组织起来形成一个共同体。从不同历史时期农民自组织形成的动因来看，大致可以归纳为传统型、政府倡导型和自利型三种类型（杨嵘均，2014）。传统型动力源主要基于血缘、地缘关系，这种关系融入了村民之间的日常交往，村民在遇到困难时往往采取互助合作而非个体力量的方式，满足了彼此之间的情感依托需求。血缘和地缘的高度结合，再加上姻缘关系，使得农民在宗族、村落等小群体内部有着很强的合作能力（金太军，2004），在一定程度上有助于和谐社会的稳定。政府倡导型动力源于中华人民共和国成立初期，生产资料由私有制转换为公有制。改革开放后，在政府的领导下，中国广大农民迅速建立起了村民自治制度，村委会、村民小组等组织的产生更多是源于政治的需要。随着市场经济体制的建立，党和政府的重心转移到经济领域，市场机制的"具有自利性动机的诱发力量"（陶传进，2008）刺激着人们的自我利益意识，人们作为"经济人"的市场经济主体性逐步显现并成熟，在这一环境下，一些村民基于维护自己利益的需要，自发形成一些利益团体，它们以团体中的个人利益为目标，但同时也服务于农村社会的发展。我国农民目前自组织动力源主要以政府倡导型为主，自主性不断发展壮大，而传统型依然存在影响的复杂型格局。总体来说，农民自组织动力源正由政府主导型向现代自利型转变。这种转型提升了农民在乡村治理结构中的地位和影响力，减小了乡镇政府对农村事务的直接干预。村民参与乡村治理的积极性和主动性有所提高，提升了农民个体户和农户在乡村治理结构中的重要性，改变了以前单向的"官"管民的乡村治理结构，形成村民到村委会，再到乡镇政府的自下而上的权力双向运行模式。这种农民自组织形式的转变对于优化农村治理结构、促进农村各项事业的发展具有积极意义。但随着这种治理模式转变的深入，村民自治可能会出现诸如宗族势力介入、干群关系疏远等问题。但也正是对这些问题的解决，基层社会自组织的现代化推动着乡村治理体系的不断完善和发展，对于乡村治理模式的演变也具有推动作用。

五、国家战略目标的改变与法权结构的变革

（一）税费改革后国家对乡村治理方式向"资源输入型"转变

2006 年的税费改革，取消了在农村征收千年的农业税，这在经济上大大减轻了农民的负担，但也改变了乡村治理各方主体的力量。随着农业税的取消和分税体制的改革，村民自治组织由于缺乏必要的财力支撑，难以提供有效的公共服务，从而也逐渐丧失对乡村社会管理的话语权。为了促进乡村社会经济发展，国家出台一系列惠农政策。国家政策直接面向村民，使得原来依托于乡镇和村集体组织的间接治理模式转变为以农民个体权力为核心的直接治理模式。随着治理模式的转型，农村基层组织的运作也随之发生变化，乡村基层政权虚化，基层政府和农民群众之间的联系日渐生疏。一方面，税负过重引发的基层矛盾因税费的取消而有所减轻，乡村社会从以前的资源提供方转变为资源的获得方，国家通过粮食补贴、新农合补助、低保补助以及义务教育"三免一补"等方式，使农村公共物品供给转为"输入式供给"，一定程度上减轻了农民的负担，使农民的生活水平实现质的改善。另一方面，税费改革乃至彻底取消农业税，基层政府的需要从管理型向服务型转变，这样一来，乡镇政府和村级组织在村级事务中的功能被弱化，基层政府变成了简单的政治工具，削弱了他们的治理能力（周飞舟、王绍琛，2015）。因此，这一治理模式的转变给农村社会秩序的维系起到了"双刃剑"的作用，既有利于缓解农民负担，但又使基层政权与农民的关系疏远，由此带来一定的负面影响。

（二）从"人治"到"法治"的变革

现代意义上的"人治"，就是掌权者的个人意志高于法律，治理国家靠的是个人或少数人的意志（田先红、陈玲，2013）。"法治"代表着自由、平等和民主，是现代政治文明的标志。作为封建专制历史悠久的国家，我国农村地区家长制占据重要地位，民主与法治沦为形式。正是由于"政在人为"的观念深入人心，使得乡村社会在开始进行民主选举和村级自治后，由于农民参与积极性不高和对村干部依赖心理较大，各地普遍出现村干部自治的情况，而理应发挥作用的村民大会没有起到应有的作用。另外，传统宗族伦理在乡村根深蒂固，村民的民主意识和维权意识淡薄。所以，乡村民主选举制度在很大程度上带有人情、家族色彩。除此之外，村民自治和民主选举在实际操

作中往往受基层政府的干涉，由此可见，中国的乡村治理模式具有"人治"色彩。中共十八届四中全会吹响了建设社会主义法治国家的号角，法治乡村自然是法治国家建设的重要组成部分。我国作为农业大国，农村人口的比例决定了法治中国建设的重点和难点都在农村。农村社会的法治建设，必将为农业产业发展、基层政权建设和农民生产生活提供法律保障。法律是党的意志的体现，随着法律在农村的普及和农村法治建设，农民更加懂法，了解到党的意志和宗旨。农民的法律意识增强，对于党务村务公开、透明，村民更好地行使监督权具有重要意义。

六、大数据的嵌入推动乡村治理模式转变

（一）大数据推动乡村治理主体由一元向多元转型

大数据作为云计算、互联网之后 IT 行业又一大颠覆性的技术革命，人们用大数据来描述和定义信息爆炸时代产生的海量数据。大数据具有数据巨大、类型繁多、处理速度快、潜在价值高的特点。大数据分析是一种技术手段。数字时代的乡村治理，可以利用大数据技术来推动乡村治理制度设计和治理模式变革。传统的乡村管理是政府作为唯一的权力中心和管理主体，垄断了乡村数据收集、处理应用和公开的权力，占有大部分的数据资源。如今的乡村治理是多元共治的网状模式。社会组织、企业单位和村民等纳入治理体系中，一方面，作为乡村数据的制造者、处理者和传播者；另一方面，作为乡村治理的接受者和使用者。大数据嵌入乡村治理后，企业和社会组织等乡村治理主体可以通过大数据技术收集乡村事务中的海量数据，将自身所掌握的经济、科技、教育、卫生、文化、环境等各个领域的乡村数据和政府的乡村数据相融合，形成大数据共享资源。然后深入分析其中的有用信息，对治理相关问题进行科学预测，并通过数据共享向多元主体传递信息，也可以利用数据平台回应村民的诉求（谭九生、任蓉，2017）。通过大数据技术，可以消除政府和其他治理主体间的信息不对称，提高政府对乡村社会的管理能力，同时又拓宽了村民和其他社会组织参与乡村治理的渠道，推动了乡村治理模式由一元向多元共治转型。

（二）大数据推动乡村治理决策模式由经验向数据模式转变

政府在乡村管理中往往会依靠管理经验和感觉判断进行决策，对于农村的调研数据而言，只起到了参考和辅助作用，再加上人工的调研数据样

本量小，其参考信息有限，准确性低，很难形成科学有效的决策。而当前的乡村社会，公共事务繁多，事项复杂且不确定性高，政府在治理过程中仅仅靠经验感觉很难做出正确的决策，必须依靠数据的准确性、实时性和规律性来确保决策的科学性、及时性和有效性，大数据的嵌入，加快了乡村治理决策模式由经验向数据决策模式的转变。一方面，由于数据具有处理速度快的特点，其收集并分析数据的效率较高，获取有用的价值信息准确且快速，提供精确的数据报告以便于政府做出合理有效的决策；另一方面，大数据采用的是总体数据，其海量且全面的数据优化了样本数据中抽样选取的片面性和不稳定性，为决策提供更准确和更具说服力的数据支撑。同时，大数据采用内在关联的分析，通过挖掘数据间的内在联系，探究其发展规律，可以预测事件的未来发展趋势。这种基于数据模式的决策，使得乡村公共事务的复杂关系很容易得到理清，而乡村公共事务管理将变得更加便利。

（三）大数据推动乡村治理应对模式由被动向主动转变

对于传统乡村管理，政府对于村中事务及问题的解决主要是事情发生后的被动介入，而大数据可以在数据分析的基础上进行提前预测。政府等乡村治理主体通过大数据技术，将村民生产生活数据和村委会管理乡村事务的数据收集起来并进行分析，及时了解和掌握村民的生产生活状况，以及乡村管理中存在的问题，主动进行判断和预测，提前做出应对方案和准备工作，可以做到在事前将纠纷和问题扼杀在摇篮中，事中可以及时调配人力和物力资源，使公共事件及时得到解决，公民诉求及时得到反馈。因此，大数据嵌入乡村治理，解决了传统条件下事后被动处理问题的弊端，使其应对模式向事前主动预测转变，使乡村治理更具有动态性和灵活性。

（四）大数据推动乡村治理服务模式由精细管理转向精准服务转变

传统的乡村治理是一种精细化的管理，即政府将管理服务的每一个环节都尽可能地做到精确和细化（陈潭，2016），以此来确保对外提供服务的质量。但是，内部精细化的管理往往很难兼顾不同群体的诉求。不同群体对服务的需求是精确，而并非精细。在大数据环境下，村民的个人偏好能够识别出来。政府等相关治理主体可以通过大数据技术，精准预测村民的个人需求，进而为村民提供精准服务。同时，政府可以通过大数据采集到不同行业群体的数据和信息，将服务内容进行分类，将服务的对象进行分化，为其指定个性化的服务和咨询，对于特定的乡村事务，通过大数据进行精准的治理，在精准监督方面，运用大数据对村民委员会和党委会进行精准识别、精准培训和精准考核，从而使村务、财务及公务更加公开透明，村民的权益得到更好的保障，推动乡村治理向精准服务模式转变。

第四章 我国乡村治理的现状和问题

第一节 我国乡村治理现状

一、主要的乡村治理主体

乡村治理并非单一主体的活动，而是村民、村委会、其他治理组织的共同行动。根据各主体在乡村事务中所起作用的不同，可将这些主体划分为两类：一类是法律和制度将其纳入乡村治理结构内部的主体，称之为体制性治理主体。体制性治理主体有制度支持、法制保障和组织依托，手中掌控村庄的主要经济资源（任艳妮，2011）。归纳相关法律和政策制度文件，这类主体包括基层政府、村党支部、村委会、村民代表会、村民小组、村干部、村民代表和普通村民，此外有些村庄还有共青团、妇联小组等组织（仝志辉，2018）。另一类是非体制性治理主体，是指外在于制度框架的乡村治理参与主体，它们没有制度支持和组织依托，衍生于传统或自发形成，包括企业、农民协会、宗族势力和乡村精英等。尽管它们没有被纳入体制内，但却是乡村治理的重要参与方。

（一）体制性治理主体

1. 基层政府

从政权体制上来看，中国最基层的国家行政机关是乡镇政府。虽然法律仅赋予了乡镇政府指导村委会的权力，但长期以来，乡镇政府在乡村公共资源的配置和决策方面始终处于核心的地位（任艳妮，2011）。

在乡镇一级，党委书记和镇长分别总负责党务和行政，其他副职领导分别分管相关工作，同时还设置政务服务中心等内设机构。以重庆市渝北区某镇为例，该镇设有党政办公室、财政办公室、经济发展办公室、社会事务办公室、综合治理办公室、安全监督管理办公室、社保所、建管办、食药监办、文化服务中心、农业服务中心 11 个内设机构。这些室、办、所帮助乡镇党委政府进行日常治理，并承担常规事务性工作。服务中心则主要是直接面对群众，集中办理各室所办的大多数行政服务、行政审批业务及咨询服务工作。服务中心面向公众提供服务的工作人员一般由临时聘用人员担任，内部核心职责由各室、办、所负责，整体的协调控制则由乡镇领导承担（吕德文，2018）。

为加强对村"两委"工作的督查和指导，各地乡镇政府还实施了干部包村制度。干部包村制度作为一种有别于科层制的国家与社会之间的中介机制，帮助地方政府实现民众动员、精英监控、乡村治理的目标。包村干部在乡村治理中起着政策上传下达、政治动员、日常工作督查等作用，是乡镇领导、村干部之间信息沟通的桥梁（吕德文，2018）。近年来，为了落实精准扶贫，各级政府都不断推动驻村工作队制度，驻村工作队的传统被进一步发扬，用于帮助村庄解决各种问题（王晓毅，2018）。

乡镇政府对村庄的管理手段还可以通过制度性支配。所谓制度性支配，是指乡镇政府通过建章立制的方式实现对村级组织的支配（吕德文，2018）。制度性支配是科层制行政固有的政策工具，长期以来广泛应用于科层组织内部。随着越来越多基层工作下沉到村庄，制度性支配在乡村治理中的作用逐渐凸显，乡镇政府通过村财镇管、项目制管理、全员绩效考核等规章制度，赋予相关室、办、所支配权力。如2017年W镇农经站通过建立制度，明确村级组织的财务收支不能使用现金，必须通过银行转账的方式进行。在经费审批权限上还规定，村级组织2000元以上的开支，需经包村干部签字审批，5000元以上的开支还需经镇领导签字审批。

2. 村党支部

《中华人民共和国村民委员会组织法》村党支部是党在农村的基层组织，在乡村社会管理中发挥着领导核心的作用（任艳妮，2011）。

3. 村委会

根据《中华人民共和国村民委员会组织法》，村委会是乡村治理的核心主体，它不仅承担村庄公共事务管理，在没有成立村集体经济组织的村庄，村委会同时还负责村集体经济的管理和分配等事务，在村庄事务中享有较大的权力（任艳妮，2011）。作为村民委员会成员的村干部，在乡村治理中发挥着特殊的作用。在农民的眼里，村干部是干部，代表着政府。他们在各种资源的分配中拥有很大的权力。但村干部并非基层政府的工作人员，他们的身份是农民，在村级日常事务中有相对的独立性。对于基层政府开展农村工作，普遍遇到的困难就是如何处理与村干部的关系，村干部能力不强，村内的工作难以完成，村干部过于独立，对基层政府工作不积极配合，都会导致乡村工作的不力。为适应基层政府大量工作下沉到村庄的现状，一些乡镇政府采取乡镇干部包村制度，或在村一级建立村干部的上班或值班制度，将村干部作为准行政干部来管理（王晓毅，2018）。

4. 村民代表会

村民代表会是乡村治理的主体，是村民自治的主要实现形式。村民代表会由村民选举出代表组成，主要职责是讨论决定村庄重大事务，并对村民委员会工作进行监督（任艳妮，2011）。

5. 村民

村民是乡村治理中最基本的主体，也是村庄权力的真正拥有者。村庄所有的治理主体均与村民存在密切的联系。

（二）非体制性治理主体

1. 各种公益性服务组织

公益性服务组织是指村民因某种目的而自愿组织起来的、服务于全体村民或组织成员的公益性服务组织，如文娱团体、致富小组等。公益性服务组织虽然不是乡村治理中内生的组织，但因其非政治性和服务性，往往会得到村民的认同。

2. 农村宗族势力

农村宗族势力是乡村治理中不可忽视的参与主体。不管在哪个历史时期，宗族势力对乡村事务都有着重大的影响。近年来，宗族活动在有些乡村村民日趋频繁，一些地方还出现了宗族势力把持村委会竞选或直接参加竞选的情况。宗族势力参与村庄治理，在一定程度上有利于整合原子化的农村社会，但宗族势力的渗透，可能会淡化制度规则的力量。

3. 非体制内精英

非体制内精英是指国家政权体制精英之外的精英人士，包括乡村教师、外出务工返乡的成功人士等。与普通村民相比较，非体制内精英一般会在某些方面拥有更多资源，比如经济资源或文化资源。

二、乡村治理的主要内容

在乡村治理过程中，各个治理主体根据村庄的实际情况，围绕村庄公共事务，发挥各自作用。就现阶段我国乡村治理而言，治理内容主要涉及行政管理、经济管理、公益事业管理和日常村务。

（一）行政管理

行政管理主要是指村庄承担的征兵、义务教育、农村低保、农业补贴等各种行政任务。行政管理的主要承担者是村委会和各村民小组。村委会如果他们能够公平、公正地处理各类行政任务，他们在群众中的权威会得到进一步的提升，反之，其权威性会被削弱。在这一治理过程中，体制外主体也可以起到一定的监督作用，但需要法律、政策上的支持，使其能够获取政治资源参与行政治理，提升治理绩效。

（二）经济管理

经济管理是指村集体经济、村公共收支、对外投资与合作、宅基地审批、土地承包或征用、村庄公共资源承包等与村庄经济发展有关的管理（王晓毅，2018）。乡村经济管理是乡村治理的核心，经济越发达的地区，经济管理就越显得重要。经济管理的主体一般是村集体经济组织和村委会。鉴于经济管理的重要性，国家相关法规要求，在村庄经济管理过程中不仅要发挥村集体经济组织、村民小组等体制性内主体的力量，同时还要引导乡村精英的积极参与。

（三）公益事业管理

公益事业管理主要指教育、医疗、交通、水利、绿化、公共娱乐设施等与公共设施、公益事业等相关的管理。村庄公益事业服务于全体村民，需要一定的人力、物力和财力。在乡村振兴的大背景下，政府一般会输入一定的资源以支持村庄公益事业的建设。因此，村委会等体制内治理主体在公益事业管理方面具有先天的优势，承担起主要的管理义务，同时发挥全体村民和其他治理主体的积极性，共同参与并做好村庄公益事业。

（四）日常村务管理

日常村务管理主要指村治安、环保、日常矛盾的调解、扶贫帮困、红白喜事操持等与农民日常生活相关的治理。这些事务一般与某些特定个体或团体相关，在这方面村庄精英、相关协会组织等非体制性主体有先天的优势，而村委会、村民小组等治理主体以协同配合的方式进行管理。

三、村民委员会与村集体经济组织的关系

除了"两委"关系外，村级组织体系关系中还有一个需要明确的基本问题就是村民委员会与村集体经济组织的关系。关于村委会和村集体经济组织的职责和关系问题的讨论已经延续多年，时至今天，仍未达成共识。从现实来看，在经济不发达地区的村庄，普遍情况是村委会履行村集体经济组织的职责，独立的村集体经济组织并不存在，即使存在，也是与村委会高度重合，没有单独显现出来。从法律上来看，相关法律也没有清晰区分两个组织在职责上有什么不同。按照《中华人民共和国村民委员会组织法》的规定，村民委员会可以根据需要召集村民会议，商议土地承包经营方案、宅基地使用方案等与村民利益相关的重大事项；可以对全体村民集体所有的土地和其他财产进行管理。从这些规定可以看出，村委会有代行村集体经济组织的权力。

（一）村委会和村集体经济组织合一

1. 村委会和村集体经济组织合一的历史背景

村民委员会是在集体经济组织的基础上成立的。人民公社时期，集体经济组织盛行，但随着分田到户的广泛推行，以土地为主要资源的集体经济组织失去了继续存在的经济基础，慢慢处于涣散状态。乡村社会进入村民个人自由发展阶段，这种个人自由发展带来了一系列的社会治理问题，为了维持村庄的社会秩序，需要正式的组织，由此产生村民委员会。但村民委员会从其产生之日起，其组织目标与村集体经济的组织目标便存在很大的差异。在人民公社时期，发展生产并为工业化提供资源是村集体经济的组织主要目标。乡村社会的治理全部围绕发展生产而展开，依照生产的要求建立治理规则，所有的治理规则都要服从于生产秩序（仝志辉，2018）。而村民委员会组织目标的设定并非围绕生产活动，这一时期的生产活动以村民个人为主，村民委员会的主要职责是规范乡村社会秩序，强调农民自己选举、决策、管理和监督。

长期以来保持两个组织合一有其历史原因。多数村庄的集体财产在开始家庭联产承包责任制之时就已经分光，村庄失去了公共财产，村集体经济已经名存实亡。村民虽然拥有了土地的使用权和收益权，但作为个人，并没有拥有土地的完全产权，其真正的产权所有者是集体经济组织。因此，

必须保留集体经济组织这个村庄土地集体资源资产的名义所有者，而让村民委员会"代管"基本的集体经营管理职能则显得顺理成章。因此，宪法和《中华人民共和国村民委员会组织法》也都明确了村委会可以代管集体经济的主要资产——村庄土地。

2. 村委会和村集体经济组织合一的现实逻辑

据农业农村部的信息，2010 年村委会和村集体经济组织合并比例高达60%。在村委会和村集体经济组织合一的情况下，村集体经济组织只是一个名义上的组织，没有真正的人员和组织机构，和村民委员会合二为一。

（1）村庄没有有效的集体经营活动。每个村庄都有土地和集体成员，在包产到户的初期，村民需要向集体经济组织缴纳一定的承包费。随着经济的发展和国家对"三农"问题的重视，国家逐渐取消了农业税，村集体组织也不能再向村民收取承包费，村集体经济组织的经济功能渐渐消失。而早期各村兴办的村办企业，在激烈的市场竞争中纷纷走向解体或改制，使得有效的集体经营活动在多数村庄趋近于无。由村庄共享、共同发展经济的集体经济活动的消亡，引发了人们对集体经济组织存在必要的思考。虽然村庄还存在一些因国家支持而形成的村庄公益设施，但此类设施一般不产生收益，不涉及利益分配等村民关心的问题。而公共设施的日常维护，仅依靠村民自治组织就可以有效解决。

（2）两组织合一有利于民主自治的推进。第一，集体经济为乡村治理提供必要的物质基础和财力保障（仝志辉、韦潇竹，2019）。集体经济组织归全体成员所有，如果村民和村集体经济组织成员没有差异，那也就是归全体村民所有。村委会在管理乡村社会事务过程中需要一定的经济资源，其中部分的成本和费用理应由享受服务的全体村民来负担。如果村委会有对村集体财产进行管理的权力，他们就可以按照相应的程序，从集体经营活动的收益中提取一部分作为村委会的运行经费，以维持村民委员会的高效运行。村委会所提供服务的质量和水平与其获得资源的数量有密切联系，缺少了集体经济资源的支持，村委会的村民自治功能可能就会失去必要的物质基础和财力保障，从而丧失服务的内在动力。第二，欠发达地区缺少经济发展所依赖的自然、物质及人力资源，在城市化的进程中普遍出现了空心化与空壳化。村民享有的公共服务水平主要来源于政府投入、社会捐赠和村社自筹所形成的集体经济和公共治理资源。这些集体经济和公共治理资源是维系村庄治理的关键要素，如果没有村委会对这些集体经济和公共治理资源的管理，进而形成村庄共同利益，村民就不会关心村庄事务，没有参与村庄治理的热情，从而使得村庄自治形同虚设，村庄共同体就会逐渐被瓦解（王妍、兰亚春，2015）。

（二）村委会和村集体经济组织分设

1. 村委会和村集体经济组织分设的讨论

村民自治组织自成立之日起，其承担的任务是维持乡村社会的秩序，保护和扩大村民的参与权利。这与村集体经济组织的集体经营目标有根本的差异。随着村民自治的民主化方向和程序的规范化，这种差异进一步被放大，从而使得两者分设成为议题。参加审议《中华人民共和国村民委员会组织法（修订草案）》的多位全国人大委员提出，应分别设立和定义村民委员会、村集体经济组织（仝志辉，2018）。这些委员认为：村民委员会是村民的政务性的自治组织，由全体村庄居民组成；而集体经济组织是负责集体资产管理、经营等经济事务的经济性组织，应由集体经济组织成员组成。两者性质上是不同的，在同一个村庄中应分别设立。两个组织的管理机构不应由全体村民来直接选举，应依照各自规则，由其成员自己选举产生，而不是由村民委员会来行使两个不同组织的管理权。

分设动议的现实背景是，随着农村经济的发展，非财产所有者决定财产所有者的利益问题愈发凸显。近年来，村集体资产增加明显，其主要来源有二：一是政府对农村的投入越来越大，村里通过扶贫、新农村建设、乡村公路建设等项目获得很多财政资金，建设形成众多资产；二是一些城郊村在城市化进程中，村庄土地增值很快，获得了大量的土地分红收益，使得村庄集体资产大幅增加。大额的集体资产如何管理事关全体成员的利益。在村民和村集体经济组织成员没有差异的情况下，分配的焦点仅在于比例和方式问题。但如果村民和村集体经济组织成员不一致，可能出现的情况是村委会成员并非村集体经济组织成员，此时让自治组织村委会决定分配事项，会发生财产所有者的利益由非财产所有者决定的问题，甚至可能会出现非财产所有者侵害财产所有者的利益的问题，由此引发村民与集体经济组织成员之间的矛盾。在经济发达地区的实践中，出现了大量关于征地拆迁和补偿安置、土地增值收益分配、集体资产留存与分配比例等纠纷和问题，还有一些特殊的情况如农转非、外嫁女等是否继续保留村集体成员资格等。如果村委会不能很好地处理这些尖锐的问题，就会影响村委会的权威。由此造成的后果就是，村集体一旦有了钱，都是分干花净。如果村干部提出集体多留或者用以创业，村民多半不会同意。于是，分光任何新增财富的做法在多数村庄出现。但是，此种做法是以耗蚀村庄长远发展潜力为代价的（仝志辉，2018）。

2. 发达地区两组织分设的实践

在东部沿海发达地区，很多村庄正在实现城镇化，村庄治理体系正向社区变化，由此形成了以村民身份为属性的乡村治理体系和以公司股东或员工身份为属性的公司治理体系。在这两种截然不同的治理体系中，一般是以公司治理体系为主导地位，使得乡村治理正逐渐向公司治理体系转化。村庄的物业管理、环境治理、纪律检查、人事劳动、工会和共青团组织等一些公共职能，也由公司的职能部门直接管理（刘金海，2016）。

第一，通过村委会和村集体经济组织分设，以及集体产权制度的改革，明晰了集体资产权属和经济组织成员资格，也明确了各个治理主体的规范与各项治理事务，有利于推动乡村治理各主体的责权利统一，有利于妥善处理不同治理主体间的利益博弈。如广东南海地区通过推进政治与经济改革，重构乡村治理结构。在这一乡村治理结构中，党组织是核心，分设村民自治组织和集体经济组织，同时大力发展群团组织、工会组织等。这些改革举措，解决了村庄非户籍流动人口、外嫁女等的利益诉求，解决了村庄经济活动的人力资源问题，同时也打开了多元治理主体有效参与公共事务的大门（仝志辉、韦潇竹，2019）。

第二，村委会和村集体经济组织的分设，使得村集体经济确权到户、量化到人成为可能。明晰了集体经济组织的产权，明晰了成员的边界，同时也明晰了成员的责权利，大大提高了多元主体参与公共事务的积极性。一方面，作为股东的集体成员会积极关心村集体经济组织的日常经营活动，培养农村集体组织成员参与公共事务的意识，同时提高他们的参政能力；另一方面，公司制的管理方式需要一整套的制度来规范、约束和激励集体资产的经营者，集体资产的经营者在制度的框架内行使生产经营权，进行收益分配，获得激励。制度化的管理理顺了多元治理主体之间关系，逐步提升多元治理主体集体行动能力。如山东省东平县土地股份合作社形成的"双线双向合作式"激励制度，在保障社员的收益权、知情权、管理权和监督权的同时，通过建立监事会严格监督合作社的干部。对合作社干部经营所产生的超额利润以阶梯方式进行激励。对于村集体成员关心的收益分配问题，也是通过阶梯方式进行提留分配。通过制度化的方式明确了村民和村干部权利和责任，也理顺了他们之间的关系。使得合作社生产经营取得良好的绩效，而村庄的公共事务管理也变得规范有序（仝志辉、韦潇竹，2019）。

综上分析，我们认为，乡村治理中众多问题的出现，两组织合一并非主要原因。从前面的分析可以看出，问题出现的重要原因是村民自治制度没有得到因地制宜的贯彻实施，有效的治理机制没有形成，各治理主体间的责权利不清晰，导致治理主体相互之间缺乏信任。在村民治理机制中，民主决策机制和民主监督机制是核心和关键，对村干部的有效监督是激励的基础，更是构建治理主体间相互信任的必要条件。如何确保村民会议、村民代表会议的监督职能真正发挥作用？管理制度化是一条可行的路径。仅仅是分别设立村委会和村集体经济组织，而没有建立一整套完善的制度，并不能保证独立的集体经济组织高效率地创造集体财富。

四、乡村治理实践的成效

在改革开放前，整个中国社会呈现高度一体化的现实境况。改革开放以后，中国乡村社会发生重大变化。为了激发全体人民的积极性，国家开始在一些社会领域让出部分权力，让社会组织参与发挥力量，使得一大批民间社会组织如雨后春笋般纷纷出现，并在社会主义市场经济建设中的作用日渐明显。另外，在改革开放过程中，法治国家在不断推进，民主建设也在不断的深入和推进，全体公民和社会组织都获得了前所未有的自由。而随着农村人口的进城务工与返乡，城乡交流日趋密切，在此背景下，乡村社会的思想意识受到了巨大的冲击，促使乡村多元主体意识进一步觉醒，以"自治"为主、国家协同治理的观念被大众所接受，村民的协同合作意识越来越强。

农村民间组织的出现极大地推动了基层民主政治的发展。第一，促进基层选举的民主化。农民个人可能对参选村干部的候选人认识不足，容易造成贿选、盲选等行为的发生，但通过民间组织，可以加强对农民的素质教育，提高农民参与的积极性和维权意识，同时在组织内的相互交流也能够加深对候选人的了解程度，使民主选举更加民主化。第二，促进基层决策的民主化。民间组织可以通过团体的力量集中表达农民的利益，防止个人因声音、力量太小而被忽视，使乡村决策更加民主化。第三，推动基层民主管理的科学化。

农民可以在民间组织中有效锻炼自己的管理能力和沟通能力，使在乡村民主管理过程中更加科学化。第四，提高基层民主监督的能力。民间组织内的沟通能够加大对违法乱纪行为的舆论监督能力，约束村委会成员不法不公行为的发生。

第二节　乡村治理存在的问题

一、乡镇与村庄关系异化

（一）乡镇政府过度干预村庄事务

根据村民自治制度的规定，乡镇政府与乡村之间不是科层制意义上的上下级的行政隶属关系，而是一种平等、相互独立的指导、协助的关系（李占宾，2016）。乡镇政府对乡村自治组织在建设方面提出指导意见，在基层自治组织发生困难时协助其完成目标。乡镇政府在村庄民主自治中应该起到指导、支持和帮助的作用。在村委会改选前对村民进行民主选举培训，支持村委会换届选举顺利完成和平稳过渡。乡镇政府对选举过程的监督，最重要的作用是确保了选举的公平。然而，一些地方在基层民主自治过程中过多地体现了乡镇政府的意愿，基层自治组织仅仅是乡镇政府决定的具体执行者，按政府的指挥办事，民主选举、民主决策、民主管理、民主监督有形无实。个别地方村委会与乡镇政府的关系由"指导"与"协助"演变为了"领导"与"服从"（王银梅，2017）。乡镇政府直接任免村干部，严重侵犯了基层民主制度的顺利实施，严重侵蚀了乡村自治的理念。如行使着村委会主任职权的孟玲芬并不是村民选举出的真正村主任，她仅仅是镇政府任命的村务管理小组组长，但却成为最牛的村主任（曲海月，2017）。出现这种情况的原因是法律法规没有明确界定指导与干预的具体区别，从而为乡镇政府干预村庄事务留下很大的操作空间。现实的情况还有，有时村民对乡镇政府干预村庄选举也并没有表现出抗拒。从村庄本身看，乡镇对村干部的认可对村庄很重要，村干部与乡镇干部甚至县级干部有交情，更容易为本村争取项目和资金（王晓娜，2017）。

依照《中华人民共和国村民委员会组织法》，自治主要由村庄组织，乡镇负责指导村庄进行相应活动，其主要权利还是在村级组织手中。但从我国的行政运行机制来看，政策和事务是一层一层往下加码运行的。上级政府的政策和要求，通过自上而下的行政命令将任务分配给下级。年终通过监督检查或年度业绩考核方式对下级政府或部门进行考核评价。乡镇政府是整个行政体系的末端，它们人少、权小、事多，但责任大，各种复杂的要求一层层递进下来，如何应对对它们来说无疑是一个巨大的难题。乡村政府一方面承担了很多的行政任务，另一方面也在负责众多国家乡村补助资源的分配。为了减轻自身过于沉重的任务压力，乡镇政府寻找到了新的解决办法。那就是把上级政府的任务要求切块，并将任务要求与国家补助资源打包，村庄要想获取国家补助资源，就需要承担一定的行政任务，由此顺利将任务要求转移给村一级。从而村干部承担了部分本应属于乡镇干部的任务，同时也为乡村政府介入村务管理找到了借口。而村干部在一次次为乡村政府完成任务的同时，又再一次从乡镇政府手中获取了更多的低保金名额、民生补助资金等（姜义金，2017）。另外，国家发放的政府补贴、建设资金等也需要乡镇政府的审批，基层自治组织领导者也习惯于把乡镇政府当成自己的领导者。

（二）农村基层政权悬浮

乡镇政府与村组织关系的另一极端是，村组织借着"自治"不服从乡镇政府的行政指导（张波，2017）。随着乡村经济的发展，集体经济发展较好的村庄对乡镇政府的依赖有所下降。同时越来越多的行政任务，也促使村干部不再愿意与乡镇政府打交道。而农村税费的改革，乡镇政府免去了收取统筹提留款的责任，但也失去了部分经济来源。乡镇政府的运行经费主要依靠财政转移支付。为了争取到更多项目、更多资金，确保日常运转，乡镇政府更倾向于和上一级政府打交道，而不是和基层村民做好沟通，末端治理不够深入，政权无法下沉到农民一层，乡镇政权成为与基层社会相疏离的"悬浮型政权"（张红阳、朱力，2017）。

国家推动乡村治理使得乡村干部的权力运作更加规范（陆益龙、王枫萍，2017），但科层化、规范化遵循自上而下的权力路径，容易排斥村民的参与（齐卫平等，2016）。等级化科层制、属地化管理制容易与乡土社会脱节，科层化的管理方式没有充分考虑村级治理事项，忽略了许多村民自治事项。政府制度嵌入与现实乡村社会难以有效链接，制度建设的滞后致使个体与组织的依存度降低（周忠丽、周义程，2017），会导致村民与镇政府的距离越拉越远。

二、基层党组织凝聚力不足

按照党内法规和国家相关法律法规的规定，农村基层党支部与村自治组织之间是一种"领导与被领导"的协调关系（李占宾，2016），基层党组织应当领导基层群众性自治组织，帮助其实现自治。基层群众性自治组织应当在党组织的领导下发挥自治优势，带领乡村致富。然而，在现实社会中，存在个别基层自治性组织过分强调自己的自治权而忽视基层党组织的领导。另外，必须始终坚持的原则：基层党组织应当以经济建设为中心。但一些地方将经济指标作为农村基层党组织评价的主要依据，导致乡村基层党组织过于重视经济功能的发挥，却忽视了其政治功能的履行（齐卫平等，2016）。再者，农村党员干部队伍出现"老龄化"现象，很多村庄多年没有发展新党员，个别村支部甚至长达十年没有新党员加入。党员在乡村治理中的先锋模范作用未能很好地发挥。基层党组织凝聚力不强，原因有多方面：一是受农村集体经济萎缩的影响，农村基层党组织在农村经济资源的分配使用中作用发挥不大，同时物质基础的减少，农村基层党组织为农民提供公共服务的质量和水平也会受到不利影响；二是村支书的统揽全局能力不足，缺乏对党员的教育、管理、监督和服务，部分党员干部理想信念淡薄，组织纪律涣散，作风软、散、拖（周忠丽、周义程，2017）；三是一些农村基层党组织服务意识淡薄，服务内容单一，服务方式滞后，经常习惯于以行政命令的方式处理村务问题，化解村民间的矛盾，导致服务效果不佳、成效不明显（刘柳、李毅弘，2017）；四是人口流动增加了农村基层党组织联系民众的难度（周忠丽、周义程，2017），村支部不按规定开展组织生活，发展党员不规范（蔡莉英，2017）。由此降低了农村基层党组织的吸引力。

三、基层自治效果与村民期望存在差距

（一）选举不规范

第一，存在代投票的情况。外出务工人员无法参加村民选举，为了提高投票率，满足选举所需的投票人员要求，一些地方在村民选举时允许留守的村民帮助亲朋好友投票。第二，乡镇政府干预投票。乡镇政府采用变通的手法，阻碍民意的自由表达。第三，存在贿选现象，一些经济条件好的村，村民参选的意识强，为了获得村民的支持，候选人通过送钱送物等方式拉拢村

民（肖爱生，2017）。

（二）村干部未能成为村民利益的代表

原本乡村治理中，村干部的本业还是务农，只是在有集体事项需要决定时才会聚集到一起开会，解决事务。但随着乡村的不断发展，事务越来越多，越来越复杂，村干部不得不放弃本职，渐渐变为职业化。职业化有利于村干部将精力更多地投入于村庄事务，但由此带来的问题是村干部处理问题的方式可能会发生变化。乡镇处理事务的方式是科层化、机关式的方式。职业化的村干部经常与乡镇政府打交道，一些工作要求必须按照乡镇政府的要求来进行，可能使得村务工作方式受到科层化的影响，这在一定程度上打破了村干部与村民之间平等地位，使得村干部与村民之间的联系逐渐疏远。职业化之后村干部的工资是国家发放的，在出现村民利益与乡镇政府发生冲突时，村干部往往会定位为国家的代理人，而站在乡镇政府一边，抛弃了自己作为村民保护人、村民利益维护者的角色（李鑫诚，2017）。还有一些地方没有把真正能为群众办事的人推选为村委会成员（王银梅，2017），致使村干部与村民离心离德，同时，也使有心参与基层自治的乡村精英敬而远之，从而出现村"两委"干部"去精英"的情况，极大制约了基层治理功能的发挥（杜海峰、顾东东，2017）。

综上，受各地经济社会发展状况的影响，不同地区村民自治健全程度还存在一定的差别，但总体上村民民主选举已逐步规范化和制度化，村民民主监督机制也已经逐步建立起来，但民主监督受到种种掣肘而难以很好地实施（叶静怡、韩佳伟，2017），导致基层自治组织治理效果与村民的要求还存在很大的差距。耿永志、张秋喜（2018）的百村调查结果显示，仅有36.57%的被调查农民对村委会的工作表示满意，多数被调查者认为村民和村委会之间的关系并不理想（耿永志、张秋喜，2018）。表4-1列示的是周忠丽（2017）对村民的调查结果。从表中可以看出，在生活遇到困难时，农民首先想到向组织有关人员求助的不到30%（周忠丽、周义程，2017）。这一调查结果充分说明，村民对村干部的认可度还有待提高。

表 4 - 1　　　　　　　　　农村困难求助对象信息

求助对象	比例（%）
党政机关	7.33
企事业单位干部、街道和村组干部个人	15.33
亲戚朋友和同事	69.00
其他	8.34
合计	100.00

四、村庄内生权威流失严重

内生权威是在组织发展过程中由组织内部逐步生发出来的权威主体（白现军、张长立，2016）。在封建王朝时代和民国时期，士绅、宗族长老在村庄治理中一直扮演着重要的角色，他们是内生性权威的典型体现之一（杜姣，2017）。随着乡村经济的快速发展、城乡人口的快速流动与交融，乡村社会的价值观念正逐渐变化，传统的家族结构、宗族观念一步一步弱化，宗族精英逐渐失去其影响力，宗族精英这一内生性权威主体无法继续发挥其功能，农村治理缺失了重要的一环。

相对于宗族的渐渐没落，另一内生性权威主体——村干部虽然渐渐占据了主要治理地位，却仍然无法发挥其主要作用，村民自治失去了这两个本可以发挥重要作用的"顶梁柱"，农民落单，成为一盘散沙，影响到农村治理的稳定性。

五、村民参与乡村治理意愿不足

在中西部地区，多数村民本着"事不关己，高高挂起"的态度，参与乡村治理的意识不强（王银梅，2017）。在市场经济的驱动下，村民更加注重对自身物质利益的追求，村民的这种"自利行为"使村民将更多的精力集中在提高自身的经济收入上。另外大批农民进城务工安家，而留在乡村的都是老弱病残妇孺等，农村日趋空心化。留守人员或因身体原因，或忙于家庭事务，或目不识丁能力有限，基本不参加乡村公共事务（陈健，2018）。

在经济较发达的东部沿海地区，能否带动村庄经济发展和带领村民致富，成为村干部选举的重要标准，这样一部分依靠个人能力而先致富的精英，通过选举成为村干部。农民本身民主参与、维权意识及自信心缺乏。部分村民因经验、知识等方面的先天不足，没有信心应对复杂的乡村事务，更愿意采取"搭便车"的方式，听从乡村精英的安排和指挥（张立芳、郭华夏，2017）。而部分村民则缺乏维权意识，在乡村事务中以局外人的态度观望，不愿意参与村庄事务。这样参加村级治理的两极化现象就越来越严重。外部原因加上自身意识的影响，很多普通村民被排除在乡村治理体系之外，不愿意也无法参与村庄公共事务管理（姜义金，2017）。

乡村精英有能力、懂经营，在村治中发挥了重要的作用。但随着村集体资源和财富的与日俱增，村民与村集体代理人之间的诸多社会矛盾开始显现（张波，2017）。个别农村地区"富人治村"开始出现了固化原有经济和政治分层。带领全体村民脱贫致富是乡村精英的竞选纲领，也是对全体村民的口头承诺。但个别乡村精英在合法登上村庄权力舞台后，开始背离竞选承诺，把村委会作为谋取个人利益的工具。在之后的工作中，利用发达地区的环境进一步为自己的利益团体攫取财富，而不顾及自身所负的带领全村整体发展的责任。再加上没有监督机制，即便原本并没有徇私想法的精英们也很难抵挡住这种诱惑。因此，精英治村虽然有可能带动村庄整体的发展，但是也很可能利用手中已经有的资源，进一步攫取属于村集体的利益。

六、家族势力侵蚀乡村治理

在部分地区，村民间认同与集体行动的主导性边界是宗族组织（董磊明、郭俊霞，2017）。随着农村宗族势力的复兴，个别家族大、族员多的家庭往往单纯依靠人多势众就能当选，同时其在村庄事务治理过程中也更有力量摆平反对势力（王晓娜，2017），从而使村中的"一把手"往往掌握在大家族手中（王银梅，2017）。

七、治理信息透明度差

信息的传递需要被服务方（村民）完全接收，才有机会实现其内在价值。良好的信息获取机制，有助于村民更好地了解国家政策以及相关法规，对于村民生活和发展起到至关重要的作用。现阶段，村务公开仍是农村地区最为主要的信息传播方式，村民通过口头交流和广播站获取信息。一旦村务公开的信息传递渠道被打断，村民的知情权将受到严重损害。农村基层组织是政府向村民传达信息的重要环节，且地区经济发展越滞后，信息交流越闭塞，农村基层组织传递信息的作用越突出。但是部分村干部出于各种原因拒绝履行传递信息的职责，存在"有用的信息不公开，公开的信息重要性不足"的情况，导致村民无法完整、有效地接受并使用政策，政府服务村民的目的难以实现。村干部作为农村自治的主要负责人，与村民相比，其信息优势在于优先获得政府部门下达的政策，熟知村庄经济活动和财务管理状况。与政府部门相比，村干部更接近村民生活，掌握村民更多的实际情况。在信息传递的过程中，一些村干部对信息采取隐瞒、错报、误导等手段，利用"信息优势"谋取不正当利益。但由于没有可靠的信息获取途径，缺少关键性证据和信息，村民难以对干部进行监督，自身的利益受到侵犯也无从得知。

八、农村文化的畸形发展

农村文化原本是淳朴、和善的。但乡村经济的发展和市场经济的冲击，乡村原有的道德范式逐渐退出乡村社会，而新的秩序和道德范式又尚未形成。打工经济下每个人自谋生路，很难形成集体共识（张红阳、朱力，2017），留守的人大多是体力或是思想上存在一些不足的人，生活在死气沉沉的环境中，很容易滋生不良的文化。农民缺少了力量感，也丧失了正义感和是非观（贺雪峰，2011）。科技的发展丰富了村民获取信息的渠道，同时也助推了不良社会风气的传播，不良文化随之抬头并不断蔓延。即使有些村民仍然坚守自我，试图阻止这种畸形的发展，但仅凭他们个人的力量很难阻止这种蔓延，现有的治理机制也无法为这些热心村民提供舆论支持。于是消极、观望对待村庄中出现的种种问题成为首选（杜姣，2017）。农村社会内生权威资源不足、道德教化功能弱化的现状（白现军、张长立，2016），迫切需要在农村建立符合中国特色社会主义的核心价值体系（崔云朋、乔瑞金，2017），而完善乡村治理机制，以制度化、规范化的方式引领社会主义的核心价值体系的建立成为可选的路径。

第三节　我国乡村治理问题的成因

一、乡村治理法规体系不健全

（一）乡村治理规范体系

依据现行法律规范体系，与乡村治理有关的法规主要包括法律、党内法规和政策等，具体有《中华人民共和国宪法》《中华人民共和国村民委员会组织法》《中华人民共和国立法法》《中国共产党农村基层组织工作条例》《中国共产党纪律处分条例》等。表4-2所示上述法律规范中涉及或适用于乡村治理的相关规定。

表4-2　　　　　　　　　　乡村治理的法律规范体系

法规名称	所在位置	与乡村治理的关系
中华人民共和国宪法	第111条	规定了村民委员会的法律性质、村民委员会组成人员的产生方式，以及村民委员会内设委员会的构成和职责；当然该条也间接规定了村民的自治问题
	第5条	规定的法治原则为农村地区的法制建设提供了权威依据和基本要求
	第24条	规定德治（即社会主义精神文明建设）途径、内容、要求等，对农村地区的乡村治理问题同样适用
	第8~第10、第17条	规定了实现良好乡村治理的经济基础
中华人民共和国村民委员会组织法	第2条	规定了村委会的性质和任务
	第4条	规定了党组织在村民自治中的作用
	第11条	规定了村委会成员的产生和方式
	第27条	规定了村民自治章程和村规民约
	第9条	规定了村委会在法制建设和精神文明建设方面的任务

法规名称	所在位置	与乡村治理的关系
中国共产党农村基层组织工作条例	第2条	规定了党的农村基层组织的构成、地位
	第8、第9条	规定了党的农村基层组织的主要职责，其中村党支部担负讨论决定本村经济建设和社会发展中的重要问题，支持和保障村民依法开展自治活动，支持和保证群众组织依照国家法律法规及各自章程充分行使职权，搞好本村社会主义精神文明建设等职责
中国共产党纪律处分条例	第8、第9条	分别规定了针对违法违纪党员与违纪党组织的处分种类
	第六章至第十一章	分别规定了违反政治纪律、组织纪律、廉洁纪律、群众纪律、工作纪律、生活纪律行为的处分
中华人民共和国立法法	第72、第82条	扩张了地方规范制定权，赋予了设区的市的人大及其常委会制定地方法规的权力，同时赋予设区的市的人民政府制定地方政府规章的权力

（二）乡村治理法规体系的不足

任何事情要想长足有效地运行，有力的约束机制必不可少。但纵观我国的乡村治理，虽然有对应的《中华人民共和国村民委员会组织法》作为自治的指引，但其具体内容上还有很多没覆盖到的点。

结合《中华人民共和国村民委员会组织法》，可以发现它蕴藏着两个不可忽视的不足：一是缺乏相关程序法，对于乡村治理中各角色的职能划分也不尽明确；二是法律监督和救济缺位，对于现实中村民自治制度贯彻不力者缺乏相应惩戒机制（张波，2017）。由于职能及权力来源不同，"两委"职权划分陷入困境，在治理上唯一可以参考的《中华人民共和国村民委员会组织法》中对"两委"的职能也并没有具体的说明。作为两个最重要的村级管理组织，相关法规并未对村支部与村委会的职权范围给予明确划分，在乡村事务实际运行中，两者的职权范围也有很多交集（刘柳、李毅弘，2017），造成治理的混乱。这是第一点在实际状况中的表现。对于第二点问题，司法介入只是一种事后监督机制，有一定的滞后性（李齐、李欢欢，2017）。现有的司法体系对地方政府行为有明确的规定，但对于村级自治组织的规定则比较模糊。如村民民主权利、人身权利或者经济权利因村民委员会的不当行为而受到了侵犯，或者村干部贪污了集体资产，或者村干部消极怠工、不作为等，应该如何处理？《中华人民共和国村民委员会组织法》没有相应条款（肖爱生，2017）。正是由于没有这方面的明文规定，才会导致有些村干部钻制度的空子，投机倒把，在乡村治理中为自己谋取利益。

二、乡村社会治理转型的影响

（一）集体权利失控

长期以来中国在乡村治理上都是乡镇政府集权管理，治理中过分强调乡镇政府的中心作用，致使本应是主体地位的自治组织只能扮演辅助角色。21世纪初，我国乡村进行过一次结构上的改革，对乡村的治理结构进行调整，进行了合村并组、撤村改居等一系列举措，大部分地区不再有村民小组，相应的村民小组长消失在治理环节之中。这一举措的结果是，国家政权慢慢远离乡村社会（杨华、王会，2011）。村集体在合并之后规模更大，末端治理单位所包含的个体仍然很多，意味着国家要想获得具体的信息，只能同分散的农民个体打交道。受信息不对称和高执行成本的制约，治理目标很难实现。这种国家权力的退出是在政策落实的最后一个环节上的，中央无法达到对乡村的具体掌控，就只好加强对基层政府的掌控。国家治理在开始慢慢转型，乡村社会治理也相应地有了新的要求。但在农村地区治理结构和治理机制上还存在一些问题：一是村级组织完全遵循对上负责的原则，其自治特征弱化（杜姣，2017）。在原本的组织特征基础上出现了很多衔接不当的地方。二是科层制度仍然是基层治理的主流，农村基层组织所面对的还是乡镇政府统一实施的官僚化管理，仍然解决不了末端治理单位与农民距离较远的问题。三是以村民自治为中心的要求仅仅停留在乡镇行政人员思想表面，管控与治民思想依然根深蒂固（杜海峰、顾东东，2017）。由此带来的后果就是集体权利逐渐弱化。

（二）集体自我革新动力不足

在一定程度上，农村的权力是和经济状况相关的。税费改革及其配套改革，在很大程度上弱化了乡村治权。税费改革切断了农村基层组织从村民凝

61

聚资源的路径，乡村两级组织的运转只能依靠国家的转移支付，对于经济欠发达地区，财政收入有限，对乡村的转移支付仅能维持其基本运行，根本无力为乡村社会提供更多的服务。经济状况不容乐观，农村基层组织面对乡村问题陷入无能为力的困局（杨华、王会，2011）。农村基层党组织长期被作为权力单位来运作，且较少遇到来自外部的竞争压力，只要能完成上级部门分配的任务即可。在行政资源稀缺的背景下，很多监督法令都没办法实现，因而自我革新的动力不足（周忠丽、周义程，2017）。

三、乡村治理资源不足

乡村生活中人、物、社会与文化方面的每一个因素都可能构成乡村治理的内生基础，也都构成了乡村治理得以进行的条件（贺雪峰等，2007）。经济欠发达地区的农村，外出务工人员比例高，愿意留守并成为村"两委"的村民比较有限。村"两委"人手不足、成员缺失严重，再加上部分村委会成员临时外出务工，不能及时履行职责，导致村干部"超负荷"运转和工作质量下降（杜海峰、顾东东，2017）。作为乡村治理机制中的另一重要组成部分的村民代表大会，也常因村民代表的外出打工而难以开展工作。

乡村的政治精英作为乡村基层自治的重要政治力量，是乡村政治生活的引领者和参与者。首先，精英外流严重，文化水平较高的普遍是年青一代，而这一代人在接受到新兴思想的影响后，不再愿意继续待在农村活动，基本全部流向城市，打拼事业，寻求自身价值的进一步提高。原本的乡村精英已在慢慢老去，而后续有能力的年轻人又渐渐地在城市扎根，只有极少数在向城市转移的过程中碰壁失败的人才会回来，乡村精英外流，治理人才断层，无法有效接续（郎友兴，2015），乡村人口的流动使原本稀缺的基层人才更加紧张。其次，土地承包到户后，村中的集体性资产大量减少，没有了集体经济收入的支持，村干部在村中的影响力降低。在一些涉农补贴评选时，资源有限，竞争十分激烈，往往会使村干部落入左右为难的境地，村干部面临巨大的压力，致使乡村精英参政热情不高。此外，村干部长期的工资待遇低。在乡村经济不发达、村民收入普遍比较低的时期，村干部稳定的工资对村民有一定的吸引力，但随着乡村社会经济发展，社会平均工资迅速增长，同时也提升了农村劳动力的收入水平，两相对比，村干部的工资已经失去吸引力。再加上村务工作都是一些费时费力的琐事繁事，村民留任村干部的机会成本增加，"基层精英"权衡之下更愿外出打工挣钱，选择"弃官从商"（杜海峰、顾东东，2017）。最后，没有针对村干部的社会保障。作为村民中的一员，村干部享受有与其他村民一样的农村医疗和养老保险。与过去相比，农村社会保障有了很大的进步，但与城镇社会保障相比，差距巨大。对于村干部这一职位，如果不是出于别的方面的利益考量，对乡村精英完全没有什么吸引力。

在乡村精英难寻的情况下，村级自治组织只能在有限的留守村民中选择人选。这样的村干部文化素质不高，但又有普通村民所不具备的社会能力，在面对困境丛生而又缺少秩序的乡村社会事务时，他们消极怠工。他们的工作看起来忙忙碌碌，却又碌碌无为（龚春明，2015）。这些村干部们一只脚站在体制内，另一只脚却又处于体制外。这种政治上的"夹心层"带来的普遍心态就是消极主义和策略主义。处于这种心态的村干部都是"干一步，算一步"，他们不像真正的国家干部专心于体制内的工作，而且很少去谋划村庄的长远发展。长此以往，消极作为成为村干部明哲保身的最好选择，乡村治理因此停滞，得不到长足的发展（龚春明，2015）。

近年来，随着现代信息化的发展，年长的村民由于知识水平的限制，逐渐淡出村委会，取而代之的是年轻、有知识的青年人，使得村"两委"成员越来越呈现出知识化和年轻化趋势。年轻的村干部有知识、有想法，但生活缺少磨炼，农村生产生活方面的经验少，当面对村民之间的矛盾纠纷时，很难给出有效的调解或解决方案。

四、乡村治理环境日趋复杂

首先，工业化和城镇化打破了乡村整体格局（张波，2017）。乡村治理因城市化的大潮而被解构。几亿农民工从经济落后地区涌入经济发达地区，不仅造成了流出地农村的治理资源缺失，同时也冲击着流入地的乡村治理，庞大的流动性人群长期居住在流入的村庄内，村庄的举措与他们息息相关，但他们既不能完全融入城市生活，又很难在流入地以村民的身份正常履行各种权利和义务。尽管国家政策已经明确了流动人员可以参与流入地乡村治理活动。但流动性农民工是季节性的，这种漂浮流动使得村民在流入地也很难有归属感，其主动参与乡村治理的意愿并不明显。从乡村治理主体和对象视角来看，传统社会的乡村治理主体和治理对象高度稳定，熟人社会很容易通过宗族、习俗和道德加以约束。在大量农民工涌入的村庄，使得乡村治理主体和治理对象很不明确，村庄中包含的村民有些是村治主体，有些可能不是。而一些户籍在村庄的村民，由于在城市买房居住而根本不在乡村生活，他们也不再是乡村振兴和乡村治理的有效主体和有效对象（周少来，2019）。

其次，乡村经济发展所带来的利益密集开始造成阶层分化。发达地区农村富人村治的情况普遍，虽然富人层中多精英，但这种精英治村现象可能会使其他阶层的话语权丧失。发达地区由于天生的条件，集各方优势为一体。在这种情况下，占领资源越多的人发展就会越好，于是有优势地位的人会不断利用优势，攫取更多资源，劣势者与其差距会逐渐越来越大，长此以往，这种密集的经济利益下带来的阶层分化会产生更多的冲突，给乡村治理带来更多的不确定性。

最后，"资本下乡"中资本利益与村民利益存在冲突。一般而言，只有资源丰富的地区才可能产生中坚农民。资源越丰富，留守农村青年越有机会利用资源获得财富。而资源匮乏的村庄，农村青年只有外出打工，才有可能获得财富。近年来，政府为了加快农村的经济建设，全面打造小康社会，对"资本下乡"一直很推崇，甚至会与官员的考核绩效挂钩，将引入工商资本、发展现代农业作为地方政府完成招商引资指标和彰显政绩的有效方式（张良，2016）。但资本下乡可能会极大地挤占"中坚农民"的获利机会（贺雪峰，2017），各方过度推进"资本下乡"的做法，虽然是出于农村经济能有好的发展的愿景，但实际操作中却很容易导致农村基层不稳定，造成部分村民的不满，给社会主义新农村的乡村治理带来更大挑战。

五、村民缺乏主动参与的意识

村民无论是经济上，还是思想上，相对于其他群体来说都处于落后的地位。长久以来，村民在社会政治阶层中一直属于"被管"的角色，组织结构发生变化后，虽然已经在向"自治"靠拢，但一旦有人处于强势地位，让他们感受到压迫力，就会习惯性地听从对方的意思。对于"自己的权利是当然的，需要自己保卫"这一点，认识得并不够深。在这种情况下，很容易受到外在强势的势力控制，不仅权利不能保障，甚至是监督质疑意识都会丧失。农民的意识缺乏主要表现在三个方面：一是公共参与意识缺乏，即觉得自己人微言轻，反对无用，不足为道，或者担心以后受到报复，因而不敢发言。

二是社会责任意识不强，认为不参与村级治理只是放弃了自己的权利，没想过会对村庄整体的运行产生什么危害，未将社会责任意识融入组织意识和组织文化之中，或者是即使有这种意识，也无法外化为自身的行动理念。三是公共参与认知不足，对当前村庄治理方式认同感不高（汪杰贵，2017），不愿与之沟通，有"事不关己"的心理，消极应对集体事务。有人则是受到人情社会的影响，从熟人关系的角度出发，觉得"凡事留一线，日后好相见"，因而不愿发言。农民功利主义有所增强，而政治诉求与现代公民意识却处于滞后状态（曲延春、陈浩彬，2017）。

六、村民与村干部之间存在信息不对称

长期以来，村干部作为村民与国家之间几乎可以说是唯一的沟通桥梁，既能接收到来自村民相关的信息，又能先于村民一步了解到国家最新的政策变动。村干部可以通过传递信息的时间差，钻制度的空子，两方欺瞒，达到为自己谋取利益的目的。城市中，第三方组织和媒体等监督力量经常为弱势群体遭受不公而奔走呐喊，进而往往成为权利的宣传者和守护人。而在乡村，乡村自发的第三方组织尚未发育，基于城市地域的第三方组织和媒体等力量又没有深入乡村。村民在自组织之外，找不到可以借助的力量予以申诉，没有自外介入的力量以获得支持（贺辉文，2017）。再加上乡镇政府和村委会垄断了公共信息资源，村干部掌握着信息披露的权力，对于集体财产、事务的了解，村民需要靠村干部披露。但双方处于一个不对等的地位，当村干部不披露或不完全披露应该披露的信息时，村民实际上难以知晓，因而无法实行监督（姜义金，2017）。这种信息的不完全和信息渠道的不畅通，使得乡村社会产生了信息富有者和信息匮乏者两个截然不同的群体。信息匮乏者对外部世界几乎一无所知，他们不了解国际国内大事，不知道政府的最新政策动态，也无法与外部世界进行有效联系。这种信息不对称的状态，不仅极大地影响了党和国家政策的宣传贯彻，也制约了乡村公共资源的配置，降低了乡村治理的效率（房正宏、王冲，2017）。

七、法制意识落后

法制意识落后主要体现在两个方面：一是民主法治意识淡薄，人情社会特征明显；二是受中国几千年"官本位"思想的影响，权大于法观念深入骨

髓（肖爱生，2017）。

人情社会是乡村最具有代表性的特点，不发达地区农村相对于其他地区，现代治理能力尤其是依法依规能力严重不足（王银梅，2017），村民之间相互的羁绊更深。在不发达地区的乡村社会，土地是农民生存的根本，村民世代耕作，由于传统生产力低下，单个农户的生存能力有限。维持生存的压力迫使他们必须采取互助合作的方式。虽然这种关系是受外部条件约束，没有选择的结果，但村民间亲密的关系却是实实在在一步步建立起来的，并且彼此相互期待高，预期长久。这种人情社会不仅包含村民之间的相互授受关系，还包含了对个人的能力、与其他村民交往的情况、在村庄公共事务中的表现的评价（董磊明、郭俊霞，2017）。由于农村"人情社会"的特点，对于村干部，一旦选出来，只要对方没有犯什么特别大的错，一般都不会被"罢免"。由于对村干部没什么要求，又碍于面子问题，抬头不见低头见，因此投票选举结果通常不会有什么大的变动，治理村庄的便长期是同一批人。当某些资源长期掌握在同一批利益群体手中，他们又对乡村治理的运行机制相当了解，渐渐摸索出治理的死角，加之农村"熟人社会"和"精英外流"的背景，造成腐败问题产生的风险可能增加（杜海峰、顾东东，2017）。虽然3年一次的村委会换届选举正常进行，但这样的选举形式重于实质，除非村主任因年龄或身体原因退出，否则能够一直连任。这种情况下，家长式的村干部出现，贪污腐败的问题一届一届累计，最终造成其贪污腐败行为的持续发生（张露露等，2017）。

长久以来，官本位思想深入农民心中，即便是法治社会宣传如此到位，在农民心中却始终有"官大于天"的思想存在。在这种思想的影响下，村干部作为管理人员，即便出现了违反法律的举动，村民也大多选择默不吭声，在没触及自己底线的情况下，只会默默忍受，更为村干部的越线举动提供了温床。

八、财务监督乏力

（一）财务管理不规范

1. 财务制度不健全

农村财务制度应至少包括收支管理、资产管理、会计核算等管理制度。根据调研的结果，尽管大多数村庄都有财务收支方面的管理制度，但收支方面流程的管理权限不是很明确，个别村庄只有习惯的做法，而没有成文的制度。由于财务制度的不健全，导致很多问题的出现，比如现金管理方面，个别村没有做好现金收支台账和银行存款收支台账的登记工作，村级组织的收支情况中出现坐支。集体资源管理方面，个别村没有建立完善的资产台账，很多时候出现了账实不符的情况。部分村干部通过对集体资源的出租出让以权谋私，严重损害了集体的利益。财务审批方面，不能做到严格遵循开支标准和范围，部分大额款项支出甚至未经村委会审核，村级工程项目也出现了大量超过预算和合同的款项（邓丽卿，2015）。没有严格的不相容职务分离制度，个别村出现会计和出纳是同一个人，甚至有的村庄村干部掌管货币资金（王丽红，2015）。

2. 支出管理不到位

农村财务工作未按规章制度执行，主要表现在：

第一，部分财务人员不能坚持原则，在面对一些虚假票据或不符合规定的票据，因为怕得罪人等原因，不能按照财务制度的规定给予拒绝并向上级领导汇报，对于个别干部存在的私车公用报销审核不严。第二，没有严格执行现金管理制度，坐收坐支问题普遍存在，收支的现金不入账或不按规矩入账，比如有的村庄直接用现金支付工程款，直接违反了不能现金支付的财务规定。第三，财务审核不严格，个别地方存在虚假支出、重复报销等现象，有的村庄在报销招待费用时存在虚报、多报以套取资金等问题，还有的将私人聚会费用当作招待费报销，有的则把一家人的通信费用都以村干部通信费用名义报销。第四，村级工程项目管理不够规范，一些项目在工程招投标过程中存在串标、围标、陪标及暗箱操作等；一些村级工程项目在预算时，为了取得上级政府的更多补助，虚高预算；一些村级项目工程不按计划的设计、合同进行，随意增加工程量，超预算或超概算实施，导致了村级资金压力加大。

3. 财务核算不规范

在农村财务核算中，存在一定程度的会计科目使用不规范、原始凭证不完整、原始凭证与记账凭证不符、凭证审核不规范等问题（柴香珍，2014）。村级会计凭证、账簿和报表的管理中也存在许多问题，因为没有专业的档案管理室和专业的管理人员，造成会计资料不能合理地分类、整理、存放，会计资料就会很混乱，在需要时难以检索，甚至直接丢失（李小满，2013）。而有些村账簿设置不齐全，会计凭证不齐全，内容缺失，账实不符、账证不符等现象常有发生。

4. 财务人员素质普遍不高

目前，农村财务人员的素质普遍不高：一是因为农村经济、教育方面较落后，所以财务人员的受教育程度普遍不高，部分财务人员甚至没有从业资格证，也没有受过专业培训。二是农村每三年一次的领导班子改动，也造成财务人员的不稳定，使得财务人员不能对农村财务工作政策制度完全了解掌握和做到对工作全身心投入（柴香珍，2014）。

5. 财务信息化平台不完善

农村财务信息化是提高农村财务管理效率的一个重要手段，随着新农村经济建设的发展，农村财务信息化日益重要。近年来，得益于国家的推广，农村财务信息化得到迅猛发展，但是由于西部农村地区在人才、经费和技术等方面比较薄弱，农村财务信息化进展还比较缓慢，大多数还停留在信息化的浅层次应用，还有部分贫困地区因为计算机维护成本费用过高而不愿意配备计算机。在农村财务信息化过程中需要大量的复合型人才，他们不仅需要具备财务会计的专业知识，而且还要能够熟练使用计算机软件，西部偏远落后地区难以吸引到这种复合型人才。当前的农村财务软件也存在许多弊端，多数软件是针对企业开发的，对于农村财务不是完全适用。由于网络系统不完善、系统不统一、数据对接有问题等情况，导致西部农村地区财务还处于信息孤岛状态，无法及时全面地将财务数据对群众公开和向管理部门上报（杨羽，2011）。

（二）内部监督缺失

内部监督是指在乡村治理过程中，由村务监督委员会、村民代表会、其他村民组织以及村民对行使村庄公共权力的村自治组织、村集体经济组织及其成员的履职行为所进行的监督和督促。在《中华人民共和国村民委员会组织法》《关于实施乡村振兴战略的意见》《关于加强和改进乡村治理的指导意见》《关于推动农村集体财务管理和监督经常化规范化制度化的意见》《关于健全和完善村务公开和民主管理制度的意见》《关于进一步规范乡村财务管理工作的通知》《关于建立健全村务监督委员会的指导意见》等系列法律法规和政策文件中，都明确了村务公开、民主管理、民主监督等相关要求，为广大农村地区建立健全公共资金内部监督机制奠定了法规基础。但在广大地区农村，受地区经济文化发展水平及村民、村级干部意识等诸多因素影响，强有力的村级公共资金、公共权力内部监督机制尚未形成，主要原因是所有权虚位、内部控制制度不健全和财务透明度不高。

1. 所有权虚位，内部监督难以形成

从产权角度看，全体村民是村级公共资金的共同所有者，但这个所谓的"所有者"是抽象和模糊的。村级公共资金名义上归全民所有，但村民队伍庞大，对所有权的意识薄弱，以致所有权极其分散和虚化。由于村集体产权的不明晰性，村民对本村集体资产基本没有参与权和处置权，也很少有知情权和监督权。村委会作为代理人，受村民委托管理集体资产，对集体资产行使使用、分配与处置等全部权利，实质上成了资产的所有者。在村级财务监督中，政策规定了由村民代表组成的村务监督委员会、村民代表会对村级财务行使监督权，但受所有权虚位影响，村民的维权意识不强，参与民主监督力不够，村民民主意识不强，民主理财能力不强，尤其是经济欠发达地区的农民，他们专业知识能力不足，监督和维权意识又薄弱，其监督有效性一直较低，缺乏向上提升有效性的推动力，导致内部有效监督难以形成。

2. 村级财务内部控制制度不健全

内部控制制度的建立和完善是村级财务管理和监督的重要前提，是村级公共资金合理分配和使用的基础。但由于农村地区经济发展比较缓慢，村级财务内部控制制度尚不健全的现象普遍存在。首先，管理制度缺乏，在村级公共资金管理中常见的制度应该包括预算管理、收支管理、采购管理、资产管理等，用于规范公共资金的使用，但当前部分农村地区，很多村庄没有建立各类公共资金管理制度，有的村庄在具体业务发生过程中执行了有关的流程和程序，但这些流程和程序没有形成系统的制度和文件。其次，村级财务管理的内部授权、审批和职责权限不明确，一些村庄"一人身兼多职"，会计兼任出纳现象经常出现。资金的分配和使用直接由村干部说了算，不走正规程序，随意支取村级公共资金。再次，财务票据使用不规范，有些村干部私自将合法正规的财务报销凭证销毁，用自写的白条向财务报账；有些个体工商户直接采用白条顶替正式税务发票，在审计人员核实取证时提供失真材料，给村级财务审计工作带来了一定的难度（何瑾，2012）。更有甚者，在一些在法律法规意识不强的中西部农村地区白条几乎成了农村财务收支的主要凭证，收入不入账、公款私存、白条兑现、坐支挪用等现象普遍存在。在专项资金管理过程中，部分村庄并没有严格执行专项资金管理制度的相关要求，导致专款不专用、私挪公款已用或他用的情况出现，专项补助也没有及时准确地发放到贫困家庭或者贫困大学生家庭，甚至对相关补助申请不予发放申请通知，直接指定人员"冒领"。最后，事后监督虚化，有的村根本没有理财意识，没有成立村民理财小组，或者有的村即使成立了村民理财小组，也没有发挥有效的监督作用（李小满，2013）。

3. 村级财务透明度低

村级公共资金属于农村生产资料的一部分，依公有制经济制度的要求，村级公共资金应该由群众占有，即从产权角度来说，农民拥有村级公共资产的所有权。而村委会是受托管理村级公共资金的经营者，是在村民们的授权范围内分配、管理和使用村级公共资金。作为村庄公共资金的真正所有者，村民有对村庄财务状况和财务管理活动方面的知情权，这就要求所有的村庄资产状况、重大财务管理活动必须向村民们透明化和公开化。村务透明是保障村民知情权的重要举措，是村民行使参与权的重要前提，是预防腐败的必由之路。

但在不管是经济还是教育发展都相对落后的农村地区，《村集体经济组织财务公开暂行规定》的相关要求并没有得到严格贯彻执行，一些村庄严重忽视财务公开化、透明化的重要性，村务、财务公开的工作做得不甚理想。第一，公开流于表面，即便有部分村级公开了，也只是为了形式化，公开的相关财务内容不具体、不全面、不翔实、不透明；第二，村务公开避重就轻，对群众关注度高的热点问题，如村干部的日常管理费用、国家补贴、房屋拆迁补助、村庄集体经济的收益、土地承包收益、村庄负债等公开不充分；第三，村务公开采用公开栏方式，形式比较单一，且公开栏易受恶劣天气影响而损坏；第四，村务公开的时间、内容、形式等随意性较大，财务内容不易理解，让本来受教育程度不高的村民们无法理解；第五，重视对结果的公开而忽略过程，导致内部监督的有效性急剧降低。

（1）村民知情权受限无法监督。村民是村庄腐败的直接受害者，理应是反腐败的主体，但现实的情况是大多数村民对于村务毫不知情，想要获取村务的相关信息，需要花费巨大的信息成本和人情成本，如果中途被村干部获知，可能还会受到打击报复。因此，村民对于腐败行为根本无法监督，从而造成村民对于就在眼前、频繁发生的腐败行为毫无知觉、无所谓或见怪不怪、敢怒不敢言（周少来，2018）。

（2）反腐成本效益失衡。反腐败的过程，需要付出人情成本、信息收集成本、诉讼成本、上访成本和被报复成本等。在村民处于原子化分散状态下，个别村民想要独自奋起、单靠自身的力量来反腐败，则意味着要承担巨大的反腐成本。若反腐败成功，全体村民则获得追回被侵占资金资源、各种补助的收益，均分到各家，参与反腐的村民只能得到自家的很小份额。村民因反腐而得到的微小收益与所付出的巨大成本之间存在巨大差距，导致村民对发生在村庄的各种小微腐败根本不愿出力监督（周少来，2018）。

（3）村民原子化状态不敢监督。随着城镇化进程和乡村社会结构的变迁，欠发达地区的农民大量外出务工，大量的乡村精英流失，村庄很难组成能够与村干部形成制约的组织化力量，部分村庄组织化机构仅剩"两委"班子，其他村民自治性社会组织基本不存在。留在农村的老弱病残，不愿也没有能力组织起来监督村务，处于原子化分散状态的村民，对村庄事务自然处于弱势顺从状态，对村庄腐败也就不敢监督（周少来，2018）。

（4）自治组织监督机制软弱。根据《中华人民共和国村民委员会组织法》和国家其他政策法规制度，村民代表大会、村务监督委员会等是乡村治理中的制度性监督组织，对村干部进行监督。但在中西部经济不发达地区，相对于村党支部和村委会，村民代表大会、村务监督委员会通常处于弱势地位，监督往往流于形式化和表面化，村内自我监督无法发挥有效作用（周少来，2018）。

（三）外部监督无力

政府和有关部门是农村政策的制定者，也是公共产品的主要提供者，他们了解政策的制定背景和目标，天然上具有信息的优势。政府要了解微观主体的信息，可以通过不同的渠道，相对比较容易，而村民等微观主体要了解政府的政策、资金项目、扶贫补助等信息则相对困难。尤其当地方官员和村干勾结，村民获取信息的难度增加。政府虽不属于村委会的上级部门，但是村委会协助政府工作是其一项重要的自治内容。村委会为更好地实现乡村治理，往往会和政府部门保持良好关系，优先执行政府传达的指令。乡镇政府代表国家行使行政权力，是国家的基层权力机构，乡镇政府直接与民众社会接触，应当是村庄腐败强有力的外部监督，但由于种种原因，个别地方乡镇监督机制虚弱，导致对村庄腐败无力监督。

从行政监督来看，乡镇干部与村干部相互依赖，导致对村庄腐败难以监督。村务管理本属村庄自治组织的内部事务，选举和管理村委会是村民的自治活动。但从行政命令执行链条式上看，县、乡、村有一体化的倾向，县政府根据省政府的战略发展规划，制定本县的战略和发展规划，乡镇政府又根据县政府的战略和发展规划，安排本地的各项事务，村"两委"执行乡镇政府的命令。因此，在乡村治理中，村干部要服从乡镇干部的安排、执行乡政府的指示，以便从乡村政府手中谋求更多的项目和补助资源。为了完成扶贫、环保、旧房改造等各项行政任务，乡镇干部也需要依靠村干部的支持和帮助，这种村干部与乡镇干部的相互需要可能会演变为相互照应。当村民将村干部的腐败行为告到乡镇政府，有可能不会得到有效处理，而以村民自治问题加以拖延和推诿。

从纪律监察方面来看，县级纪监委是县级反腐败的主要体制性力量，但县级纪监委人员有限、资源不足，只能将有限的资源集中于县级各部门、各单位以及乡镇领导，难以将监督面覆盖到村庄腐败。在查处村庄腐败问题时，需要借助乡镇纪委力量，而乡镇纪委力量更为虚弱，再加上信息扭曲和信息屏蔽，往往查处不力，其结果可能是证据不足，不了了之。这种状况的出现，打消了村民告状的积极性，导致一些村庄腐败问题长期得不到及时处置（周少来，2018）。

在法律制度赋予农民民主监督权利的情况下，上述问题依然出现，原因是多方面的。从外部来看，有依法治理落实不到位、监督问责机制不健全、监督力量有限、监督手段和方式单一、信息获取渠道不畅通等原因。从内部来看，村民监督意识不强、缺乏参与监督的渠道和能力、难以获取真实可行的村务信息等。综合两方面的信息，我们清楚地发现，难以获取真实、完整、可靠的村务信息成为制约内外部监督的重要因素。这与乡村治理中审计监督体系不完善、审计职能没有充分发挥有密切联系（任雪娇，2019）。

第四节　乡村善治的对策

一、加强农村党组织建设

一方面，要加强基层组织建设。党组织是战斗堡垒，是乡村治理工作的核心力量，必须不断增强其凝聚力、战斗力。为此，村庄要从本村实际出发，科学设置党支部和党小组。村党支部要在党建工作上精益求精，严格落实党建工作责任制。上级党委要强化基层党组织政治功能，严肃党内政治生活，持续整顿软弱涣散的村党组织（张会萍等，2019）。村支部要加强对基层党员干部的思想教育，充分运用信息化手段推进开展党员教育培训（黎珍，2019）。

另一方面，要选优配强基层干部队伍。第一，根据规定，村级组织负责人应当由村支部书记通过法定程序担任，同时落实村干部、村委会的班子成员交叉任职的要求。在村支部班子成员中，应选择一名非村民委员会成员担任村务监督委员会主任。村民委员会、村民代表会等其他乡村治理主体中党员应当占其成员的一定比例。第二，严格规范换届选举，选优配强村"两委"领导班子。在选举前，应严把源头关，对村"两委"换届候选人应进行严格审查。在选举过程中，坚决防止和查处贿选行为，对干扰破坏换届选举的黑恶势力和宗族势力进行严厉打击，坚决杜绝涉黑涉恶人员、受刑事处罚人员和村霸混入村干部队伍，真正把那些熟悉农村工作政策、善于做群众工作、善于抓基层治理的优秀人才选进村支部班子。第三，加强党员发展和后备干部培养工作。村党支部要打破条件限制，从年青的村民、优秀大学毕业生和外来务工的青年中发掘后备干部，拓宽选人用人渠道，不设地域限制地选准配强基层干部队伍（张会萍等，2019）。要充分利用国家优惠政策，吸引优秀青年村民留在家乡就业和创业，并吸纳他们加入党组织，以此解决基层干部队伍年龄老化、后继乏人等问题，为推进乡村治理提供不竭动力和源泉（黎珍，2019）。第四，加强村干部能力素质的提升，以开展"两学一做"学习教育为载体，提升村干部服务群众的责任感，大力开展群众工作方法、政策法律法规和业务知识的培训（周忠丽、周义程，2017）。通过教育，一是提升村干部的业务能力；二是培养村干部规则意识和法治思维，让村干部明白自己的权利，牢记自己的义务，积极承担责任（徐铜柱、杨海莺，2017）；三是增强基层领导干部的协商民主意识，加强基层领导干部的民主意识，使农村基层领导干部自觉自愿地推动协商民主制度化建设（曲延春、陈浩彬，2017）。

二、完善村党组织领导的乡村治理运行机制

（一）厘清乡镇政府与"两委"的关系

厘清乡镇政府、村党支部和村委会三者关系，明确村组织的职能职责，形成乡村治理的合力（肖爱生，2017）。首先，要理顺乡镇政府和村民自治的职责权限关系。乡镇政府与村"两委"间不是上下级的行政关系，乡镇政府要转变观念，摒弃原来的直接干预，通过主动引导、简政放权，培育村"两委"的自我管理能力。乡镇政府应着力于不断提升公共服务水平，健全考核机制，同时清理整顿各项涉村事务，把村级组织从繁杂的行政事务和检查评比中解脱出来，专注于乡村公共事务。其次，要规范村级组织工作事务，应根据中央的要求，结合村庄的实际情况，明确村党支部和村委会的职能职责，规范村党支部和村委会的议事规则和运行机制，形成既分工明确又协调配合的良好工作机制（张会萍等，2019）。

（二）健全村级议事协商制度

民事需要民议、民办和民管，只有建立健全村庄的议事协商制度，才能调动多元治理主体的积极性。为此，需要进一步完善村民会议制度，加强自治组织的制度建设，规范自治组织的运行。拓宽村民参与村庄公共事务的路径和平台，充分发挥村委会在公共事务上的主导作用，发挥群防群治力量在通达社情民意、调解民间纠纷、提供公益事业服务、协助治安维护等方面的配合作用。创新议事协商的形式和载体，鼓励百姓议事、村民说事、妇女议事，通过村委会与村民、村民与村民之间的互动式对话、讨论、商谈和审议等方式，充分表达各方的利益诉求，以便各方相互妥协并达成理性共识，最大限度地维护了弱势群体的利益，有效地平衡基层多方利益诉求，增强普通民众的政治认同感，而且也可让普通民众获得充分的存在感（姜义金，2017）。

（三）完善村级民主监督和审计监督

民主监督的发挥需要有监督的主体、监督机制和监督形式。相关法规已经明确了村务监督的主体和范围。在此基础上，村级自治还应进一步结合村庄实际，明确监督的机制和形式。相关主体在监督过程中，只有充分了解情况，才能更好地发挥监督职能。为此，应当建立党务、村务和财务公开制度，实现公开的制度化和规范化，确保村情民知（张波，2017）。同时梳理村庄公

共事务公开清单，对公共服务、集体三资、脱贫攻坚、工程项目、环境保护等重大事项的决策过程要在全村范围内公开，保证普通村民获知信息的权力（张立芳、郭华夏，2017）。加大对村级制度执行情况监督，督促村干部严格执行制度，对检查中发现的问题进行通报曝光。加强媒体监督，通过报刊、广播电台等传统媒体和微信、论坛等新媒体，加大对村干部不良行为的曝光力度（马永定、戴大新，2017）。组建村务监督委员会和民主理财小组，完善村级会计委托代理制。强化农村集体经济组织的审计监督，开展村干部任期和离任经济责任审计，并将审计结果予以公开。

（四）着力发挥信息化的作用

贯彻落实《关于实施乡村振兴战略的意见》《乡村振兴战略规划（2018－2022年)》《国家信息化发展战略纲要》《数字乡村发展战略纲要》的相关要求，加大对乡村信息基础设施的投资建设，搭建资源互联互通平台，建立乡村社会信息收集、处置和反馈的工作机制，通过"互联网＋网格管理"服务管理模式提升村庄公共管理服务水平。打造农村现代信息化服务平台，建立和完善农村社区各种信息整合机制，建立统一的"智慧村庄"综合管理服务平台，推进农村社区综合服务设施建设，引导管理服务机构以信息化的方式将服务延伸到农村基层。大力打造乡村便民服务体系，通过线上与线下相结合，不断提升乡村治理智能化、精细化和专业化水平。推广村级事务信息公开平台，利用村民微信群、村庄公众号即时公开村庄公共事务，实现群众对村级权力的实时、有效监督。

三、培育多方主体参与的乡村治理机制

根据《关于实施乡村振兴战略的意见》《关于坚持农业农村优先发展做好"三农"工作的若干意见》等文件要求，村党组织要全面领导村庄各级组织并支持多方主体参与乡村治理，发挥村级各类组织在乡村治理中的作用，理清村级各类组织的职责和功能，实现各类基层组织按职履责、按章办事。充分发挥村委会的基层群众性自治组织功能，发挥村务监督委员会的监督职能，发挥集体经济组织集体资产管理、开发和服务的功能，发挥农村社会组织在乡风民风方面的积极作用。着力构建多元主体参与乡村治理的新格局，实现乡村社会的良性互动。

四、加强文化建设

改革开放丰富了村民的物质水平，与之相适应，农村的思想文化建设也需要大力加强。首先，农村的思想文化阵地，必须由社会主义思想道德牢牢占领。通过制度化的方式，教育引导村民树立社会主义核心价值观。其次，要深入挖掘乡规民约的道德教化作用，将社会主义核心价值观融入村规民约，积极推进乡风文明的培育行动，加强社会公德、职业道德和家庭美德教育。另外，以乡贤群体为载体的乡贤文化蕴含着爱国爱乡、敬业精业、崇德向善的巨大道德力量（白现军、张长立，2016），乡村的文化建设，必须重视乡贤群体在乡村道德引领方面的感召力量。最后，要强化对村规民约的监督，运用道德和舆论约束促进村规民约的有效实施。

五、加强乡村法制建设

法治建设是有效治理的根本保障，法治化乡村治理是新时代乡村发展的着重点。在治理过程中要坚持法治为本，坚决落实好基层组织依法行政问题，推动各类组织和个人依法依规实施和参与乡村振兴。乡镇政府在农村工作中应严格执行法律法规。同时，要培育基层干部和农民群众的法治精神，强化法治观念、法治意识和法治思维，切实依法履职、依法办事。另外，要充分发挥法治建设在乡村振兴中的保障和推动作用，着力加强相关乡村法律法规建设，构建乡村依法治理体系（黎珍，2019）。最后，应做好深入开展农村法治宣传教育，增强村民对法律的信仰；强化法治监督，教育广大村民敬畏法律（孙布克、潘晨光，2019）。

六、农村审计是乡村善治的重要保障

审计是独立的、综合的、专门的、专业的经济监督，是党和国家监督体系的重要组成部分，在乡村治理中发挥着促进"三农"政策落实、维护乡村经济秩序、促进村集体资产保值增值、提高集体资金使用效益、促进农村经济高质量增长与生态环境健康协调发展、促进全面依法治国和权力规范运行、促进反腐倡廉等重要作用（董大胜，2018）。

（一）村民自治需要外部制度化的监督力量

2014 年始于新疆的各级机关向行政村派出工作队，在监督扶贫项目资源分配和使用、监督村"两委"的建设方面发挥了积极的作用。驻村工作队通过"访民情、惠民生、聚民心",通过实地走访入户、召开村民大会等方式向村民公开扶贫信息,让村民有直接的机会了解项目信息,表达本人诉求。从村民的反馈信息中可以看到,很多村民更愿意相信来自外部的驻村干部,原因是"驻村干部有能力、有文化,他们都不是本地人,他们给我们村里带来各种资源,更重要的是他们和村民没有亲戚关系,我们对他们更相信"(孔令英、郑涛,2017)。这一案例告诉我们,驻村制度对原有日常治理结构起到了很大的临时性制约作用。然而,该制度只是阶段性制度,工作队在村庄脱贫后不久就会轮换或撤销,即村庄治理的具体事务最终还是由村"两委"来进行协调和治理。但这一制度的实施效果也给我们带来了启示,这就是在降低治理风险、优化治理结构、实现乡村良性发展的过程中,需要外部独立、专业、经常性的监督力量。审计是为满足乡村治理的客观需要而产生的,是乡村治理体系中的一项内生的基础性制度安排(刘家义,2015),是乡村治理中的外部性的、经常性的监督力量。农村审计作为一种独立、专业和权威的监督力量,正好可以很好地满足乡村治理对外部制度化监督力量的需求。可以这么说,没有有效的农村审计,就不可能有真正有效的乡村治理(刘笑霞、李明辉,2016)。

(二)乡村社会重构行动规则需要农村审计

在乡村社会,以村规民约为代表的民间行动准则发挥着重要作用。但随着农民外出和现代文化影响的加剧,传统规则实际约束力不断下降,传统行动规则逐渐解体,一些乡村甚至从实质上废弃了村规民约。以法律为基础的现代乡村规则正在萌芽,但需要长时期的积累。在这种新旧规则交替的背景下,一些乡村地区的行动规则呈现出破碎局面,严重影响乡村社会的稳定。为了更好地适应市场经济发展和城乡一体化进程,乡村地区急需尽快重构一套符合乡土需求的行动规则(王文彬,2019)。另外,随着经济社会的发展和民主意识的提升,村民参与治理和自我利益表达的意愿愈发强烈。这种参与要求是村民民主意识的体现,需要予以支持和保护。但村民自由无序的参与和自我利益表达,很容易带来治理秩序的混乱,需要通过制度来规范,用制度化的方式来保障民主的秩序(王晓娜,2017),制度化不仅能使农村基层民主在法律层面的地位得到确认,而且能使之成为乡村治理中各利益主体必须遵守的行为准则(曲延春、陈浩彬,2017)。但制度从来都不是自己运行的,需要建立某种监督机制，确保制度或规则得到切实的执行。农村审计作为专业的监督机制，有助于基层民主制度化的建立和实施，是推进乡村社会规则建立和可持续发展的重要保障。

（三）缓解乡村治理信息不对称需要审计监督

建设新型农村是世界所有国家或地区实现由传统社会向现代社会转型过程中的一个必经阶段，同时也是建设现代化国家必须实施的重要战略之一（邢勤锋，2015）。信息作为国家指导各级行政机关和村委会的交流工具，需要从发布这一刻起，每一个信息接触者都能够了解其内在含义并为之目的实现采取相应措施，之后将信息继续传送，保证信息完整、快速地交付其他信息使用者。因信息不对称而产生的逆向问题及道德风险问题会严重影响政策的实施效果，导致乡村治理的效率降低，使村民无法享受到国家政策惠及的红利（黄龙敏，2003）。从当前农村经济发展情况来看，城乡之间、政府与村民之间、村干部与村民之间的信息不对称已成为城乡差距不断扩大的重要因素和影响社会和谐进步的一大障碍（张阳，2009）。乡村治理和我国社会主要矛盾密切相关，显示出解决信息不对称问题的紧迫性、重要性。低效的乡村治理势必会影响"三农"问题的有效解决以及社会主义新农村建设，甚至会影响到构建社会主义和谐社会和国民经济的可持续发展（孙葆春、熊伟，2006）。而切实有效的乡村治理有利于农村、社会乃至国家的长治久安。因此解决信息不对称问题成为乡村治理过程中我们面对的主要问题之一。通过农村审计，解决农村信息不对称问题，可以加速新农村的建设，改善农民的生活情况，促进农村发展。

（四）推动国家重大政策的落实需要审计监督

为推动乡村建设，实现乡村振兴，国家出台了一系列重大政策，不遗余力地支持乡村发展。审计作为综合经济监督的一种手段，通过针对政策制定、执行、评估和终结四个不同阶段的审计全过程监督核查可以根据自身调查和掌握的情况，深入分析问题背后的体制障碍、机制缺陷、制度漏洞，及时向做出重大决策和制定政策措施的决策部门提出补充完善建议，提升各层级政府部门乡村振兴政策的科学性与合理性。另外，乡村振兴政策是否取得成效，服务于乡村治理的政策目标能否顺利实现，首要的因素是政令是否畅通，政策是否能够得到有效的贯彻落实，通过农村审计可以推动乡村振兴政策的可操作性和顺畅性。农村审计机构通过跟踪重大决策和重要政策措施的实施过程，及时发现政策执行偏离问题，督促相关单位、相关人员进行整改，通过审计整改，可以促进政策措施的贯彻落实（常凌杰、郭爱芳，2018）。

（五）村庄腐败治理需要审计监督

审计是党和国家监督体系的重要组成部分，是强化公共受托责任、维护市场经济秩序的重要机制，是实现社会公正公平、提高经济效率效益的重要工具，是推动党风廉政建设、发挥基层民主的重要手段（审计署审计科研所，2012），是国家治理体系的基石和重要保障。农村审计作为审计监督体系中的重要一员，可以在乡村治理中发挥着预防、揭示和抵御功能，保障乡村社会经济的健康运行。首先，审计作为一种经常性的制度安排，对乡村经济活动中可能存在腐败的领域进行审计，对潜在的腐败分子和腐败行为具有极强的威慑作用。同时，审计发现可以起到警示村集体其他人员的作用，防止集体腐败的出现，从而对违法违纪行为有一定的预防作用。其次，农村审计机构通过行使独立的审计检查权，发现乡村经济活动中的违法违规行为，通过将有关线索移交纪检监察机关，由后者进行进一步调查、取证，对有关腐败行为进行认定和惩治。最后，了解和评价被审计单位内部控制是农村审计机关实施审计的必经程序，在这一过程中，审计人员能够发现被审计单位制度中存在的缺陷和漏洞。审计人员结合自己的专业知识和经验，向被审计单位提出完善内部控制制度的意见和建议，帮助被审计单位完善制度、降低腐败风险（岳俊侠、董钰凯，2018）。

强化农村审计，是实施乡村振兴战略、健全乡村治理体系、实现治理能力现代化的需要；是确保农民知情权、参与权、表达权和监督权落到实处，确保乡村社会和谐稳定的需要（张丰明，2018）。

1. 农村审计有助于优化村权结构

农村审计监督有助于优化村庄权力结构，约束村干部的自利行为，促进村庄公共资源的合理使用和分配，维护村自治组织的权威。村干部作为村民的委托人，受托管理公共资金与行使公权力。在乡村治理机制的设计中引入农村审计这一权力监督机制，可以抑制公权力异化。通过对村干部的经济责任审计，将其权力约束在法规授权的范围内，同时公开披露其受托责任的履行情况，使村庄的公共权力在监督下有效运行，促使村干部所拥有的公共权力与其所承担的责任相匹配，促进受托责任的履行。通过政策跟踪审计，监督公共政策的落实情况、公共权力的运行情况，以及公共资金的运用情况，不仅起到抑制公权力滥用、保障公共资金的安全，及时发现国家重大政策贯彻落实中存在的问题，为政策制定部门提供相关信息的作用，而且还能发现村级治理组织在落实相关政策、进行重大决策过程中内部职责分工、任务安排、工作协调等方面存在的问题，推动乡村治理组织内部机制的完善，同时也最大限度地推动乡村组织与外部组织形成整体合力。因此，完善农村审计，有助于促进村干部受托责任的履行，促进村庄公共资源的合理配置，有助于防范村干部的贪污舞弊或消极怠工，有助于推动乡村治理组织内部机制完善，提升村民对村自治组织的信任度，实现乡村良治（宋才发、张术麟，2019）。

2. 农村审计有助于发挥农村基层民主政治

信息对称是知情权存在的前提，知情权是参与权的基础。当前我国乡村治理中内部监督动力不足的重要原因是村务信息不对称严重。乡村治理要实现大众民主，必须以亿万普通村民民主素养的养成为根本依靠。农村审计的开展，有利于规范村级管理，落实农村财务公开制度，提高村务信息的透明度和可靠性，有助于培养村民民主素养和村民自治的实现。通过农村审计监督，促使村干部在法规政策规定和村民授权的范围内开展工作，有助于客观、公平评价村干部的履责情况和工作业绩，确保村干部的风清气正，也有利于密切村庄干群关系，提高村民参与乡村事务的积极性和主动性，推动乡村良治的实现（任雪娇，2019）。

3. 农村审计有助于推动多元主体的参与

乡村治理需要依靠政府的支持，但更重要的是发挥村庄内部的力量。但在过去，村庄公共事务更多是村自治组织和村干部参与，普通村民较少介入。乡村振兴背景下的乡村治理，注重治理主体的多元化，强调让各种社会组织和全体村民参与。因此，必须提升村民和其他主体参与公共事务的积极性，鼓励村民和其他主体广泛参与商议，表达自身诉求，提升参与的有效性。鼓励村民和其他主体积极参加各类村务事项投票表决，这是民主治理的重要体现。但投票仅仅代表了多元主体参与的广度，而无法体现参与的深度（王晓娜，2017）。参与深度需要以村民等多元主体客观真实阐明自己立场、观点为标志。多元主体如何形成自己的立场和观点，必要的前提是充分了解与公共事务的相关信息，在此基础上进行权衡，最后通过投票来显示选择的最终结果。但是由于村自治组织、村民及其他主体之间存在的信息不对称，村民和其他主体很难及时、准确地了解村务信息、政策意图，导致他们在表达意见时往往带有盲目性。因此，及时可靠信息的不足是制约多元主体有效参与的重要原因。从目前来看，我国乡村治理的多元主体共治尚处于起步阶段。多元主体共治社会说到底是村民全面而共同参与村庄事务，作为乡村治理的关键主体——乡村群众，需要获得及时可靠的村庄公共资源信息，否则很难介入乡村事务。这就需要审计这一制度化的监督力量来确保及时可靠信息的传递。农村审计通过审计监督，推动村务信息公开，提升多元主体的知情权和参与的有效性，使村民等多元主体的参与权、表达权和监督权落到实处（陈英姿，2012）。

4. 农村审计有助于推动乡村治理的法制化

依法治国是国家治理的重要内容，依法治国的核心要素是依法行政。《中华人民共和国村民委员会组织法》等法律法规在赋予村干部管理村庄公共事务权力的同时，也对权力的边界、行使方式和行使要求进行明确的界定。如何维护村干部和依法履职？如何防范村干部超出法律法规的界限行使权力？完善农村审计机制是一种行之有效的手段。通过强化农村审计监督，确保村委会、村民、其他村民组织在法律法规授权范围内行使自己的权力，维护各主体依法履职的权利。对于乱作为、不作为等行为，通过审计手段对村干部进行问责和严惩，能够对村干部形成一种强约束机制，防止滥用公共权力行为的出现（沈费伟、刘祖云，2016）。但问责是有前提的，其前提是查实村干部的责任，这需要审计这一制度化的监督力量。因此，在乡村治理中，构建有效的审计监督机制，有利于明确乡村治理各主体的权、责、利边界，让代理行使村庄公共权力的村干部对其行为负责；有利于促进村干部与公民之间、乡镇政府与村干部之间的协调与合作，也有利于广大公民参与决策和参与监督，使村干部的行为更加透明、更加公开、更加公正，从而带动全社会尊重、遵守和维护法律，从而推动乡村治理的法制化。

5. 农村审计有助于推动乡村经济的发展

资金是乡村经济发展的原动力。为促进乡村经济的发展，党和国家投入巨额的财政专项惠农资金，用于支持农村各项事业。村庄是惠农专项资金的末端环节，也是资金风险的聚集点。加强农村审计，有助于识别专项资金使用末端环节存在的贪污、挤占、挪用等问题，有助于实现财政专项惠农资金带动村庄社会经济发展的政策目标。同时，审计监督的过程，也对村集体资产的使用效益进行全面准确的评价，有助于村庄各项财务管理制度的完善，推动村庄经营决策的规范化、科学化，从而推动乡村经济的健康发展。

6. 农村审计有助于实现乡村社会的可持续发展

在改革开放的初期，经济快速发展的区域主要集中在城市及其周边地区，生态破坏和环境污染也主要集中在城市。与城市相比较，农村地区由于发展的迟滞，生态破坏、环境污染程度相对较轻。但近几年，随着区域产业结构的调整和城市环境督查力度的加大，一些高污染行业逐渐向经济相对落后地区和农村转移，乡村社会出现了以牺牲环境为代价的粗放式经济发展方式，导致农村地区资源缩减、环境污染严重。村务监督机制乏力，监督范围不全，为基层政府官员和村干部在履行环境管理职责中的机会主义行为提供了宽松的环境。通过拓展农村审计职能，将环境保护纳入农村审计范围，必将大大提高乡村生态环境治理的效果，实现农村的健康、可持续发展（任雪娇，2019）。

第五章 村级审计监督现状与问题

第一节 我国农村审计监督法规概况

一、农村经济监督相关的法律法规

（一）国家农村经济监督法律法规概况

财务与审计密切联系，不可分割。财务规章制度是审计监督的标准和依据。中央历来对农村工作非常重视，自 2000 年来，相继出台了《中华人民共和国村民委员会组织法》《关于推动农村集体财务管理和监督经常化规范化制度化的意见》《关于健全和完善村务公开和民主管理制度的意见》《关于进一步规范乡村财务管理工作的通知》《关于建立健全村务监督委员会的指导意见》等一系列涉及农村集体资产管理、财务管理和审计监督的法律法规，对农村财务公开、民主理财、监督执行、民主管理进行了详细的规定。表 5 - 1 列示了与农村经济监督相关的主要法律法规，以及相关法规在农村经济监督方面的具体规定。

（二）地方农村经济监督法律法规概况

中央颁布的各项法规政策是综合全国农村社会经济发展情况做出的原则性要求，但我国是一个多民族国家，乡风民俗差异大，各地都有着自己独特的地方特色，各省份的社会经济和文化发展水平高低不一，因此所产生的财务管理监督上的问题也不尽相同。国家法规和政策作为大的指导方针，各省份可以结合自身特点在中央制定的法律上有所补充和完善。表 5 - 2 列示了各省份出台的农村集体经济管理法规制度情况。从表 5 - 2 可以看出，31 个省份中，有 12 个省份颁布了农村集体财务管理条例或办法，有 21 个省份颁布了农村集体资产管理条例或办法，有 16 个省份颁布了农村集体经济审计条例或办法，其中甘肃、宁夏、河北、辽宁、黑龙江、湖北六个省份发布了三个方面的制度。从制定的层次来看，农村集体资产管理法规和审计条例（办法）

表 5－1　与农村经济监督相关的法律法规

文件名称	发布部门	发布时间	与农村经济监督相关的主要内容
《关于推动农村集体财务管理和监督经常化规范化制度化的意见》	农业农村部、民政部、财政部、审计署	2003 年	农村集体经济组织要"建立民主理财小组，实行财务公开，凡是集体经济组织成员普遍关心的财务活动，都要及时逐项逐笔进行公布"
《关于健全和完善村务公开和民主管理制度的意见》	中共中央、国务院	2004 年	1. 村务公开内容：对国家有关法律法规和政策明确要求公开的事项，如计划生育政策落实、救灾救济款物发放、宅基地使用、村干部报酬等，要继续坚持公开。其中财务公开是村务公开的重点，对所有收支同时结合当前农村改革发展的实际，让群众了解，提出将土地征用补偿及分配、农村机动地和"四荒地"发包、村集体债权债务、税费改革减免政策、农村社会"一事一议"筹资筹劳、国家其他补贴农民、新型农村合作医疗、种粮直接补贴，退耕还林还草款物兑现，资助村集体的政策落实情况等纳入村务公开的内容。 2. 村务公开形式：要求在便于群众观看的地方设立固定的村务公开栏，同时还可以通过广播、电视、网络、"明白纸"等其他形式公开。 3. 村务公开时间：一般的村务事项至少每季度公开一次，涉及农民利益的重大问题以及群众关心的事项要及时公开。集体财务公开要及时公开，财务收支情况应每月公布一次。 4. 民主监督：要求设立村务公开监督小组，对村务公开制度的落实情况进行监督。村务公开监督小组成员由村民会议或村民代表会议在村民代表中推选产生，村干部及其配偶、直系亲属不得担任村务公开监督小组成员

续表

文件名称	发布部门	发布时间	与农村经济监督相关的主要内容
《关于进一步规范乡村财务管理工作的通知》	中央纪委、监察部、财政部、农业农村部	2006年	要求村集体经济组织要建立和完善由民主管理和财务公开、现金银行款管理、资产债权债务管理、票据管理、会计档案管理、村干部任期届满经济责任和离任审计、一事一议筹资筹劳、土地补偿费监督管理等在内的财务管理制度，以及包括货币资金、采购和付款、对外投资、固定资产和借款等业务的内部控制制度。同时要建立财产清查制度，加强集体资产管理和健全会财务工作流程规范
《农村集体经济组织财务公开规定》	农业农村部、监察部	2011年	1. 要求村集体经济组织应当将其财务活动情况及其有关账目，内容包括财务计划、各项收入、支出、资产、各类资源、债权债务、收益分配等。 2. 村集体经济组织财务每季度公开一次；财务往来较多的，收支情况应当每月公开一次。公开通过固定的公开栏、广播、网络、"明白纸"、会议、电子触摸屏等形式。财务公开前，应当由民主理财小组对公开内容的真实性、完整性进行审核。 3. 民主理财小组成员由村集体经济组织或成员会议从村务监督机构成员中推选产生，成员数一般为3至5人，村干部、财会人员及其近亲属不得担任民主理财小组成员
《关于建立健全村务监督委员会的指导意见》	中共中央国务院	2017年	1. 明确村务监督委员会一般由3至5人组成，设主任1名，提倡由非村民委员会成员的村党组织班子成员或党员担任主任，原则上不由村党组织书记兼任主任。 2. 村务监督委员会成员由村民会议或村民代表会议在村民中推选产生，任何组织和个人不得指定、委派村务监督委员会成员。 3. 村民委员会成员及其近亲属，村会计（村报账员）、村文书、村集体经济组织会计、村集体经济组织成员会决策村务决策和公开、村级财产管理知识的人员，村务监督委员会成员任期与村民委员会成员的任期相同。 4. 在监督内容方面，村务监督委员会重点加强对村务决策和公开、村工程项目建设、惠农政策措施落实和农村精神文明建设等情况进行监督

85

续表

文件名称	发布部门	发布时间	与农村经济监督相关的主要内容
《中华人民共和国村民委员会组织法》	全国人民代表大会	2018年	1. 公开内容：（1）村民委员会的年度工作报告，村民代表会议的决定；（2）本村享受误工补贴的人员及补贴标准；（3）从事集体经济所得收益的使用；（4）本村公益事业的兴办和筹资筹劳方案及建设承包方案；（5）土地承包经营方案；（6）村集体经济项目的立项、分配方案；（7）宅基地的使用方案；（8）征地补偿费的使用、分配方案；（9）以借贷、租赁或者其他方式处分村集体财产；（10）国家计划生育政策的落实方案；（11）政府拨付和接受社会捐赠的救灾救助、补贴补助等资金、物资的管理使用情况；（12）村民委员会协助人民政府开展工作的情况；（13）涉及本村村民利益，村民普遍关心的其他事项。 2. 公开频率：一般事项至少每季度公布一次，涉及村民利益的重大事项应当随时公布。 3. 民主监督：各村应当建立村务监督委员会或者其他形式的村务监督机构，负责民主理财，监督村务公开等制度的落实，其成员由村民会议或者村民代表会议在村民中推选产生。村民委员会成员及其近亲属不得担任村务监督机构成员。 4. 村务资料：村民委员会和村务监督机构应当建立村务档案，内容包括：选举文件和选票、会议记录、会议讨论文件、经济合同，集体财务账目，集体资产登记资料、公益设施基本资料、宅基地使用方案，征地补偿费使用及分配方案等。 5. 审计要求：村民委员会成员实行任期和离任经济责任审计，由县级人民政府农业部门、财政部门或者乡、民族乡、镇的人民政府负责组织，审计结果应当在下一届村民委员会选举之前公布，其中离任经济责任审计结果应当公布。

表 5－2　各省份农村集体经济管理法规制度

省份	农村集体财务管理	年份	农村集体资产管理	年份	农村集体经济审计	年份
四川	《四川省村社集体财务管理办法（试行）》（农业厅）	2000	《四川省农村集体资产管理办法》（省政府）	2001 年		
云南	《云南省村集体经济组织财务管理暂行办法》（财政厅，农业厅）	2009				
贵州	《贵州省村级集体财务管理暂行办法》（省政府）	2002	《贵州省农村集体资产管理条例》（省人大常委）	2002 年		
西藏						
重庆			《重庆市农村集体资产管理条例》（市人大常委）	2010 年		
陕西			《陕西省农村集体资产管理条例》（省人大常委）	2010 年		
甘肃	《甘肃省农村集体财务管理办法》（省政府）	2015	《甘肃省农村集体资产管理条例》（省人大常委）	2010 年	《甘肃省农村集体经济审计办法》（省政府）	2008 年
青海						
新疆			《新疆维吾尔自治区农村集体经济组织资产管理条例》（省人大常委）	1995 年	《新疆维吾尔自治区农村集体经济审计条例》（省人大常委）	2012 年

续表

省份	农村集体财务管理	年份	农村集体资产管理	年份	农村集体经济审计	年份
宁夏			《宁夏回族自治区农村集体资产管理条例》（省人大）	2015年	《宁夏回族自治区农村集体经济审计条例》（省人大）	2015年
内蒙古			《内蒙古自治区农村牧区集体经济组织资产资源管理制度（试行）》（省人大常委）	2015年	《内蒙古自治区农村牧区集体经济组织审计条例》（省人大常委）	2010年
广西	《广西壮族自治区农村集体经济组织财务管理办法（试行）》（农业厅等）	2018	《广西壮族自治区农村集体资产管理条例》（省人大）	2010年		
北京			《北京市农村集体资产管理条例》（市人大）	2010年	《北京市农村集体经济审计条例》（市人大）	2016年
天津			《天津市农村集体资产管理条例》（市人大常委）	2010年		
河北	《河北省农村集体财务管理条例》（省人大常委）	2010	《河北省农村集体资产管理条例》（省人大）	2015年	《河北省农村集体经济审计规定》（省政府）	2011年
辽宁	《辽宁省村级集体经济组织财务管理暂行办法》（省政府）	2003	《辽宁省农村集体资产条例》（省人大）	2004年	《辽宁省农村集体经济审计办法》（省政府）	2011年

续表

省份	农村集体财务管理	年份	农村集体资产管理	年份	农村集体经济审计	年份
上海			《上海市农村集体资产监督管理条例》（市人大常委）	2018 年		
江苏			《江苏省农村集体资产管理条例》（省人大常委）	2018 年		
浙江			《浙江省农村集体资产管理条例》（省人大）	2015 年	《浙江省农村集体经济审计办法》（省政府）	2015 年
福建	《福建省村集体财务管理条例》（省人大常委）	2001			《福建省农村集体经济审计工作规程》（农业厅）	2001 年
山东			《山东省农村集体资产管理条例》（省人大常委）	1999 年	《山东省农村集体经济审计条例》（省人大常委）	1995 年
广东			《广东省农村集体资产管理条例》（省人大）	2016 年	《广东省农村集体经济审计条例》（省人大常委）	2010 年
海南						

续表

省份	农村集体财务管理	年份	农村集体资产管理	年份	农村集体经济审计	年份
山西	《山西省农村集体经济组织财务管理制度（试行）》（农业厅）	2007			《山西省农村集体经济审计暂行条例》（省人大常委）	1996年
吉林			《吉林省农村集体资产管理条例》（省人大常委）	2001年	《吉林省农村审计条例》（省人大常委）	2019年
黑龙江	《黑龙江省村集体经济组织财务管理条例》（省人大常委）	1998	《黑龙江省农村集体经济组织资产管理条例》（省人大常委）	1998年	《黑龙江省农村集体经济审计条例》（省人大常委）	1999年
安徽	《安徽省农村集体资金资源管理若干规定（试行）》（省政府）	2011				
江西						
河南						
湖北	《湖北省农村集体财务管理办法》（省财政厅、农业厅）	2016	《湖北省农村集体资产管理条例》（省人大常委）	2017年	《湖北省农村集体经济审计办法》（省政府）	1995年
湖南					《湖南省农村集体经济组织审计办法》（省政府）	2015年

多以省级政府或人大的名义制定发布，而在村集体财务管理制度方面，四川、云南、青海、广西、山西、湖北等省份以农业厅的名义制定发布，其余地区以省级政府或人大的名义制定发布。已发布的相关法规制度中，发布时间在2000年以前的有8个，2000~2012年的有25个，2012年以后的有18个。

1. 组织管理

大多数省份的资产管理条例都规定，县级以上人民政府农业行政主管部门、乡镇人民政府、街道办事处负责指导和监督农村集体资产管理工作，各级农村经营管理机构负责具体工作。同时还规定，各级人民政府的财政、监察、审计、林业、水利、土地、乡镇企业等部门依法对农村集体资产管理工作进行行业指导和监督。农村集体经济组织是农村集体资产管理的主体，对其所有的集体资产依法享有经营管理权。对于没有成立农村集体经济组织的村、组，农村集体资产的经营管理权由村民委员会、村民小组行使。农村集体经济组织应当建立集体资产民主监督小组。

2. 组织机构

在组织机构方面，上海、江苏等经济发达地区明确农村集体经济组织的组织机构由成员大会（或者成员代表大会）、监事会和理事会组成。理事会成员、监事会成员任职前应当进行公示，理事会成员、监事会成员不得互相兼任。监事会负责农村集体经济组织的监督工作，财务人员及其近亲属、理事会成员近亲属不得担任监事会成员。

3. 资产运营

在资产运营方面，为了防止集体资产因不当投资而导致的价值流失，以及为了集体资产的保值增值，农村集体经济管理条例还规定，对于以数额较大的集体资产参股、联营、合资经营，拍卖、转让、置换等方式进行产权变更，设定抵押及其他担保的，应当清查资产、清查债权债务的，应当委托有资质的评估机构对其评估，评估机构可以是会计师事务所也可以是审计事务所。对于数额较小的，可以由集体经济组织成立评估小组进行评估。

4. 村务（财务）分开

在村务公开方面，上海要求农村集体经济组织定期向其成员公示，公示的内容包括农村集体资产的运行情况、农村集体经济组织设立企业的资产运行情况、农村集体经济组织及其设立企业的管理人员工作报酬、经济责任审

91

计情况、农村集体资产的清查核实结果等信息。湖北要求农村集体经济组织建立民主理财制度。民主理财人员由集体经济组织成员代表大会选举产生，主要职责是监督集体资产管理制度的实施，定期检查账目和集体资产管理情况，定期公布账目。对于村务公开的频率，大多数省份规定：涉及村民利益的重大事项应当随时公布；集体财务往来较多的，财务收支情况应当每月公布一次，对于一般事项则至少每季度公布一次。西藏、河北、黑龙江则规定对于一般财务收支事项选择每年至少公布两次的频率。山西规定涉及财务的事项选择至少每6个月公布一次的形式。在村务公开的方式选择上，一般规定为设立村务公开栏进行公开，同时可以辅助于广播、电视、信息网络等方式。表5-3列示了部分省份的村务公开频率的相关规定。

表5-3 部分省份村务公开频率规定

省份	村务公开频率
辽宁、福建、广东、广西、贵州、河南、吉林、江苏、内蒙古、山东、云南、浙江	一般事项至少每季度公布一次；集体财务往来较多的，财务收支情况应当每月公布一次；涉及村民利益的重大事项应当随时公布
黑龙江	每个季度公开一次，特殊事项随时公开
湖北	一般事项至少每季度公布一次；涉及村民利益的重大事项应当随时公布
湖南	涉及村民利益的重大事项应当随时公布，财务收支情况应当每月公布一次
山西	涉及财务的事项至少每6个月公布一次
西藏	一般财务收支事项每年至少公布两次；涉及村民利益的重大事项应当随时公布
陕西	一般事项或者村务管理活动中相对固定的事项至少每季度公布一次；集体财务往来较多的，收支情况应当每月公布一次

资料来源：作者根据表5-2所列的法规制度整理得出。

在财务公开方面，各地要求农村集体经济组织将财务、涉农补贴、涉农负担、土地征收征用补偿等信息上墙公布，并通过印发到户、召开会议、运用信息化手段等形式进行公开，接受成员监督。农村集体经济组织应当年初公布财务收支计划，按月或者按季度公布各项支出、收入情况，年终公布经营管理、收益分配以及债权债务等情况。发生重大财务事项的，应当自重大财务事项发生之日起五日内向本集体经济组织成员公布。重大财务事项的标准由县级农村集体资产主管部门确定。实行会计委托代理服务的，各地的法规都明确了代理机构及时提供相应财务公开资料的责任，同时要求会计委托代理服务协助农村集体经济组织进行财务公开。如果农村集体经济组织成员对财务公开事项有异议的，可以自公布之日起 15 日内，向监事会提出核实申请；监事会应当进行核实，自接到申请之日起 30 日内将核实结果书面答复申请人并予以公布。

5. 经济监督

从农村集体经济的监督部门来看，我国各省份颁布的管理条例中，多数为市、县农业行政管理部门。国土、水利、林业、渔业、财政、审计、监察等部门按照职责分工对农村集体资产管理进行指导和监督。乡镇人民政府和财政所负责本辖区内村集体财务管理工作的指导、监督，具体工作由乡镇农村经营管理机构（或者委托具有财务管理资质的代理服务机构）负责承担，同时村民委员会、村小组应当建立民主理财组织，负责村级的财务监督工作。

各省份颁布的管理条例规定，农村集体经济组织应当成立村务监督委员会，对村集体"三资"的管理情况进行监督。同时，为了更好地发挥监督委员会的监督职能，防止监督人员与管理人员串通舞弊，绝大多数省份在中华人民共和国村民委员会组织法中规定，村民委员会成员及其近亲属不得担任村务监督委员会成员。也有个别省份对限制范围有不一样的规定，如江西规定的不得担任村务监督委员会成员主要是村民委员会成员及其配偶和直系亲属。而山东、云南规定的不得担任村务监督委员会成员范围包括村民委员会成员及其近亲属、村财会人员。上海要求更加严格，规定不得担任村务监督小组的成员不仅有村民委员会成员及其直系亲属，还包括村其他负责人及其直系亲属，这无疑在人员安排上更有利于防止串通舞弊的发生。表 5-4 所示了部分省份农村集体经济监督主体的主要情况。

表 5 - 4　　　　　　　　部分省份农村集体经济监督主体情况

省份	监督主体
福建	县级以上地方人民政府农业行政主管部门和乡（镇）人民政府，具体工作由农村经营管理机构承担
河北	各级人民政府财政部门对村集体财务工作进行指导和监督
甘肃	县级以上人民政府农业行政主管部门和乡（镇）人民政府负责指导和监督农村集体财务管理工作，各级农村经营管理机构负责具体工作；村务监督委员会或民主理财小组
贵州	县级以上农业行政主管部门负责对本行政区域内村（居）委会的集体财务管理工作进行指导、监督和服务，日常工作由乡（镇）农经部门具体负责；村民主理财小组对村级财务监督
黑龙江、内蒙古	县级以上人民政府农业行政主管部门负责指导和监督；民主理财组织
云南	县级以上人民政府财政、农业部门负责指导和监督

资料来源：作者根据表 5 - 2 所列的法规制度整理得出。

6. 财务人员任职资格

为了保持农村集体财务管理的有效性，防止舞弊的发生等，我国农村集体财务管理条例在集体财务人员的聘任、任职条件、职责分离等方面都做了比较详细的规定，要求财会人员应当取得相应的岗位资格证书，凭证上岗。为了防止舞弊行为的发生。各个省份的财务管理条例大多规定，会计主管人员与出纳人员不得相互兼职，会计人员与出纳人员不得相互兼职等。同时为了防止村委会成员与会计人员串通舞弊，大多省份还规定村集体经济组织的主要负责人、分管财务的负责人及其近亲属不得担任本村会计人员，村委会主要领导干部及直系亲属不得从事本村的财务工作。村民委员会、村民小组的主要负责人及其近亲属不得担任本单位的财会人员等。部分地区农村财务岗位配备及分离情况如表 5 - 5 所示。

表 5－5　　　　　　　　各地农村财务岗位配备与分离情况

区域	岗位配备及要求	回避情况
徐州	会计主管人员、出纳人员	集体经济组织的主要负责人、分管财务的负责人及其近亲属
郑州	会计不得兼任出纳	村民委员会、村民小组的主要负责人及其近亲属
福建	会计人员与出纳人员不得相互兼职	村集体主要负责人及其近亲属
河北	配备会计员、出纳员	村和村集体经济组织的主要负责人及其直系亲属
济南	配备会计员和出纳员，根据实际需要配备保管员。业务量较大的可设主管会计和专业会计；会计员、出纳员不得相互兼职	村民委员会的主要负责人及其直系亲属
武汉	会计、出纳人员不得相互兼职	村级组织主要负责人及其直系亲属
贵州	村会计、出纳工作不能由同一个人承担	村（居）委会主要领导干部及直系亲属不得从事本村的财务工作
黑龙江		村主要干部的直系亲属
内蒙古	配备会计员、出纳员等。会计员、出纳员不得相互兼职	嘎查村民委员会主任、副主任不得兼任财会人员；嘎查村民委员会成员的配偶、直系亲属

资料来源：作者根据表 5－2 所列的法规制度整理得出。

（三）村庄内部经济监督存在的问题

改革开放以来，农村经济也得到快速的发展，但是村庄内部经济监督没有跟上经济的发展速度，个别地区农村财务监督缺失比较严重，主要表现为：第一，管理制度不健全，或制度执行不到位，制度形同虚设。第二，职责分离不充分，独立性差。部分乡镇农经人员身兼会计、出纳和审计员，出现自己监督自己的现象。第三，民主理财小组履行监督职能不到位。有的民主理财小组成员由村干部兼任，有的民主理财小组成员不愿参与监督管理工作，有的民主理财小组成员没有学过财会专业，没有专业胜任力（杨财生，2015）。第四，村民监督流于形式。由于财务公开执行不到位，村财务公开的内容是否全面、真实，公开时间是否及时，公开形式及程序是否规范等问题得不到保证，村民监督缺乏信息保证（孙树莉，2015）。第五，档案管理不到位。农村很多地区没有建立档案数据库，经济管理人员和会计人员的资料无从查找，重要财务资料丢失，导致审计工作无法进行，甚至还有一些经济管理人员为了逃避责任，销毁财务数据或造假财务数据。

中央和各省份颁布的一系列法律法规中，都详细规定了农村民主管理、民主理财、财务公开、村务监督等要求，为广大农村地区建立健全内部经济机制奠定了法规基础。但受地区经济文化发展水平及村民、村级干部意识等诸多因素影响，强有力的村级集体资产监督机制尚未形成。

二、农村审计法规分析

（一）农村审计法规概况

当前，与审计相关的法律有《中华人民共和国审计法》和《中华人民共和国注册会计师法》。《中华人民共和国审计法》着重规范国家审计，《中华人民共和国注册会计师法》主要涉及注册会计师审计。内部审计工作主要依据《审计署关于内部审计工作的规定》。尽管农村集体经济组织的审计工作没有专门的国家级法规，但在《中华人民共和国农业法》《中华人民共和国村民委员会组织法》等法律有涉及农村审计的相关规定。

目前，农村审计的主要依据是农业农村部于 2008 年印发的《农村集体经济组织审计规定》和各省据此制定的农村集体经济组织审计条例或办法。另外，《中华人民共和国农业法》《中华人民共和国村民委员会组织法》《关于推动农村集体财务管理和监督经常化规范化制度化的意见》《关于健全和完善村务公开和民主管理制度的意见》《关于进一步规范乡村财务管理工作的通知》等法规也对农村审计的内容、对象、责任追究等进行了规范。除此之外，《农村公路建设管理办法》《农村五保供养工作条例》等涉农法规有个别条款提到审计监督（任雪娇，2019）。上述法律法规的具体规定为审计参与村务监督提供了直接法律依据。表 5 - 6 列示了与农村审计相关的法律法规，及其在农村审计方面的有关规定。

表 5－6　　　　　　　　　　　　　　　　　　　　　　　　　　　　　　　　农村审计法规概况

文件名称	发布部门	发布时间	与农村集体经济审计相关的主要内容
《关于推动农村集体财务管理和监督经常化规范化制度化的意见》	农业农村部、民政部、财政部、审计署	2003 年	1. 建立并完善农村集体财务审计监督制度是农业行政主管部门的重要职责。各级农村经营管理部门要采取得力措施，组织好对农村集体财务的审计监督工作。 2. 要结合财务公开工作，对集体土地征用、集体企业改制等突出问题，组织专项审计，并将审计结果及时向群众公布。 3. 结合农村税费改革试点工作，组织村范围内的"一事一议"筹资筹劳审计。 4. 结合村干部换届，财务收支、生产经营的任期和离任审计。审计内容主要包括集体资产的管理使用、集体经营项目的发包管理、集体财务的债权债务等，以及群众要求审计的其他事项
《关于健全和完善村务公开和民主管理制度的意见》	中共中央办公厅国务院办公厅	2004 年	1. 县、乡两级农村集体资产和财务管理指导部门，要切实组织好对农村集体财务的审计监督工作。 2. 审计内容主要包括：集体资产的管理使用，财务收支、生产经营和建设项目的发包管理，集体的债权债务，上级划拨或接受社会捐赠的资金、物资使用等情况，以及群众要求审计的其他事项。 3. 加大对集体土地征用、集体企业改制、"村政居"和村村过程中集体资产的处置，村内"一事一议"筹资筹劳、新型农村合作医疗，新型农村合作医疗，政府发放到村户的各项补贴物资等事项的审计力度，并将审计结果及时公布。 4. 村干部任期届满离或离任时必须审计。 5. 在审计中查出侵占集体资产资金、多吃多占、铺张浪费的，要令其如数退赔；涉及国家工作人员及村干部违法违纪的，需要给予党纪政纪处分的，移交纪检监察机关处理，构成犯罪的，移交司法机关依法追究当事人的法律责任。农村集体经济组织、村民小组、农（畜）产品行业协会和农民合作组织所有的资产，也要实行财务公开，加强管理与监督

续表

文件名称	发布部门	发布时间	与农村集体经济审计相关的主要内容
《关于进一步规范乡村财务管理工作的通知》	中央纪委、监察部、财政部、农业农村部	2006年	1. 县、乡（镇）农村经营管理部门要对农村集体经济组织的财务账目和财务公开内容进行审计监督。 2. 重点开展村干部任期和离任、村级债务、农民负担、农村"一事一议"、土地补偿费管理使用、村级补助经费等专项审计，对群众反映强烈的问题要进行重点审计，审计结果要及时公开。 3. 在审计中查出被侵占的集体资产和资金，要责成责任人将侵占的集体资产和资金如数退还给集体；涉及国家工作人员及村干部违法乱纪的，要提出处理意见，移交纪检监察部门处理；对于情节严重、构成犯罪的，移交司法机关依法追究当事人的刑事责任
《农业法》	全国人大常委会	2012年	第39条和第86条分别规定了审计机关应加强对用于农业的财政和信贷资金、扶贫资金等的审计监督
《村民委员会组织法》	全国人大常委会	2018年	第35条明确规定要对村委会成员实行任期和离任经济责任审计
《农村公路建设管理办法》	交通部	2006年	规定农村公路建设资金使用情况应当接受相关部门的审计
《农村五保供养工作条例》	国务院	2006年	审计机关应当对农村五保供养资金使用情况进行审计

（二）部门内部审计的有关规定

农业农村部颁布的《农村集体经济组织审计规定》主要从审计主体和审计职权、审计范围和审计方式、审计程序和结果利用、审计奖惩、审计费用和审计监督等方面对农村集体经济组织审计进行规范。

1. 审计性质

《农村集体经济组织审计规定》规定，"农业农村部负责全国农村集体经济组织的审计工作，审计业务接受国家审计机关和上级主管部门内审机构的指导。县级以上地方人民政府农村经营管理部门负责指导农村集体经济组织的审计工作，乡级农村经营管理部门负责农村集体经济组织的审计工作"。这一规定将农村集体经济组织审计定性为一种部门内部审计，审计实施的主体为乡级农村经营管理部门。出台了农村集体经济审计地方法规的绝大多数省份也都做了类似的规定，个别省份结合当地的实际，做了一些补充，如《广东省农村集体经济审计条例》《河北省农村集体经济审计规定》将审计主体确定为县级以上人民政府农村集体经济行政管理部门和乡（镇）人民政府，由农村经济管理部门和乡（镇）人民政府对农村集体经济进行审计监督，并依照有关法律、法规和有关财务收支的规定进行审计评价、处理和处罚。甘肃、河北的农村审计法规增加了村账乡代情况下的审计关系，规定"村集体经济组织与乡镇农村审计机构有会计委托代理关系的，应当由县市区农村审计机构实施审计"。《宁夏回族自治区农村集体经济审计条例》也有类似的规定，"乡（镇）人民政府负责村集体经济的审计，必要时，县级农村审计机构对乡（镇）人民政府审计管辖范围内的事项，可以直接进行审计。乡（镇）农村经济经营管理部门代管村集体经济组织资金和账务的，由县级农村审计机构进行审计"。在审计与其他行政主管部门关系方面，《湖南省农村集体经济组织审计办法》规定，"县级以上人民政府农业行政主管部门负责本行政区域内的农村集体经济组织审计工作。乡镇人民政府在县级人民政府农业行政主管部门的组织指导下，做好农村集体经济组织审计的具体工作"。同时要求，"县级以上人民政府财政、监察等部门和有关金融机构按照各自职责，协助农业行政主管部门做好农村集体经济组织审计工作"。《浙江省农村集体经济审计办法》则要求林业、水利、海洋与渔业、中小企业、行政监察等行政主管部门按照各自的职责，配合农村审计行政主管部门共同做好农村审计工作。内蒙古、山西则考虑了乡村企业的审计，《内蒙古自治区农村牧区集体经济组织审计条例》规定，苏木乡（镇）和嘎查村所办乡镇企业集体经济的审计监督，由旗县级以上人民政府乡镇企业行政主管部门负责，苏木乡（镇）人民政府也可以直接进行审计。《山西省农村集体经济审计暂行条例》规定，农村集体经济组织所属企业的审计，由县级农业行政主管部门会同乡镇企业主管部门，区别不同情况，组织乡镇企业的审计人员或农村审计人员、社会审计力量进行审计。《吉林省农村审计条例》明确要求县级人民政府农村审计主管部门根据工作需要设立乡（镇）农村审计站，乡（镇）农村审计站在县级农村审计机构的指导下，在本区域内开展农村审计工作。

与各地将农村审计主体确定为部门内部审计不同，北京市将农村审计定位为组织内部审计，《北京市农村集体经济审计条例》第三条规定，"市和区、县人民政府农村工作主管部门是本行政区域内农村集体经济审计工作的主管机关，日常工作由同级农村合作经济管理部门负责"。第四、第六、第七条进一步明确"农村集体经济组织设立的审计机构依照本条例规定，独立行使审计监督权，并向本级集体经济组织社员大会、职工大会或者其代表大会报告工作。合作社应当设立审计机构，但经济规模较小的村经济合作社及其他农村合作经济组织经区、县主管机关批准可以不设，其审计工作由乡镇合作经济联合社审计机构负责。规模较大的集体企业和事业单位应当设立审计机构，但规模较小的集体企业和事业单位经合作社管委会同意可以不设，其审计工作由合作社审计机构负责"。必要时，农村合作经济管理部门可以对合作社及其所属企业事业单位进行审计。

2. 组织实施

在农村审计的组织实施方面，各地都规定了农村审计机构负责本行政区域内的审计事项，审计业务接受国家审计机关和上级主管部门内审机构的指导。广东、北京、吉林等省还规定，上级农村经济管理部门对下级农村经济管理部门或乡镇人民政府审计管辖范围内的重大审计事项，可以直接进行审计。《黑龙江省农村集体经济审计条例》则要求县市农村审计机构应当对乡镇开展的农村集体经济审计工作进行复查。在实施方式方面，北京、山西明确规定，农村集体经济组织也可委托社会审计机构进行审计。吉林将委托具备资质的专业机构或者聘请具有相关专业知识的人员参加审计工作的层级确定为县级以上农村审计机构。对于农村集体经济组织所属企业的审计，《山西省农村集体经济审计暂行条例》规定由县级农业行政主管部门会同乡镇企业主管部门，区别不同情况，组织乡镇企业的审计人员或农村审计人员、社会审计力量进行审计。在村民参与审计活动方面，河北规定，农村经营管理机构进行审计时，可以吸收村民主理财组织的成员参加，湖南农村集体经济组织审计办法则要求"每一个审计项目计划，应当由两名以上审计人员组成审计组，审计组应当吸收两名村务监督委员会成员参加"。另外，还有些地方要求建立监督举报制度，如《湖南省农村集体经济组织审计办法》规定，"县级人民政府农业行政主管部门应当建立和完善农村集体经济组织审计举报制度。对举报的问题，属于审计事项的，应当自受理之日起 30 日内处理并告知举报人，需要进行审计的，及时进行专案审计"。《吉林省农村审计条例》也明确规定，"对违反国家和省有关规定的农村集体经济活动以及增加农民负担的有关事项，任何单位和个人有权向农村审计机构举报，农村审计机构接到举报，应当依法及时处理"。《黑龙江省农村集体经济审计条例》则要求，农村集体经济审计应当与村务公开、财务公开、民主管理和民主监督相结合，建立监督举报制度。对农民检举、揭发的重要问题，农村审计机构应及时立案，进行专案审计，并将审计结果向有关人员和群众公布。

3. 审计对象范围

关于审计对象范围，一般规定为村、组集体经济组织。各省份在农业农村部规定的基础上，对审计对象范围进行拓展和细化。山东、山西、浙江等省将审计范围扩大到所属单位。湖北、辽宁则将所属单位具体化为两类。黑龙江、内蒙古将农村集体经济审计的范围明确为四类。吉林还将经济联合体、合作社、协会等纳入审计范围。北京对合作社审计进行了区分。表 5－7 比较了各地关于农村审计对象范围的相关规定。

表 5－7　　　　　　　　各地农村审计对象范围比较

区域	审计对象范围
农业农村部	农村集体经济组织审计机构审计监督的范围为村、组集体经济组织
山东、山西、浙江	审计监督的范围包括村集体经济组织及其所属单位
湖北、辽宁	审计范围具体化为两类：一是收取、管理、使用乡统筹费、村提留款及其他费用的单位；二是合作基金会等社区内的资金互助组织

续表

区域	审计对象范围
黑龙江、内蒙古	审计范围明确为四类：（1）村集体经济组织和企业事业单位；（2）农村合作基金会；（3）使用和管理乡统筹费及其他村集体经济组织资金的单位；（4）使用农村义务工和劳动积累工以及以资代劳资金的单位
吉林	审计范围包括代行农村集体经济组织职能的村民委员会、居民委员会（社区）、村民小组、两个以上农村集体经济组织共同开办的经济联合体和以农村集体资产全资经营或者控股经营的合作社、协会等经济组织
北京	对审计范围进行了区分，合作社审计机构对本合作社及其所属企业事业单位和合作社占控股地位的农村股份合作企业进行审计。乡镇合作经济联合社审计机构可以对村经济合作社及其所属企业事业单位进行审计

资料来源：作者根据表5-2所列的法规制度整理得出。

4. 审计人员

关于农村审计人员，农业农村部和各地法规都做了规定，其中湖北在规定中进一步明确了农村审计人员的编制问题，提高审计的独立性，而广东、吉林、辽宁、宁夏、新疆、湖南、甘肃、浙江等地对审计人员的回避情况做了比较明确的规定。表5-8列示了各地法规关于农村审计人员任职要求和回避情况的规定。

表5-8　　　　　　　　各地农村审计人员相关规定比较

区域	任职规定	回避规定
农业农村部	凡建立农村集体经济组织审计机构的，都应配备相应的审计人员，审计人员应当经过考核，发给审计证，凭证开展审计工作	
湖北	农村审计机构应配备与审计任务相适应的专、兼职审计人员，其编制从农村经济经营管理部门的现有编制中调剂解决，编制确有困难的，经批准后，可根据需要适当聘请农村审计人员	

区域	任职规定	回避规定
广东、吉林、辽宁、宁夏、新疆、湖南		办理审计事项的农村审计人员与被审计单位或审计事项有利害关系的,应当回避
甘肃		(1) 与被审计单位负责人和有关主管人员之间有夫妻关系、直系血亲关系、三代以内旁系血亲以及姻亲关系的; (2) 与被审计单位或者审计事项有经济利益关系的; (3) 曾在被审计单位担任领导职务,脱离被审计单位不满两年的; (4) 负责被审计单位会计代理业务的; (5) 与被审计单位或者审计事项有其他利害关系,可能影响审计公正的
浙江		农村审计人员办理审计事项,遇到与被审计单位负责人和有关主管人员近亲关系、与被审计单位或者审计事项有经济利益或其他利害关系的,应当自行回避,被审计单位也有权申请审计人员回避
湖南		每一个审计项目计划,应当由两名以上审计人员组成审计组。审计组应当吸收两名村务监督委员会成员参加。审计人员与被审计单位或者审计事项有利害关系的,应当回避

资料来源:作者根据表5-2所列的法规制度整理得出。

5. 审计内容

《农村集体经济组织审计规定》规定了11个方面的审计监督内容。各地在此基础上,对审计内容进行了细化和延伸。广东、河北、湖北、湖南、吉林、辽宁、内蒙古、宁夏、新疆和浙江等地将国家投入集体经济组织的资产和社会捐赠的款项、物资的管理和使用情况作为农村集体经济组织审计监督的内容。河北、新疆明确了关联企业往来的审计要求。河北、湖北、湖南、吉林、新疆、浙江等地将农村基本建设项目的预算和决算纳入审计范围。河北、湖北、浙江等省规定审计监督的内容包括债权债务、借入资金的管理和使用情况，黑龙江规定农村集体经济审计内容应包括农村合作基金会的融资活动、村集体经济组织拆借资金情况。湖北、黑龙江、北京、吉林等地对经济责任审计的规定进行细化。湖北、内蒙古、山东、山西、黑龙江等地明确了涉及农民负担事项的审计要求。吉林明确了民主议事程序履行情况的审计。湖北要求农村审计机构对农村集体资产的评估进行审计监督。表5-9比较了各地法规在农村审计内容方面的相关规定。

表5-9　　　　　　　　　　各地农村审计内容相关规定比较

类别	区域	具体内容
基本内容	农业农村部	(1) 资金、财产的验证和使用管理情况； (2) 财务收支和有关的经济活动及其经济效益； (3) 财务管理制度的制定和执行情况； (4) 承包合同的签订和履行情况； (5) 收益（利润）分配情况； (6) 承包费等集体专项资金的预算、提取和使用情况； (7) 村集体公益事业建设筹资筹劳情况； (8) 村集体经济组织负责人任期目标和离任经济责任； (9) 侵占集体财产等损害农村集体经济组织利益的行为； (10) 乡经营管理站代管的集体资金管理情况； (11) 当地人民政府、国家审计机关和上级业务主管部门等委托的其他审计事项
政府部门拨付资金、物资和接受捐赠	广东、河北、湖北、湖南、吉林、辽宁、内蒙古、宁夏、新疆、浙江	政府部门拨付资金、物资和接受捐赠等情况，广东、河北、湖北、湖南、吉林、辽宁、内蒙古、宁夏、新疆和浙江等省区都将国家投入集体经济组织的资产和社会捐赠的款项、物资的管理和使用情况作为农村集体经济组织审计监督的内容
关联企业往来	河北	农村集体经济组织所属单位及占有、使用农村集体经济组织资产单位的资产、负债、损益等情况
	新疆	其他部门、单位或者个人占有、使用农村集体经济组织资产、资金、资源的情况

续表

类别	区域	具体内容
建设项目	河北、湖北、湖南、吉林、新疆、浙江	明确了农村基本建设项目的预算和决算纳入审计范围
债权债务	河北、湖北、浙江	审计监督的内容包括债权债务、借入资金的管理和使用情况
	黑龙江	农村集体经济审计内容应包括农村合作基金会的融资活动、村集体经济组织拆借资金情况
经济责任审计	湖北	将企业负责人任期目标和离任的经济责任纳入审计范围
	黑龙江	延伸到村集体经济组织及所属的村办企业和文教卫生等事业单位负责人的离职经济责任
	北京	进一步细化到合作社、集体企业、合作社和集体企业厂长、经理任期内的经济责任审计
	吉林	从实施主体和对象角度进行细化，对村民委员会成员进行任期和离任经济责任审计由县级农村审计机构组织实施，对非村民委员会成员的农村集体经济组织负责人、行使农村集体经济组织及村民委员会财务审批权的人员，农村审计机构可以进行任期和离任经济责任审计
农民负担的事项	湖北、内蒙古、山东、山西、黑龙江	将向农民和农村集体经济组织收取的费用、罚没款、集资的管理和使用，义务工和积累工的提取、使用情况纳入审计监督范围
	吉林	（1）违法违规向农民、农村集体经济组织以及合作社、家庭农场等新型经营主体收取行政事业性收费、农业生产性费用、集资、罚款的； （2）应由政府承担的农村公共基础设施、公共服务费用和所需劳务，转嫁给农民或者农村集体经济组织的； （3）经营性服务中强行收费、搭车收费以及摊派项目配套资金、人员经费、捐助赞助的； （4）落实补贴、补助、补偿等惠农政策过程中要求缴纳有关费用或者索取好处费的； （5）截留、挪用或者代扣代缴有关费用、配售商品的； （6）增加农民负担的其他情形
民主议事程序	吉林	农村审计机构对农村集体经济活动中民主议事程序的履行情况进行审计监督
资产评估	湖北	农村审计机构对农村集体资产的评估进行审计监督

资料来源：作者根据表5－2所列的法规制度整理得出。

6. 审计频率

关于审计频率，《农村集体经济组织审计规定》要求按月或按季对财务收支进行经常、全面的审计监督。黑龙江、山西两省要求农经管理机构根据农业行政主管部门的安排、集体经济组织的意见或群众的要求，组织审计人员进行定期或不定期审计。

7. 审计实施要求

（1）审计计划。审计计划是对审计工作的规划，《农村集体经济组织审计规定》和各地的条例、办法均要求编制审计计划，但在具体的编制单位上有点差异，归纳起来大概有以下几种：一是审计计划由农村集体经济组织审计机构来编制，如农业农村部、甘肃、湖北、吉林、内蒙古和宁夏；二是审计计划由农业行政主管部门制订，如《湖南省农村集体经济组织审计办法》和《浙江省农村集体经济审计办法》；三是由农村经济经营管理部门编制审计计划，这些省份包括河北、黑龙江、辽宁、山东、山西和新疆；四是由农村经济管理部门和乡镇人民政府编制审计计划，如《广东省农村集体经济审计条例》规定农村经济管理部门和乡镇人民政府编制年度审计工作计划；五是由审计机构编制审计计划，如《北京市农村集体经济审计条例》，这里的审计机构包括合作社、其他农村合作经济组织、集体企业和事业单位等农村集体经济组织设立的审计机构。对于审计计划的审批要求，除《辽宁省农村集体经济审计办法》规定，"审计工作年度计划报送上一级审计机构备案"外，其他管理办法都没有提及。

对于审计方案的编制要求，《农村集体经济组织审计规定》和8个省份的条例、办法中涉及。《农村集体经济组织审计规定》《内蒙古自治区农村牧区集体经济组织审计条例》要求审计机构结合本地实际确定审计工作的重点，编制审计计划和工作方案。河北、黑龙江、山东等省要求农村经营管理机构应当按年度审计计划编制审计方案。湖南、宁夏和浙江要求审计组根据审计项目计划制定工作方案。《甘肃省农村集体经济审计办法》则规定，农村审计机构进行审计时，应提出审计方案，经农村审计机构负责人批准后实施。

（2）审计方式。关于农村审计实施方式，通常为通知审计方式。《农村集体经济组织审计规定》明确要求，审计事项确定后应通知被审计单位。各省在此基础上，进一步明确了审计通知书送达被审计单位的时间，如北京、甘肃、广东、河北、黑龙江、湖南、吉林、辽宁、内蒙古、宁夏、山东、新疆、浙江等要求在实施审计 3 日前向被审计单位送达审计通知书。甘肃、内蒙古、山西、新疆和吉林等省份同时要求被审计单位收到审计通知书后，应做好接受审计的准备，并提供必要的工作条件。遇有特殊情况的，吉林明确经审计机构负责人批准后，审计组可以直接持审计通知书实施审计。对于特殊情况的确定，《河北省农村集体经济审计规定》第十四条规定，"农村经营管理机构认为事前向涉嫌存在严重违法、违规行为的被审计单位送达审计通知书，可能妨碍审计正常进行的，经本级农村主管部门或者乡镇政府主要负责人批准，审计组可以直接持审计通知书实施审计"。

（3）取证要求。《农村集体经济组织审计规定》要求农村审计人员根据审计项目的具体情况，检查文件资料、凭证账表、现金和实物，向有关单位和人员调查，并取得由提供者签名或盖章的书面证明材料。北京、湖北、湖南、吉林、辽宁、黑龙江、内蒙古、宁夏、山西、新疆和浙江等地都有类似的规定。对于不能取得提供者签名或盖章的，《甘肃省农村集体经济审计办法》要求审计人员应当注明原因。在调查取证时，宁夏、吉林、浙江、辽宁等省要求应当有两名以上审计人员在场。北京、甘肃、广东、湖南等要求审计人员在进行调查时，应当向有关单位和个人出示有关证明文件。湖南、内蒙古、新疆、吉林、辽宁将有关证明文件具体为审计证件（或行政执法证）和审计通知书副本，未出示农村审计证的，被审计单位有权拒绝。

《农村集体经济组织审计规定》《新疆维吾尔自治区农村集体经济审计条例》要求审计人员主动听取农民群众和民主理财组织的意见。《北京市农村集体经济审计条例》则要求听取社员或者职工的意见。《山西省农村集体经济审计暂行条例》要求听取村民委员会、村民小组、村民代表或集体经济组织成员及有关方面的意见。对于取证过程中了解的秘密事项，《浙江省农村集体经济审计办法》规定，农村审计人员应当对审计工作中知悉的秘密事项保密。

8. 审计结果

在审计结果公告方面，《农村集体经济组织审计规定》要求审计机构将审计报告、审计结论和审计决定通知被审计单位和有关单位执行，并向农民群众公布。河北、湖北、吉林、内蒙古、宁夏、山西、新疆和浙江等省份也都做了明确的规定。

在审计结果处理方面，各地规定归纳起来有三种情况：一是甘肃、广东和浙江等地规定由政府或主管部门进行处理；二是宁夏、湖北、吉林等地规定由农村审计机构进行处理；三是处罚权在政府或者农业行政主管部门，但可以授权农村审计机构实施，如辽宁。各地审计结果处理的相关规定如表5-10所示。

表5-10　　　　　　　　　　各地审计结果处理的比较

处罚主体	区域	处罚规定
政府或主管部门	甘肃	对应当由县市区农业行政主管部门、乡镇人民政府或有关主管部门或组织处理、处罚的，农村审计机构向其提出处理、处罚的审计建议
	广东	对违反规定的财务收支行为，情节轻微的，应当予以指明并责令自行纠正；对应依法给予处理、处罚的，应当在法定职权范围内作出处理、处罚的审计决定；对应由村、乡（镇）集体经济组织、村民会议或村民代表会议、乡（镇）人民代表大会处理的，应当作出审计建议书，向村、乡（镇）集体经济组织、村民会议或村民代表会议、乡（镇）人民代表大会提出处理意见
	浙江	（1）对没有违反国家规定的财务收支行为，应当对审计事项作出评价，出具审计意见书； （2）对有违反国家规定的财务收支行为，情节轻微的，应当予以指明并责令其自行纠正，对审计事项做出评价，并出具审计意见书； （3）对违反国家规定的财务收支行为，需要依法给予处理、处罚的，除应当对审计事项做出评价，出具审计意见书外，还应当依照法定权限作出处理或处罚决定； （4）对违反国家规定的财务收支行为，应当由有关主管机关或者集体经济组织处理的，应当制作审计建议书，向有关主管机关或者集体经济组织提出处理意见
农村审计机构	宁夏	被审计单位的有关责任人拒绝提供或隐匿篡改有关资料、干扰审计人员依法行使审计职权、弄虚作假、拒不执行审计意见的，农村审计机构应当责令其改正，并给予通报批评；拒不改正的，视情节轻重，由县级农村审计机构对有关责任人处以100元以上1000元以下的罚款

续表

处罚主体	区域	处罚规定
农村审计机构	湖北	存在拒绝提供资料、阻挠审计、弄虚作假、拒不执行审计决定和打击报复农村审计人员等行为的，由农村审计机构给予警告、通报批评，责令限期改正；情节严重的，对单位处以3000元以下的罚款，对直接责任人员处以一个月至二个月基本工资（或相当于一至二个月基本工资的劳动报酬）的罚款。对违反国家和省的有关规定，非法向农民或集体经济组织收费、集资、罚款、摊派、收取基金、超限额分摊劳务，强制收取以资代劳款的，不按规定用途使用村提留款和非法为有关部门代收或代扣款项的，农村审计机构应当给予警告、通报批评，责令限期改正，将非法所得如数退还农民或集体经济组织；逾期不执行或未完全执行的，对责任单位给予非法收取的金额和财物变价款50%以内的罚款，对单位主要负责人和直接责任人处以100元至500元的罚款
	吉林	对被审计单位和个人违反国家和省有关规定的财务收支行为，农村审计机构对直接负责的主管人员和其他直接责任人员，可以处两万元以下罚款；被审计单位和个人违反本条例规定，拒绝、拖延报送或者提供与审计事项有关的资料，或者提供的资料不真实、不完整，或者拒绝、阻碍审计人员依法审计的，由农村审计机构责令改正；拒不改正的，对直接负责的主管人员和其他直接责任人员，可以处两万元以下罚款。对未依法设置或者私设会计账簿等违反会计法规有关规定的行为，农村审计机构应当责令其限期改正，对直接负责的主管人员和其他直接责任人员，可以处两千元以上两万元以下罚款。同时还规定了由有关部门对被审计单位或有关责任人员进行处理的，有关部门应当在三个月内将处理结果反馈农村审计机构。对被审计单位和个人不执行审计处理决定的，农村审计机构应当责令限期执行，逾期仍不执行的，农村审计机构可以申请人民法院强制执行
政府或者农业行政主管部门（授权农村审计机构）	辽宁	违反农民合作基金会有关规定，存在无偿占用农民合作基金会资金、非法干预资金投放或者强令担保、违反规定的审批程序投放资金、不按照章程规定或者协议约定给农民分红等情形，由乡人民政府或者农业行政主管部门责令改正，造成经济损失的，予以赔偿，对责任人员给予警告，情节严重的，处以500元至1000元的罚款，对国家公职人员，建议其所在单位或者监察机关给予行政处分。对侵犯集体和农民利益，存在挪用、侵占公款公物、截留或者挪用捐赠、拨付给农村集体经济组织的资金、物资、挥霍浪费农村集体经济组织或者农民资金等情形，由乡人民政府或者农业行政主管部门责令改正，对责任人员给予警告，情节严重的，处以被侵害资产总额10%至20%的罚款。农业行政主管部门可以委托审计机构实施处罚

资料来源：作者根据表5-2所列的法规制度整理得出。

在审计报告或审计决定备案方面，北京、甘肃、辽宁、黑龙江、吉林、山西、新疆等省份做出了明确规定，但在具体要求上又有所差异。北京和甘肃要求报上级农村审计机构备案，辽宁省要求报上一级农业行政主管部门备案，黑龙江、吉林要求同时报送本级人民政府和上一级农村审计机构，山东则要求报送同级人民政府和上级主管部门。《新疆维吾尔自治区农村集体经济审计条例》对重大审计事项的审计结论和报送要求是上一级农村经济经营管理机构、本级农业行政主管部门和审计机关。《山西省农村集体经济审计暂行条例》规定，除报送同级人民政府和县级农业行政主管部门外，还需抄送县级国家审计机关。

在审计结果运用方面，《湖南省农村集体经济组织审计办法》要求有关人民政府及其部门重视对审计结果的运用，把审计结果作为评价农村集体经济组织及其领导班子、领导成员的重要依据。《吉林省农村审计条例》要求农村审计机构把审计过程中发现的有关单位和个人涉嫌职务违法和职务犯罪行为，及时向监察机关移送有关线索和材料，并配合监察机关的工作。

9. 审计整改

在各省份的法规中，仅湖南、浙江两省涉及审计整改的规定。《湖南省农村集体经济组织审计办法》第十九条规定，"被审计单位和个人应当执行审计决定，及时公布审计整改情况"。《浙江省农村集体经济审计办法》规定，农业行政主管部门可将审计结果向被审计单位或者集体经济组织成员公布，并督促被审计单位根据审计结果进行整改。

10. 审计档案管理

《农村集体经济组织审计规定》和各省份的条例办法都对审计档案管理做出要求。农业农村部的基本要求是，农村审计机构对办理的审计事项必须建立审计档案，加强档案管理。《湖南省农村集体经济组织审计办法》规定，农业行政主管部门办理审计事项应当使用统一的审计文书，及时整理卷宗，建立完整的审计档案。甘肃、河北和黑龙江进一步明确审计文书的格式由省级部门统一制定。《吉林省农村审计条例》第三十三条规定，审计档案应包括审计结论和处理决定、审计报告、审计通知书、审议意见、审计证明材料等内容，审计档案应长期保存。

11. 审计经费

对于农村审计过程中发生的相关费用，《山西省农村集体经济审计暂行条例》规定，农村审计所需的工本费和审计人员中非国家工作人员的误工补贴，由被审计单位支付。《浙江省农村集体经济审计办法》规定，集体经济组织审计工作经费列入同级人民政府的财政预算。湖南、山东两省规定，农村审计不得向被审计的单位和个人收取任何费用。广东、湖北、吉林、内蒙古、新疆等省份要求各级人民政府应当加强对农村集体经济组织审计工作的领导，并提供必要的人员和经费保障，对其所需的业务经费，由本级人民政府统筹解决。《新疆维吾尔自治区农村集体经济审计条例》规定，县级以上财政主管部门应当对农村集体经济审计人员给予适当补助。

（三）农村审计法规评述

然而从目前我国各个省份的农村集体经济审计条例中我们可以发现，就目前而言，各个省份的农村集体经济审计工作主要是在政府主导下进行的，极个别地区允许社会中介机构辅助参与到农村集体经济审计中来。虽然东、西部地区经济发展水平和教育水平差异较大，但是东、西部地区各个省份的农村集体经济审计条例总体差异不大，全国性的农村集体经济审计是《农村集体经济组织审计规定》，距今已经十几年，法律规定的落后已经很难跟上时代的步伐，随着人民群众参政意识和自我管理意识的不断增强，传统的主要依靠政府主导下的农村经济审计模式已经越来越不能满足市场经济的快速发展，积极探索新型的审计模式、因地制宜地实行多元化的审计模式迫在眉睫。

第二节 我国农村审计监督模式现状

一、我国农村审计监督典型实践

村居矛盾纠纷往往都是处置不透明或分配不均等经济问题造成的。这些矛盾和问题的产生，主要与村级财务工作不够透明、村务财务不够公开、财务管理不够规范有关。为此，党中央、国务院在多个文件中要求加强村级财务审计工作，对土地补偿分配和使用情况、集体财产管理使用情况、村级债权债务情况、村集体财务收支情况、生产经营和建设项目的发包和管理情况以及农民群众反映集中、强烈要求审计的其他内容列入审计范围，及时审计并将结果公之于众。现行的村级审计是根据农业农村部的《农村集体经济组织审计规定》设置的，主要做法是在乡镇经管站下设置审计部门或审计岗位，并由它们承担农村审计业务。近十年来,村级财务管理模式发生了变化,不少地方实行了村账乡代管或会计委托代理服务,会计主体与记账审核人员的分离,使得审计监督的对象发生了变化,农村审计的对象由原来单一的集体经济组织变为集体经济组织和乡镇会计委托代理服务中心两个对象(陈帮林,2012)。近年来,为适应农村社会经济发展需要,满足国家对村级审计工作的要求,各地积极探索农村审计模式,如山东淄川区"政府直审"模式、浙江的"联合审计"模式等,这些审计实践在推动村庄有效治理,推动基层民主等方面取得了较好的成效(李歆,2013)。

（一）山东淄川区"政府直审"模式

山东省淄川区是个文化名胜的旅游景区和商品集散地及贸易中心,其在"加快农业结构调整,大力发展特色农业,加快产业化进程"的工作思路指引下,原本农业薄弱的农村产地利用率提高、农产品产量上升,是农村经济发展的典型实践案例。在农村审计探索方面,淄川区针对农村审计存在的独立性不强、审计结果无法得到群众认可、审计缺乏公信力等问题,决定撤销乡镇审计所,在区审计局下设四个农村审计分局,区政府授权审计分局拥有审计机关的职责和权限。审计分局的工作经费由区财政全额保证,其人财物由区审计局统一领导。村居审计的重点、内容和整改要求在《淄川区村级审计暂行办法》中有明确规定。审计分局对村级经济体和村居干部负责人行使审计监督权,参照领导干部经济责任审计的模式和相关原则对其进行经济责任审计。在村居负责人经济责任审计中,实行纪检机构与审计机构合署办公的工作机制,增强审计的权威性,实现审计工作与村居基层廉政建设的有机结合。积极为各个分局吸收专业人员,并集中培训,全面推行"区属直管、分片负责、定期轮审"的监管机制(淄川区政府调研室,2012),做到对"事"对"人"的积极监督,变"重点"为"全面"审计监督。同时,2014年山东淄川区还积极推行村级"权力清单"、让村权"晒太阳"的迅疾权力运行政策,进一步强化"政府直审"工作的全面落实(李永波、李玉新,2015)。山东淄川区的审计改革创新,有效解决了审计难进村、村干部不能查的问题(刘建茂,2014)。

（二）浙江省江山市、甘肃省甘州区等的"三年一轮审"模式

浙江省江山市自2009年全面贯彻落实"三农"工作以来,至2013年其新农村建设成效相对突出,连续五年被冠以浙江省"优秀县（市）"称号。

取得这些成果，江山市农村集体经济审计实践功不可没。江山市农村集体经济审计的主要做法是，在市一级成立农村集体经济监管组织，由市领导任组长及副组长，领导小组下设办公室，办公室设在市审计局，年度财务审计计划由市政府办公室直接下达。对于农村集体经济审计工作，市政府办公室还要求乡镇、村级及时将自审名单和结果上报江山市农业局。最重要的是，江山市全力开展"三年一轮审"工作，全面、合理细分审计工作任务和分配审计人员，做到"横侧到边、纵侧到底"的全面覆盖，对审计中发现的问题、建议，逐个对照检查，限期采取措施认真加以整改（杨敏，2014），充分发挥审计监督和评价职能（刘小英，2010）。整个流程严格确认、审核和上报，对未整改或整改不到位的各个乡镇村级实行扣分制。同时，在2014年浙江省江山市以减负为导向全面重构基层社会治理组织结构，为其"三年一轮审"的农村集体经济审计提供了更优质的审计环境（卢福营、戴冰洁，2015）。并且通过"三年一轮审"的农村经济审计规范了农村集体经济资金的管理，促进农村大集体更加科学、合理地使用划拨的经费，使有限的村级公共资金发挥更大的效益，同时也促进村级集体更好地执行国家的财政法规，提升村级财政与审计的专业水平。

（三）山东省淄博市的"村居巡回审计庭"模式

淄博市的主要做法是，整合审计机关、乡镇农经内部审计和社会审计机构力量，以乡镇农经站内部审计为基础，依托审计机关和社会审计机构的力量，以村居巡回审计庭方式实现村干部直审，对村居财务、专项资金、建设项目和村居负责人履行经济责任的情况进行审计。村居巡回审计庭通过借助法庭庭审的模式和程序公开。通过法庭庭审，审计人员向有关人员展示审计过程、审计证据和审计结论，相关方可以对审计证据提出质疑，村民也可以参与庭审过程。通过这种方式，不仅提高了审计证据的真实性和可靠性，同时也增进了村民对审计结论产生过程的了解，增强了审计报告的公信力。另外，村居巡回审计庭与纪检、监察、信访等部门建立协同工作机制，协调解决村居经济矛盾，提高了村居社会矛盾的解决效率（苏欣，2018）。

（四）宁波余姚"独立机构审计"模式

宁波是我国经济发展的先行者之一，新农村建设也取得了较大成绩，村级审计工作的开展也名列前茅。作为旅游之地、特色之乡的宁波余姚市在农村集体经济审计工作上实行的是政府与审计机关双重领导下的"独立机构审计"模式。其基本做法是,在市级层面设农村集体经济审计中心,隶属市审计局。乡镇设立审计分所,同时对市审计局和乡镇政府负责,审计分所的工作经费纳入财政预算。审计人员主要来源于乡镇政府任命、市审计局派出或对外公开招聘。乡镇政府或上级政府、劳动保障或教育等职能部门、村民代表大会、村民理财小组均可作为审计委托人。经县级审计机关批准后审计结果报送乡镇政府,并向被审计单位下发,向农民群众通报。同时,余姚市积极推行"建章立制、民主理财监督、会计管理监督、网络信息系统监管"的"四管齐下"的村级管理模式,为其"独立机构审计"模式的全年运行奠定了坚实基础。其运行机制如图 5-1 所示。

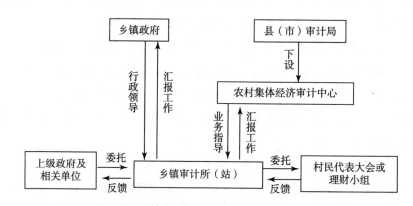

图 5-1 双重领导下的"独立机构审计"模式

资料来源:李歆. 村级审计模式创新比较与启示 [J]. 财会月刊, 2013 (4):99-100.

（五）浙江宁波的"联合审计"模式

在宁波整体经济发展的带领和鼓动下,旅游胜地象山县和富含各种自然资源的鄞州区也是发展得井井有条,两者在农村审计工作中均采用"联合审计"这一模式。象山县的主要做法是,由各乡镇党政领导牵头,抽调财政、纪检、农村基层、信访、公安等单位人员组成审计小组,在县审计局的指导下联合开展审计工作,通过多部门的协同审计,全面提升审计效率和效果。同时,区级农业经管部门也会开展信访审计和接受集体经济组织委托审计（姜丽鸥,2010）。宁波鄞州区则是与内审协会协作的"联合审计"模式,其主要做法是,各乡镇、街道建立由农经、财政、纪委、人大和城建等部门组成的审计领导小组,审计领导小组设在政府办公室。审计领导小组与内审协会共同设立审计办公室或设立了独立的审计所。农村审计接受区审计局和内审协会的领导（李成艾，2011）。

（六）浙江省温州市瓯海区"农村会计协会"模式

浙江省温州市瓯海区是典型的农村区，相比其他区其含有的村级稍多，据统计，截至 2013 年共有 260 多个村部。在这个全省农村基层组织"先锋工程"建设先进区，瓯海区在农村经济不断发展的进程中，农村审计工作是重要的、不可缺失的一环。瓯海区农村集体经济审计的基本做法是，在区一级设立农村会计协会，协会受区民政局和农业局的业务指导和管理，接受村集体经济组织委托或根据当地政府的部署开展审计活动。农村会计协会按社会中介机构标准组建，审计人员由退休农经审计人员和懂得农村财务的人员组成，以审计准则和会计制度为主要依据，审计对象包括村级集体经济组织及其所属单位，审计内容涉及财务收支、资产负债、村级集体经济组织负责人任期离任经济责任，以及提取、管理、使用农民承担费用和劳务情况等。协会经费由会员所缴纳会费、社会捐赠以及向客户收取审计费用三部分组成。由当地政府委托的审计业务，或对集体经济组织负责人进行的离任审计，所需工作经费从财政预算中列支（姜丽鸥，2010）。

（七）浙江武义县后陈村"村监委"模式

浙江武义县后陈村环境优美，干净整洁，先后获得"市示范村""新农村建设示范村""先进村""卫生村""文明村"等荣誉。后陈村在村务监督制度中设计了独立于村"两委"的财务监督组织——财务监督委员会，实行村务管理权与监督权分离的工作模式，村监委成员由村"两委"及其子女、配偶、父母、兄弟姐妹等利益关系人之外的村民担任，以确保其独立性。村监委有多项监督职能，涉及财务方面的职能主要有：依据党的路线、方针、政策及村务管理制度对村级重大事务决策、村级财务、财务与村务公开、"三资"管理、工程建设项目和村干部勤政廉政等事项实施监督。村监委列席村务会议。村监委具有单位内部审计的特征，行使内部审计职能，与村民代会议和村委会形成"三权制衡"的村治机制。

（八）村级组织负责人经济责任审计实践

近年来，陕西省安康市、河北省等地先后开展了村级组织负责人经济责任审计。截至 2018 年 4 月，陕西省安康市共完成了 12 个区县村居负责人的经济责任审计任务，查出侵占集体资金、非法获取财政资金、侵占农户利益等多起违法违纪案件。通过村居负责人的经济责任审计，促进了村务公开，化解了突出信访问题（李丽，2018）。为做好2018年村"两委"换届选举前的离任审计工作，促进村"两委"换届选举工作顺利进行，2017年9月河北省农业厅开展启动全省村干部离任审计工作，截至2018年8月底，全省应进行任期和离任经济责任审计的村为49286个，已完成审计的村为48990个，占应审计村的99.4%，共审计集体资金1076亿元，其中违纪资金为1.02亿元，涉及违纪村为1281个，共处分1027人，移交司法机关50人（赵梓含，2018）。

二、我国农村审计监督典型实践比较分析

（一）政府审计机关审计模式

尽管在具体运作上略有差异，但从审计主体来看，淄川区的"政府直审"模式、江山市的"三年一轮审"模式和宁波余姚的"独立机构审计"模式均由政府审计部门直接对村级组织实施审计，体现的是国家审计职能，审计的主要目标是确保村庄财务信息的真实合法，村庄公共资源的经济性、效益性、效果性，其实质是对受托经济责任的履行情况进行独立监督（梁素萍，2010）。该模式的主要优点主要有：第一，借助国家审计的优势，树立农村审计的权威，增强了农村审计的渗透力、公信力和凝聚力，强化了农村审计的职能，方便农村审计工作的开展；第二，在人、财、物方面均独立于乡镇政府，农村审计明确独立的法律地位更有助于为人、财、物各个方面提供保障，这样可以使审计工作摆脱乡镇政府及其他职能部门的干扰，具有较强的独立性；第三，审计机关可以根据具体审计项目的情况来选拔有胜任能力的审计人员或有经验的财务工作者，审计专业性增强，审计经费的落实也有保障，更有助于提高乡村审计的质量。

该模式的主要不足是：第一，目前缺乏对集体经济进行国家审计的相关法律依据，其结果是国家审计的范围有限，该模式下的审计范围仅限于政府投入的各类涉农支农资金的使用和效益情况以及对村干部的经济责任审计，并不涉及对其他途径得来的村级资金的审计，因此不能及时全面地反映村组织的整体经济的运行情况；第二，该模式下的村级审计属于事后监督，缺乏事前的预防和事中的跟踪审计，整个过程连续性差，且与乡镇政府相脱离，不能实时监督农村经济工作的开展，同时也缺乏与村民代表和广大村民群众

的沟通和交流；第三，审计工作可能过于偏重对经济案件的查处，例如惩治部分村干部的私吞、侵占公共财产的贪污受贿等行为，而缺少对其他问题的审计，忽略了审计制约和促进职能的发挥。

（二）政府独立机构审计模式

从审计主体来看，"联合审计"模式也类似于国家审计部门审计模式。它的差异在于，"联合审计"模式下的审计机构，不仅有国家审计部门，还有纪检、财政、公安、城建、信访、农经站等基层工作单位，多个部门联合协作，共同开展村级审计工作。该模式的主要优点是：第一，联合审计部门不仅具有审计监督权，还有一定的司法权，因此权威性比较高，同时作为独立于村组织之外的外部审计，不受村组织的直接领导，独立性也比较强；第二，通过与纪检、农经、信访、财政、公安、城建等部门协同，审计查出问题得到及时处理，审计工作效率显著提高；第三，"联合审计"由内审协会领导，可以充分调动内部审计的力量，提升内部审计的功能。可以利用内部审计及时、全面、灵活的特点，对村庄经济活动进行实时监督，针对审计发现的问题，从完善村庄内部角度提出建设性建议，实现农村审计由监督职能向支持和服务职能转变。

该模式的不足主要表现在：第一，联合审计部门的成员均来自乡镇政府各部门，在审计结果的处理上很可能受乡镇领导影响，不能做到完全的客观、准确，其独立性会受到一定程度的影响；第二，审计力量薄弱，审计人员的专业素质参差不齐，理论知识的储备跟不上实际操作的步伐，难以对农村开展高质量的审计；第三，与国家审计部门直接审计模式相类似，受有关法规的规范和制约，其审计范围比较有限，难以及时全面地实施审计监督。

（三）中介机构审计模式

温州市瓯海区的"农村会计协会"模式实际上是一种中介审计模式。协会受区农业局及区民政局的业务指导和管理，协会接受村集体经济组织委托或根据当地政府的部署开展审计活动，其可以参照当前的会计师事务所、审计师事务所的组织架构，行使现有的农村审计职权。该模式的主要优点表现在：第一，体现了民间审计的受托性和有偿性，并且具有较高的独立性；第二，审计人员对农村经济业务和相关政策有较深的了解，审计监督对象和内容比较切合农村实际，工作能够更加顺利地开展，工作结果可能更能得到村民支持；第三，审计范围根据委托人的委托确定，不存在法规方面的障碍，可以比较全面及时地实施审计监督。

该模式的不足可能有：第一，审计成本高，部分费用需由村民承担，即审计费用问题得不到充分保障，对于经济不发达的西部地区，审计费用的问题很可能导致这种模式难以普及推广；第二，审计力量薄弱，审计人员很多是由退休农经审计人员和财务人员组成，其专业水平相对较低，缺乏强大的权威性，审计质量难以得到保证；第三，作为村组织的外部人员，中介审计的审计质量很可能受其对审计监督后果的功利性判断的影响，中介很可能给出对其更有利的结论，致使审计深度和结论可能达不到委托的要求。

（四）村组织内部审计模式

武义县后陈村财务监督制度采用"村监委"的模式，财务监督委员会独立于村"两委"，其村务管理权与监督权相分离，成员由全体村民选举产生，实施审计监督职能。从审计类型上看，该模式属于内部审计模式，其主要优点是：第一，"村监委"成员由村民选举产生，具有广泛的代表性和较好的群众基础，"村监委"不受村民代表委员会及经营班子的约束，有一定的独立性；第二，"村监委"与外部审计机构相比，对本村的情况非常了解，可以根据本村实际村级资金的情况，具体情况具体分析，审计监督具有很强的针对性；第三，审计范围广，可以涉及村组财务管理和经济责任的所有方面，例如依据党的路线、方针、政策及村务管理制度对村级重大事务决策、村级财务、财务与村务公开、"三资"管理、工程建设项目和村干部勤政廉政等事项实施监督等，既可事后监督，也可事前、事中监督，相对持续有效；第四，审计结果由村民监督委员会向村民大会报告工作，可以及时与村民沟通意见，与村务管理切实相连和农村民主建设紧密结合；第五，内审协会既能全面掌握各地农村的审计工作信息，又独立于审计和被审计单位，能有效协调和解决双方的矛盾。

该模式的不足可能有：第一，该模式下审计人员由村民选举产生，所以审计工作的实施就要求全体村民有较高的民主意识，而西部经济欠发达的地区，受各地文化水平差异的影响，民主意识不强，再加上部分审计费用需要由村民自行承担，审计成本提高，可能难以普及推广；第二，监督质量受"村监委"成员学识、经验等影响大，而组成成员专业素质与实际经历的参差不齐使得监督难以做到规范统一，权威性可能相对较低；第三，专业性不强，该模式侧重点在村级财务和管理方面，对于涉及土地开发、招商引资、资产处置、收益分配等重大或复杂的经济事项难以实施有效审计。

（五）各模式的总体分析

通过对上述典型创新实践模式的比较和分析，再根据学者们在强化农村公共资金审计方面提出的意见和建议，归纳起来主要有三个方面：一是以国家审计为主导，将乡镇审计纳入国家审计；二是以注册会计师审计作为主导；三是强化农村公共资金的内部审计。表 5 - 11 列示了三种审计模式的优势和缺陷。

表 5 - 11　　　　　　　　　　三种审计模式比较

模式	优势	缺陷
政府审计主导	独立性强，权威性高	缺乏法律依据
注册会计师审计主导	独立性强，客观公正	权威性低，成本高
内部审计主导	全面及时，过程监督	独立性低，权威性低

1. 政府审计主导型

由于村民"自治权"的发育还不成熟，村民缺乏参与村级公共财产治理的有效渠道，应借助国家"行政权"来培育村民的"自治权"（陈玉华，2010）。具体做法是将乡镇审计纳入政府审计范畴，变乡镇内部审计为外部审计监督，以增强审计的独立性和权威性（陆小玲，2007）。但也有学者对这一建议提出异议，他们认为，虽然《中华人民共和国宪法》《中华人民共和国审计法》赋予了国家审计机关在经济制裁、行政处理方面的职权，但是村级组织财务形式属集体经济，《中华人民共和国宪法》和《中华人民共和国审计法》没有赋予国家审计机关对农村集体经济进行审计的职权（白海峰、杨少峰，2010），依然会存在审计难、审计处理难等问题，使得其权威性受到损害。另外，我国《中华人民共和国会计法》、《中华人民共和国行政处罚法》与《中华人民共和国审计法》之间还存在衔接不到位的问题。尽管现行法律明确规定，审计监督属于行政监督的内容，但审计机关在行使审计监督权时仍然受到各级政府及其组成部门的种种阻力（梁素萍，2010）。如果缺乏相关的法律依据，在审计过程中审计机关应该担任什么角色，应该属于什么样的性质，发挥什么样的作用，在工作中应当如何定位，基层审计机关很难把握和操作（赵金楼、李曼静，2009）。由于缺乏法律法规的制约，审计工作的透明度相对较低，行政决策、政绩等影响因素众多，专业性不如注册会计师主导审计。

2. 注册会计师审计主导型

注册会计师执业经验丰富，专业人才齐全，业务水平高，具有独立、客观、公正的行业特征以及承办各类社会审计业务的专业优势，并且审计资源相对比较充裕。在农村审计中，乡镇政府应逐渐淡出，民主理财小组应得到相应的强化，在审计模式上应以注册会计师审计作为主导（赵志明，2006）。但该模式的缺陷也比较明显：一是权威性相对较低，受到各级政府乡镇部门的决策影响，多方面的交叉影响使得审计意见购买的现象可能发生；二是作为一种有偿服务，部分审计费用甚至需要由村民自己承担，成本相对较高，在西部农村地区难以得到广泛应用；三是审计范围有限，并非所有发生在农村且需要审计的经济及财务管理活动都能纳入注册会计师的业务范围（俞校明，2008）；四是以注册会计师审计为主，其主要经验源于企业而非村级，缺乏实地了解村民的实际情况以及缺乏与村民代表的沟通和交流，难以满足除乡镇政府之外其他主体的需求。

3. 内部审计主导型

当前实际工作中被广泛采用的乡镇经管站（或其内设审计部门）对农村集体经济组织进行审计的模式，实质上是一种部门内部审计。该模式仍缺乏高层次的法律依据，审计性质比较模糊，没有解决农村公共资金使用过程中存在的信息不对称问题，审计结果不尽如人意，还不能有效解决违法、违纪问题。同时，以"内部审计"为主导的审计监督模式是独立性最差的，在某种程度上相当于自己付钱请自己人审计自己，很容易受利益性的驱动影响审计结果的准确性。从产权制度来看，农村审计应该定位为内部审计（白海峰、杨少峰，2010），即由村民代表组成审计小组，定期或不定期地对村级公共资金的财务账目和财产物资进行清查，该小组既独立于村"两委"，又独立于财务公开小组。该审计模式审计涉及范围广，及时性高，拓宽了村级内外部的沟通渠道，可实现全过程监督，并且费用可以视情况来合理分配、有一定的灵活度，成本相对低廉。推行该模式的主要障碍在于：第一，缺乏法律依据和政府部门强力支撑，权威性相对较低；第二，内部审计起步晚，缺乏完善的实践借鉴经验，村民意识审计监督意识薄弱，专业性不强，缺乏审计专业队伍；第三，审计制度化和规范化还有所欠缺。

三、我国村级审计实践的启示

（一）高效的农村审计离不开政府的大力支持

上述六种村级审计模式创新典型的成功开展，离不开当地政府的大力支持。政府的支持体现在两个方面，一是推动村级审计的组织机构的建立，完善相关政策，制定一系列规范、文件和制度，对农村经济审计的对象、范围、职责和程序进行详细规定，使农村审计工作逐步走上正常化、规范化和制度化轨道。二是在审计经费方面，农村审计不同于民间审计，不能以营利为目的，政府应保证农村审计的正常运作，其大部分经费应由地方财政预算解决。即便是在委托中介审计的情况下，收费也只是象征性的。同时，在收费标准上，各地政府都进行了明确。只有这样，才能真正加强农村经济监督，促进农村集体经济持续稳定发展，维护农村社会稳定。

（二）审计模式的选择要与当地的社会经济发展水平相适应

我国幅员辽阔，东部沿海地区和中西部地区经济发展水平差异很大，尤其在广大农村地区，经济发展水平更是相差悬殊。在设计村级审计模式时，应考虑农村经济的发展水平和集体经济运行方式。对于经济发展水平较低的地区，应建立以国家审计为主导，兼顾农村特点的新型农村集体经济审计模式，以此提高审计的权威性和独立性，同时减轻农民负担。对于经济发展水平高，企业化、市场化程度比较高的农村地区，可以考虑采用中介机构审计模式，或"内部审计＋中介审计"的模式，这一模式与农村产权改革发展方向相一致。上述六个地区的村级审计实践，体现了经济发展水平差异对审计模式选择的影响。

（三）审计模式的选择要与当地的民主政治和农村治理相结合

村集体财产归全体成员共同所有，村民应是村级财务审计监督的"积极的"责任人。但当前，部分地区的村民"自治权"的发育还不成熟，村民还缺乏相应的权利观念及民主意识，必须借助国家"行政权"来培育村民的"自治权"。作为乡村治理机制重要组成部分的村级审计，在设计运行模式上需要考虑这一因素的影响。后陈村"村监委"模式的出现，正是应该村民主政治和村庄治理的需要而产生。该村村民生活比较殷实，村民文化程度相对较高，社区共同体的意识较为强烈。并且，经过多年市场经济的洗礼，后陈村已拥有一批农村经济能人，他们作为村庄的非治理精英，对治理精英形成了较强的监督与约束，为内部审计职能的发挥奠定了人力、财力基础。

第三节　我国农村审计存在的问题分析

一、我国农村审计存在的主要问题

（一）审计权威性不够

第一，从法律层面来看，农村审计的相关规定多属地方性的规章制度，个别地方甚至没有出台相关的实施细则，导致规章制度操作性不强，对于调查中发现的问题，可能因为缺乏足够的法律法规支持而一拖再拖，最后不了了之（韦艳红、白福，2014；曹晓丽，2014）。第二，从司法层面来看，行政部门制定的规章制度在司法程序中起到的仅仅是参考的作用，执行能力的不足导致了农村审计力度的不足（陈金状，2015）。第三，根据农业农村部和各省份的规定，农村审计工作由县级以上的农村经济管理部门负责，但很多省份的农村经济管理部门隶属于农业主管部门，其规格较低、缺乏权威性、职能不明确（王丽红，2015），农村审计机构在开展审计工作中，受到诸多限制。农业农村部在我国还是处于较为弱势的地位，从事具体农村审计的部门在实际的工作过程中会受到限制。由于执法主体处于弱势地位，在执行审计决定、监督审计整改的过程中遇到的阻力较大（葛红，2014）。第四，农村审计缺乏权威性，审计报告和审计结果报告所发挥的作用仅限于查清事实和发现问题，但发现问题是否得到整改，农村审计组织没有采取强制措施的权限，也没有其他组织对审计查出问题的整改情况进行监督检查（廖少兰、刘加盛、马连福，2015），导致审计走形式的现象时有发生，对一些村级部门出现的问题也很难做到及时有力的处理，对审计权威性造成了不良影响（李红，2015）。

（二）审计范围有限

农村审计范围一般包括农村财务收支统计、村干部任期或离任审计、集体土地征用等专项审计等。从各地区的实际运行来看，第一，审计的覆盖面有限，由于农村审计的对象较多，审计力量相对不足，目前部分地区审计仅覆盖集体经济基础较强、"三资"资源规模较大、区位优势明显（如城中村、近郊村、新农村建设示范村）、社会群众反响较多、有关经济监管部门日常检查中发现问题较多的村（居），对于偏远、经济比较落后的村（居），还没有办法做到全覆盖。第二，审计范围相对狭窄，不少农村地区仅限于财务合规性审计，主要审查专项资金的收款入账是否及时规范，其金额是否正确，是否按照规定使用资金，对村集体"三资"的使用效率、效果和效益的评价以及自然资源资产的开发利用和生态环境保护情况还较少涉及。

（三）审计监督效果差

按内部审计的相关规定，在审计过程中查实的违法、违纪问题，审计人员没有处罚权，只能在审计结束后，向乡镇党委、政府和有关部门提出建议（唐敬国、董纪民，2015）。有关部门处理问题时，可能受到人为因素的干扰和影响，个别乡村干部喜欢大事化小，小事化了，对于审计过程中发现的问题不愿追责（杨财生，2015），或者一些既得利益群体通过各种方式打压审计人员的积极性，导致审计人员在出具审计报告时避重就轻，不敢披露热点、焦点问题，审计结论无实质性内容。相较于经济文化发达的东部沿海地区，中部地区在这方面受到的影响和干扰更为明显。比如云南省洱源县农经站接受委托，审计某村委会。审计发现，村干部存在随意支出资金、贪污占用集体资金等严重问题，审计人员将审计发现的问题向镇政府分管领导汇报，镇政府分管领导以村庄内部事务在村庄内部解决为由，除要求该村干部退回贪污款项外再没有其他的处罚（李永吉，2018）。另外，审计中还发现一些不足立案条件的违法违纪现象，有的问题可能是因为标准不清或依据不足难以界定，此类问题缺乏规范化的处理措施。由此带来的问题是，即使查出违法违纪的问题，对责任人的处理也很难达到对国家公职人员那样的处理效果，向司法机关移交，可能也会因对违法违纪问题界定不清或达不到立案标准而不立案，导致被查出来的违法乱纪问题不能得到及时的解决，有时甚至不了了之。

（四）服务乡村治理还存在差距

一直以来，中央十分重视农村基层的审计监督工作，中共十八大以来出台的多项政策文件中对农村集体资产管理和审计监督提出了明确要求。《关于坚持农业农村优先发展做好"三农"工作的若干意见》要求，加快农村集体资产监督管理平台建设，建立健全集体资产各项管理制度。《关于稳步推进农村集体产权制度改革的意见》要求，在农村集体产权制度改革中要规范财务公开，确保农民知情权、参与权和表达权；要加强农村集体三资监督管理，维护村集体成员的监督管理权；要强化审计监督，做好财务收支审计、村干部经济责任审计；要建立审计发现问题的通报、移交和责任追究查处制度，防止出现侵占集体资产问题。从中央的一系列政策文件要求来看，有效的乡村治理要求农村审计发挥几个方面的作用：一是推动优化村权结构、降低乡村治理风险、提高乡村治理绩效、实现乡村良性发展；二是促进基层民主制度化的建立和实施，助力乡村社会重构行动规则；三是缓解乡村治理存在的信息不对称，确保村民的知情权，为多元主体参与提供真实可靠的信息，助推农村基层民主政治的发展；四是带动乡村社会尊重、遵守和维护法律，推动乡村治理的法制化；五是推动国家重大政策的落实，维护乡村社会经济的健康运行，推动农村可持续发展。但从当前农村审计所发挥的作用来看，很多地方的农村审计定位仅限于监督村级财务的合规性，服务范围还停留在财务真实性这一基础水平上（傅黎瑛，2011），根本不能适应和满足乡村振兴对农村审计监督的要求，农村审计服务于乡村有效治理还存在较大的差距。

二、我国农村审计存在的原因分析

（一）农村审计法律法规不完备

审计工作自身具有极强的政策性和专业性，在实际实践过程中必须以完善的制度为基础逐渐开展，否则的话将会对审计工作的基本质量产生极大的影响作用。审计按实施主体可划分为国家审计、社会审计和内部审计三类。在国家审计方面，宪法规定，审计机关对各级政府及其组成部门的财政收支进行审计监督，对金融机构和企业事业单位的财务收支进行审计监督。这是宪法对国家审计的定位。除宪法外，与审计相关的法律有《中华人民共和国审计法》和《中华人民共和国注册会计师法》。《中华人民共和国审计法》着重规范国家审计，其主要审计对象是政府及其组成部门、金融机构和企事业单位。《中华人民共和国注册会计师法》只涉及民间审计，其主要审计对象是企业。农村审计并不包含在上述两部审计法律中。由于没有形成全国统一的法律，很容易出现监管混乱、标准不一的问题。即便农村集体经济审计部门审查出违法行为，相关部门也可能会认为其不具备法律效应而不予追究，从而使得农村审计组织的权威性不足，在面对集体经济管理混乱的情况时有心无力，始终无法解决监督无力的问题，给予日常审计工作留下了极大的风险隐患（刘新绍，2017）。

目前，各地开展农村审计的主要依据是《农村集体经济组织审计规定》，以及地方出台审计条例或办法，从法规层级上讲它们属于部门规章、地方性法规或地方规章，这些已有法规制度的约束力和执行力均不如国家法律，无法引起相关机构的高度重视，审计程序可能流于形式，实质内容经不起推敲。即使地方性法规或地方规章，各地的发展都还存在不均衡，全国只有 16 个省份颁布了农村集体经济审计条例或办法，其余省份在执行农村审计时仅仅依靠农业农村部颁布的《农村集体经济组织审计规定》，没有结合各自的地方特点来制定详细的审计办法或细则。就具体承担农村审计的县乡一级，很多地方都还没有建立起关于运用审计结果的方式、要求、责任和考核办法等方面的规章制度，在农村审计的实际落实中，缺乏具体实施依据，在其之上开展的多项审计活动都并非长久之计。使得农村审计在复杂的工作环境中被大大打了折扣，审计结果不尽如人意。

（二）审计定位模糊

为了加强对农村集体经济资产的监控，防止集体经济资产的流失，我国大多省份采用了由县级以上地方人民政府农业行政主管部门和乡镇人民政府，负责本辖区内的村集体财务的审计工作。具体审计事项由乡镇以上农村经营管理机构承担的办法。为了提高审计的效率，县级经营管理部门可以将其审计范围内的审计事项授权给乡镇经管站进行审计，对于重大审计事项可直接进行审计。对于部分经济落后或者规模较小的村级组织，由于其财务人员能力的限制，允许实行村账镇代理管理的，则由镇的上一级行政机关市、县（市、区）农村经营管理部门组织内部审计。村成立村务监督小组的，其应当协助对村集体财务进行审计。个别省份为了加强农村审计工作，在县级农经站或乡镇农经站内部挂牌设立农村审计工作站，负责对本地区的农村合作经济组织实行具体的审计工作。同时，为了扩大审计人员的专业化水平，我国在农村集体经济组织进行审计的队伍中也适当地引入了社会审计机构，同时对于有条件的村集体经济组织也可以建立内部审计机构，组织开展审计工作。综合来看，目前我国农村审计有职能部门审计、派驻审计和委托外部审计三种类型，这几种类型在农村审计中都有所应用，但广泛程度不同（李明岩、纪海荣，2015）。职能部门审计模式是指在乡镇政府内部单独设立农村审计机构，与其他职能部门一样，共同接受乡镇政府的领导并对其负责。乡镇财政统一拨付经费，决定人员的任免，并布置工作任务。如长春市在《长春市农村合作经济组织财务管理办法》中规定"县（市）、区、乡镇农经站内部挂牌设立农村审计工作站对农村合作经济实行定期审计"（李歆、王路瑶，2016）。广东、湖北、湖南、福建广泛采用这种审计模式。这种审计模式的优点在于有审计专职人员，且审计人员对被审计对象有深入的了解，审计工作更能够结合实际，有独立的审计经费，审计工作开展可以得到保障。但这种模式审计范围受限，审计独立性不高（王书明，2017）。派驻审计模式是指在县（市）级农业主管部门下设农村审计科或者乡审计办事处，审计人员由县（市）级农业主管部门统一配备，按照县（市）农业主管部门的年度审计计划和临时指示组织实施审计工作。派驻型审计模式下的农村审计是由主管部门委派，与乡镇政府不存在隶属关系，因此拥有更高的审计独立性（陶媛婷，2015）。囿于审计人员的缺乏以及现有审计人员素质的不足，在审计资金充足的部分地区，也有实行委托第三方机构对村级财务进行审计的。如广东虽然在管理条例中规定了农村审计应用职能部门审计模式，但也规定"可以委托第三方审计机构开展审计"；浙江2015年颁布的《浙江省农村集体资产管理条例》中，也明文规定"可以委托有资质的第三方审计机构进行审计"；北京2010年修正的《北京市农村集体经济管理条例》中也规定，"合作社及其所属事业单位可以委托会计（审计）师事务所进行审计"。相似的在地方性法规中明确允许实行这种审计模式的地区还有湖北、石家庄、山西、陕西、昆明等，虽然规定第三方审计的范围并不完全一致，但委托第三方机构进行审计是普遍存在的。

就其属性而言，农村审计不属于国家审计，也不属于社会审计，将其定性为内部审计又解决不了农村财务的外部监督问题，定性为外部审计也解决不了内部监督问题。第一，就其责任方向而言，审计到底是定性为向村民负责还是向上级政府机关负责？村民教育素质相对较低，知识水平不高，维权意识较弱，难以理解审计相关内容和概念，而上级政府机关则更多关注审计结果而非过程（李卫斌等，2010）。第二，在审计工作的具体开展上，有些地区由农村经管站负责，有的经管站还成立了审计科。农村审计工作由农经站负责，但由于农经站从事审计并不够专业，往往在审管结合上难以统一，审计监督职能难以兑现到位。由于机构规格低、任务重、工作协调难、落实难，致使工作职能削弱，农村经济审计工作难度大（孙玲，2016）。有些地区的农村审计则是由上级审计机关负责，有些地区是由县级人民政府委托本级审计机关负责，这使得各地区的农村审计在层次、独立性和审计力度上相差悬殊。第三，现行的审计法规没有规定农村审计职能，在目前广泛实行的农业主管部门负责农村审计下，省、市、县、乡四级农村审计机构通常属于事业单位，它们仅仅是具体业务工作单位，仅有提供公共服务的职能而无行政执法权，这与审计内在的经济监督职能不相匹配。第四，农村审计机构的法律地位不高，农村审计对象是具有自治权的集体经济组织以及其所属单位，负责农村审计的农业农村部门，历来在政府各部门中处于弱势地位，负责对村居进行审计的是农业农村部门下设的经管站（乡、镇经管站），其在执行审计工作时职责权限的运用会受到更多的限制，甚至有的村级组织根本不配合、不予理睬甚至公开抵制。

审计定位不清，与之相关的审计目标、审计职能和审计范围等也就难以明确，与现阶段普遍实行的村级会计代理制度就不能进行有效的平衡和衔接，审计工作的开展随意性较大，有些地区每年审计一次，而有些地区很长时间才审计一次。这种审计工作是根据安排、要求进行的，不是法定的工作制度，从而导致有效的农村审计监督机制难以形成。

（三）审计对象的复杂性

仅仅从各地区的地方性法规统计分析来看，农村审计涉及的对象是纷繁复杂的。以离任经济责任审计为例，在各地的农村集体经济组织审计条例或办法中，离任经济责任审计的范围包括农村集体经济组织或村民委员会，合作社、乡镇、村集体企业事业单位，所属企业事业单位和合作社占控股地位的农村股份合作企业，农村集体经济组织或村民委员会所有的企业、事业单位。而对于离任经济责任审计的对象，不同地区的规定也不尽相同。很多地区只对村委会负责人或村委会成员进行离任审计，如贵州、北京、云南、上海、山西、甘肃等地；有些地区规定，离任经济责任审计的对象包含将离任的合作社主要负责人、集体企业厂长、经理、村集体经济的负责人，比如徐州、广东、湖北、宁夏、陕西、汕头、唐山、天津等；部分地区则规定除了负责人，还要对财务人员进行审计，比如河北、济南、内蒙古嘎查村、青龙满族自治县、武汉以及四川等；除此之外，还有个别地区规定的对象比较广泛，如重庆还要求对行使财务审批职责的人员进行在任和离任经济责任审计，黑龙江要求对财会进行审计，广西、江苏还涉及对农村集体资产的经营管理单位、使用单位的审计。

导致审计对象复杂的很大一部分原因是农村产权的复杂性。目前农村的产权体制中，全村村民将土地及其他集体财产权利委托村民委员会代理，村民委员会再通过契约方式将土地及其他集体财产租赁给每户村民。所得租赁费用作为村集体的收入，租赁费用的使用决策权是由村民委托代理人——村委会实行的，产权所有者却是村民。由于产权关系的复杂性，导致审计客体的界定比较模糊，各地的法规文件也没有给出明确的界定（杨雪桂，2019）。

审计对象的复杂相应产生的另一大问题就是审计范围的不确定。法规中对于被审计范围的规定是，对乡镇、村、组等集体经济组织的财务收支和资产运营进行定期审计，对占用和使用集体资产的其他单位进行专项审计。而对于时间的规定，则是在乡村合作社及其经营单位年社员代表大会提出要求、最终收益分配、主要干部离任或者乡镇政府认为需要时，对财务收支和资产经营管理进行审计。在我国农村财务审计工作中，大部分审计工作仅仅是对村委会的账目进行审查，对相关的数据逐一进行列举（李素红，2017），审计往往停留在事件的表面上。重视对会计报表、账簿、凭证等资料的内容和形式审查，但对于关联科目、关联数据之间的内在关系却没有进行深入分析，没有跟踪审查（孙树莉，2015），往往是因小失大，对真正核心的部门没有涉及，审计浮于表面。对于村干部任期内农村基础设施建设的完工程度、村集体资产增值情况等这些农民热切关注的财务问题并没有完全覆盖（李歆、王路瑶，2016）。以小金库问题为例，小金库问题在农村审计中一般是较为常见的，但是同时也较为隐蔽而很难发现，这就需要审计人员不能放过任何蛛丝马迹的证据、线索。但是审计人员有时缺乏对一些证据、线索足够的敏感性（马秀芳，2016），又缺乏从整体分析问题的能力，没有大局观，审计范围实际上也就无法涵盖到这一层。村集体的财产中，有些是由国家出资建造，交由村集体使用，而后村集体对其进行了修缮或改造等，其经济收入也属于村集体，那么这些具有类似性质的资产到底应不应该划入农村审计的范围之内？各地对此没有统一的规范。

审计范围的问题表现于自然资源审计上更为明显。之前，相对于利用自身资源创造价值，利用自然资源能获取的经济价值十分有限。但随着时代的不断发展，自然资源的稀缺性，随着资源价格的提高，使得建立排他性的成本低于所获得的收益时，必然激励人们明晰自然资源的产权权属（王素梅、羊柳青，2018）。2013年《关于全面深化改革若干重大问题的决定》要求健全自然资源产权制度和用途管制制度，统一确权登记森林、草原、水流、山岭等自然生态空间，形成归属清晰、监管有效的自然资源资产产权制度。根据宪法规定，自然资源归国家所有，即国家是自然资源的唯一合法所有者（王素梅、羊柳青，2018）。那么基于这一前提下，村集体所使用的自然资源其实产权都是属于国家的，从归属于国家的自然资源中获取的利益，是否属于村集体的共同财产，在审计时到底应不应该归属于农村审计的范围之内，至今仍然没有相应的法律依据，无法准确进行界定。

中共十九大把精准脱贫作为全面建成小康社会三大攻坚战之一。按照党中央、国务院的决策部署，中共十八大以来，各级政府、各个部门把脱贫攻坚工作作为头等大事和第一民生工程来抓，不断加大投入力度。在现行扶贫工作管理体制下，扶贫资金来源、用途和管理部门种类繁多，资金来源包括中央和地方财政安排的各种专项扶贫资金，在使用方向上内容相似、方向相近，重复使用、交叉投入情况比较突出（吕劲松、黄崑，2018）。扶贫资金投入到乡村后所形成的存量资金，由于性质不明导致审计主体不明确，给资金监管带来一定的困扰。《农村集体经济组织审计规定》明确规定农村集体经济组织的审计工作由地方农村主管部门或乡镇政府负责，同时《中华人民共和国审计法》明确规定财政资金的审计由审计机关负责。按照这两部法规的规定，审计主体应当是非常清晰和明确的。村集体公共资金中，属于财政下拨部分的审计工作，由国家审计机关负责，属于集体自有资金的审计工作，由农村审计部门负责。但实务中存在的问题是：以专户方式管理的资金，很容易分清楚它的来源渠道和性质，但非专户管理的资金，很难区分其资金性质是属于财政还是集体自有。以云南省大理州洱源县为例，2009～2014年，洱源县农村集体资产总额由5323万元增至33878.64万元，其中货币资金由417万元增至2963.15万元，资产总额增加28000万元，存量货币资金增加2000多万元，资产增加了2亿多元。这其中的货币资金，哪些是集体自有资金，哪些是财政资金。所增长的总资产，是财政资金带来还是集体自有资金带来？由此，审计机关和农经站都很难确定审计范围和审计对象（李永吉，2018）。

（四）审计监督缺乏动力

审计监督缺乏动力主要体现在缺乏以下三个方面上：监督需求的拉动力、信息需求的牵引力和村民参与的推动力（丁晓燕，2012）。缺乏监督需求的拉动力是指外部环境对于村级资金的审计缺乏一定的监督力量，国家缺乏相关的法律法规来约束，缺乏一定的问责制度，包括对违法村干部的法律、绩效、犯罪问责以及对农经人员的审计监督执行责任划分不明确和责任追究制度的不完善。作为外部人员的农经人员，能否以负责任的态度积极开展审计工作，主要取决于他们对审计后果的功利性判断，他们缺乏成为村级财务审计监督"积极的"责任人的动机，经常采取不作为的态度。缺乏信息需求的牵引力是指在审计工作中提供的信息质量跟不上决策部门的脚步，缺乏一套完整的信息系统，使得审计监督与决策之间会有一定的信息不对称，这样审计采集的信息和覆盖的内容就会不全面。缺乏村民参与推动力是指村民缺乏主动参与监督的积极性，再加上自身知识水平的低下，对审计工作指向监督虚无，致使村民的参与度对其"无关紧要"，削弱了他们对审计监督的动力和推力。

（五）审计环境不理想

第一，一些农民不知道审计是何物，对审计不理解、不配合。一些村干部对审计职能的理解存在偏差，总认为审计是"找茬"的，不支持、不配合甚至抵触审计工作。一些村民认为配合审计调查是自找麻烦，不愿意提供信息和审计线索。村干部离任、会计拒不交账，新上任的干部也不查账，不想制造麻烦，给村级财务管理和农村审计造成障碍（曹晓丽，2014）。个别村干部对审计人员怀有敌对情绪，一听到审计人员要介入，往往不愿意配合工作（黎建忠，2017）。

第二，乡镇领导对待村集体经济内审工作还不够重视，具体表现为：在乡镇一级不设农村审计机构，没有专职审计人员，审计职能由农经站代劳。而乡镇经管人员不但要承担本职工作，还要承担乡镇党委、政府安排的其他工作，无法专心致力于农村经济审计工作。

第三，审计工作责任不明确。很多乡镇没有对农村审计在责任、要求、方式等方面进行明确的规定，使得审计工作得不到制度保障，也没有与相关部门建立联动监督机制。村集体组织一旦出现财务收支方面的违法违纪问题，纪检、监察、信访等相关部门无法在第一时间采取措施，一定程度上纵容了违法违纪现象。

第四，"信息孤岛"和"信息冲突"现象严重。我国是从上到下的科层行政管理体制，2018年机构改革前，基层政府、各职能部门、乡村社会组织间存在着职能重复与交叉。从信息传递上看，乡镇各职能部门对接的是中央各部委到省、市、县主管部门，信息的分享边界被阻隔，容易出现"信息孤岛"。同时由于职能交叉和重复，收集的数据不可避免地存在着重复，一方面浪费了人力、物力，另一方面可能带来"信息冲突"（张春华，2017）。"信息孤岛"和"信息冲突"的出现，不仅影响了政策的执行效果，同时也会导致审计成本的上升，审计效率和审计质量的下降，无形中会影响审计的公信力。

第五，取证难。一些地方推行"村账镇管"，周期性地对账目进行打包管理，记账不够及时，记录不够全面，且账目票据不规范，缺乏真实性及时效性。财务管理工作的不规范，档案管理的不健全，对财务管理资料管理不善，出现损坏或丢失，也有相关人员拒绝提供相关资料或人为破坏财务档案等加大取证工作难度，甚至无法取证（张连风，2015）。有的村民认为村集体的钱不是自己的，对于明显违反财经纪律的事项不愿举报。在审计访谈过程中，村民不敢说真话，甚至作伪证（徐捷，2014）。一些审计取证工作需要外部第三方的配合，如收入真实性的判断，仅从村组织所获取的资料很难判断，需要从银行、税务、第三方企业或个人获取交易信息，进行比对。但乡镇农经站仅是乡镇政府的一个下属事业单位，单位层级低，也没有行政执法权，很难通过行政手段获取相关信息，致使审计取证工作困难重重，审计结果可靠性难以保证（杨雪桂，2019）。

（六）审计独立性不强

村级审计一般在乡镇农经站下设审计机构，对镇政府和农经部门负责。在开展审计工作时，抽调会计代理中心人员和农经站审计员组成审计小组。会计代理中心主要负责各村的财务核算工作，由会计代理中心人员来审计各村财务收支，必定出现自我评价现象，导致审计独立性受到威胁。同时，乡村社会是一个人情社会，会计代理中心和农经站的工作人员一般多来自本地，他们可能与各村干部之间有亲戚关系，或者因长期工作关系而成为朋友，由此可能出现因密切关系对审计独立性产生破坏的问题。另外，在更高层级的省级事业单位改革中，农技站、经作站、农机站及农经站等机构合并为农业技术推广中心，其机构职级相对较低，农经站所负责的审计工作职能进一步减弱，农村经济审计工作难度更大，一定程度上导致了审计工作有权无责、有责无权的现象。在独立性、权威性双重缺失的审计背景下，审计工作很容易流于形式而缺乏实质。

（七）审计缺乏规范化

第一，审计程序不十分规范。制订审计计划、编制审计方案、下达审计通知书、进行审前调查等是审计程序的重要组成部分，也是确保审计质量的重要前提。当前部分地区审计人员开展审计活动的时间、流程等没有统一的标准，农村审计工作的程序还缺乏规范化，主要表现在：个别地区没有制定年度审计计划和项目审计方案；前期调查不充分，审前准备不足，不了解审计流程和要求；审计范围仅限于会计凭证、会计账簿，没有深入实地进行调查了解；审计前不下达审计通知书，不征求村民和审计对象的意见而直接将审计报告报送给有关部门；调查取证时不按规定向被调查人出示相关证件，或是一个人单独取证（马秀芳，2016）；审计报告出来后并没有给出相应的结论和评价，对于审计查出的问题既没有督促被审计对象进行整改，也没有进行后续审计；与审计相关的通知书、报告、结论、取证过程、审计记录等档案管理程序不规范，执行不到位，造成很多证据的缺失，审计档案不完整；审计过程、审计发现、审计结果处理、审计发现问题的整改情况等重要信息不公开，或只是选择性公开，透明度不高（杨炳照，2014）。

第二，审计判断标准不够明确。合法性是重要的审计目标。国家的法律、法规及政策是被审计单位应当遵循的标准，也是依法做出审计结论的依据。为了规范农村的经济活动、资产和财务管理，农业农村部先后出台了《关于进一步加强农村集体资金资产资源管理指导的意见》（2009）、《农村集体经济组织财务公开规定》（2011）等法规制度，各省份也出台了《农村集体资产管理条例》《农村集体财务管理办法》等制度、办法。但受各地区经济发展差异的影响，上述法规制度无法对重大事项的决策、村集体资金使用的审批、招待费、村干部误工补贴报酬、交通费、差旅费等开支设置统一的规定和标准，各地区在实际操作过程中可能存在口径、松紧尺度不一等情况。审计判断标准的不明确，审计结论的得出很大程度依赖于审计人员的职业判断，使得对一些问题的责任界定难以一致，可能也会造成不同地区对类似问题定性上的差异，不仅增大了审计风险，而且影响了农村审计的公平性和审计结果的公信力（王玉海，2017）。

（八）审计技术手段落后

审计技术手段落后，目前农村审计仍以事后手工查账为主，采取账务核对、盘点等方法，无法高效、高质地完成审计业务（李红，2015）。以涉农资金为例，一笔农业资金，从中央财政到主管部门，然后再层层拨付到省市县主管部门，然后再到乡政府，最后由乡政府以项目形式落实到村，这中间涉及的部门多、环节多，很容易出现问题，历来是腐败高发点。要发现此类资金在分配管理使用中的问题，必须从源头出发，围绕资金流向，逐级追查，最后延伸到项目实施地。从项目源头的资金总额来看，这类项目资金量大，但从项目的实施地村镇来看，由于资金分配面广，落到每个项目的资金量比较少，并且项目数量众多。这就造成一项资金在一个县市内涉及多个乡镇、村组或农户，而达到重要性水平的项目少，但整体资金又很庞大。审计部门受审计力量和时间的限制，审计人员在审计涉农资金时无法实现全面审计，加上涉农资金审计还停留在查账、调查核实、发现问题等传统审计模式层面，更是无法获取有力的证据，因此相对的局限性限制了农村审计的发展。

随着网络逐步深入人们的生活，电子支付和大数据时代到来，实体凭证手工单据等越来越少，电子凭证逐步在取而代之。对于这些新兴的凭证，如何联系实际进行审计，在审计中还没有相应的应对手段，但电子支付已在生活中慢慢普及了，以目前的发展状况来看，审计方法已有些不足以应对整体信息化发展。信息化已先行一步进行尝试进行了业财融合，在这种尝试过程中，必定会出现一系列账务上的问题。而审计作为一种对财务的监督手段，整体发展却始终慢一步。当前电脑已经普及，熟悉计算机操作已经是审计人员最基本的素质要求，但相当一部分审计人员仅仅了解办公软件等常用软件的操作，还不能很好地掌握审计软件工具，利用计算机进行辅助审计。在应对新出现的问题上有些力量不足，存在局限性造成审计效率整体不高。

传统手工审计是通过对纸质账簿的检查来实现这一职责的，20 世纪 80 年代，以查账为主要手段的审计职业遇到了信息技术的挑战。传统审计面临着"打不开账，进不了门，审不了数"的困境。数据时代的到来，审计人员面对的是海量的结构化数量和非结构化数据，如果不对大数据环境下的审计工作进行研究、学习和培训，农村审计人员将无法胜任审计工作。

（九）审计质量缺乏有效控制

审计质量控制是审计作用发挥和审计公信力的前提，对农村审计机构和审计人员非常重要。但目前我国农村审计质量普遍偏低。一是缺乏统一的质量控制制度，各地乡镇农村审计管理模式差异比较大，因此全国范围内统一的审计质量控制标准很难形成，再加上审计人员素质参差不齐，导致农村审计工作质量整体水平不高；二是在审计对象和范围上，审计人员往往过分注重纸质或电子财务数据，对抽象、难以把握的数据则较少深入研究，再加上时间和精力的局限，审计欠深、欠细，审计调查、延伸审计等手段用得不够，使得审计工作仅仅停留在表面；三是领导重视不够，领导重视是审计质量得以保证的前提，一些地方的乡镇领导对于村庄审计的意识还不是十分到位；四是审计人员对业务的理解深度不够，农村集体经济发展各有特色，部分审计人员对农村工作的特点、集体经济管理模式和运行情况缺乏了解，对于审计程序、审计范围、审计内容等存在偏差；五是审计人员业务水平有限，经管站是村级财务审计外部监督的主要力量，但县乡两级农经管理力量配备不强，农经队伍专职化率不高，不少地方没有设立农村审计机构，没有配备专职审计人员，担任村级财务审计工作的经管人员知识结构、能力结构、专业素质和技能及思想状态普遍不高，也得不到足够的相关培训和持续发展教育，再加上村庄集体资产管理和审计计划管理的不全面和滞后性，致使有限的审计资源没有得到充分利用，审计质量难以得到保证。

（十）审计资源缺乏

农村审计工作专业性强、政策性强，对审计人员提出了较高的要求（李素红，2017），审计人员不仅具备全面的会计、审计、税务知识，还要熟悉相关的制度与法规。当前，农村地区审计人员配备严重不足，专业水平参差不齐，无法适应高强度的农村审计工作的要求（张连风，2015）。具体表现在：第一，审计人员老龄化严重，缺乏后续力量，水平较高的老经管人员逐渐退休，新进的审计人员文化程度高低不齐，专业知识掌握不够，能掌握使用的审计方法十分有限（张艳，2013），农村审计专业队伍力量越来越弱，审计技能普遍较低（李红，2015）。第二，审计人员专业化程度不高，在很多乡镇没有设置完整的、健全的农村审计专职机构，没有配备专职人员，从农村审计人员的结构上看，他们大多是长期从事农村财务会计的人员，实施农村审计全是靠传统的手工查账，审计业务和技能水平严重落后（张艳，2013）。而村级财务工作涉及面广，不仅要求审计人员具备丰富的专业审计知识和财会、法律等相关知识，了解农村发展和改革相关的知识、不同村部的风俗文化等背景和村民及村级干部性格及做事风格等特点，而且还要掌握计算机辅助审计、大数据审计、人工智能审计等现代信息技术。但是，农村经济发展滞后于城市，无法保证审计人员的学习培训花费，导致农村审计人员的综合素质整体比较低。相当一部分审计人员是由经管人员兼职，这些人员审计专业素质不过关，缺少系统解决审计问题的能力，在审计过程中更多是凭经验审计，缺乏科学性和规范性，再加上审计工作任务繁重，很难细致、透彻地处理好审计工作（林新伟，2014）。第三，缺乏对审计人员系统的专业培训，由于继续教育培训不到位，大多数审计人员所掌握的知识仍停留在几年前的状态（柴香珍，2014；杨财生，2015），加之由于乡镇机构的改革，人员更替，造成无人承担、无人重视村级财务审计工作，影响了村级财务审计工作的开展（李小满，2013）。从中西部个别地区来看，农村审计人员已无力承担日益增加的农村财务审计工作任务，审计效果和水平更是难以保证（袁兆胜，2017）。

（十一）审计经费不足

村级财务审计没有专项经费保障（刘春红，2010），除县农业局每年有专项业务经费外，乡镇经管部门都没有专门的审计工作经费，审计人员更没有相应的审计补贴。审计机关的工作经费是由国家财政拨付。《农村集体经济组织审计规定》和各省份的农村审计条例、办法中也都规定，农村经济经营管理机构、农业行政主管部门或者农村审计机构履行审计职责，不得向被审计单位或者集体经济组织收取任何费用，所需经费纳入财政预算管理当中，但真正落实到行动的却少之又少（杨雪桂，2019）。随着新农村建设任务的全面推进，农村审计范围越来越广，审计事项越来越多，而经济违法行为更趋于隐蔽性、智能性。审计经费不足一方面使得审计人员工作积极性不高，审计工作表面化、形式化，导致审计工作中漏洞百出，效率低下，一部分审计人员有怕得罪人的畏难情绪，在实际工作中政策性不强，应付了事。另一方面，农村地区审计人员本来水平有限，再加上没有充足的培训经费，导致参加培训的机会比较少，单靠审计人员个人平时的积累，很难及时了解掌握新知识、新技能。

（十二）审计沟通机制不健全

审计工作的公信力和权威性有赖于审计信息的重要需求方——村民的赋予，从某种意义上说，良好的审计信息沟通机制是农村审计作用发挥的先决条件。当前，一些农村地区在开展审计过程中不注重审计沟通工作，只满足于自身职能运作，对于村民的评价或村民的询问置之不理，缺乏审计公信力建设的主动性。经管站作为镇政府中的职能部门，在农村审计工作方面更多是面向政府和上级主管部门，把政府和上级主管部门或审计机关的认可与支持视为公信力的来源，与村民的关切严重脱节。相当一部分农村审计缺少了从审计前到审计后这一整个过程的从下至上的汇报机制和从上至下的沟通机制（李歆、王路瑶，2016）。信息反馈机制的不完善，严重影响了审计的效率、效果和公信力。问题不能及时反馈给上级领导，不知道向谁反映，审计结束之后也不知道此次审计的目的是什么。有的审计机构不与被审计单位或审计对象沟通审计报告初稿，也不征求群众意见，审计报告编制完毕直接报送领导和有关部门，这就使得原本可以通过及时沟通反馈而得到澄清或解决的问题，由于缺少这一关键流程而暴露出来，损害了审计结果的严肃性和权威性，最终使审计得不到农村群体的重视（王少霞，2017）。

（十三）审计结果问责不到位

责任追究手段欠缺，问责机制的不完善，导致对违规、违纪、违法的查处不到位，难以起到威慑的作用。农村财务审计是一种监督制约机制，在发展相对滞后的中西部地区，很多乡镇没有村级审计规章制度，与组织人事、纪检监察、信访、公安等部门的协同工作机制更是没有，审计结果运用效果较差。根据《农村集体经济组织审计规定》和各地的规定，农业行政主管部门（或农经管理机构、审计机构）应当及时向集体经济组织成员或者被审计单位进行审计结果的公布，对于提出的改进建议，农村审计机构应当在一定时间内检查集体经济组织的整改情况。对于审计结果不服的，被审计单位可以向上一级的审计机构申请复核。由此可以看出，在农村审计过程中所查实的违纪、违法问题，审计人员并没有处罚权，只能向乡镇党委、政府和有关部门提出处理建议（孙树莉，2015）。一般情况下，对于审计过程中发现的村级组织在执行财经纪律、会计制度等方面存在的违法违规行为，乡镇政府根据审计结果，要求乡镇经管站限期对相对账务进行整改，而没有对这些问题采取追责的措施（李明岩、纪海荣，2015）。只有发生了重大问题时，相关部门才开始介入。但可能会因为相关制度的缺乏、标准不清、问题难以界定等原因，不能对相关责任人进行实质性处罚（胡聪等，2014）。这就导致许多问题得不到解决，最终不了了之（刘小宁，2017），这种行为严重地削弱了审计的权威性和严肃性，致使村级财务审计达不到其警示监督的效果（孙树莉，2015）。审计结果应用不到位，每年查出来的问题还是一再重犯，审计也就失去了其意义。

第六章 农村审计创新

农村审计作为乡村治理监督的重要手段，既要遵循审计学科的一般规律，更要针对农村经济监督的实际需求从机制、理念、方法等诸方面进一步创新（苏欣，2018）。农村审计创新包括审计组织模式、审计行为模式、审计内容和审计环境四个维度的创新。审计组织模式是审计工作有效开展的基础，是审计工作效率提高的保障。审计组织模式包括领导体制、组织结构和运行机制等部分。审计行为模式包括审计规范、审计方法和手段、审计程序、审计标准等方面。审计内容包括审计范围、审计对象和具体审计内容三个方面。审计环境包括法律法规、审计监督意识和审计工作环境等。

第一节 农村审计创新的原则

一、坚持党对农村审计工作的全面领导

中国共产党的领导是中国特色社会主义最本质的特征，中国特色社会主义制度的最大优势是中国共产党的领导。坚持党对一切工作的领导是我国根本政治制度的要求。《中国共产党农村工作条例》明确规定，党的农村工作必须坚决维护党中央权威和集中统一领导。根据这一精神要求，创新农村审计工作，必须始终以坚持党对农村审计工作的全面领导作为首要原则，确保党在农村审计工作中始终总揽全局。

二、坚持以人民为中心

农村审计工作的总目标和总任务是服务乡村振兴，推动乡村社会的有效治理。在优化农村审计管理体制和审计运行机制的过程中，必须坚持把农民支持不支持、拥护不拥护作为农村审计创新的依据。审计目标定位、审计范围对象的选择、审计结论的出具等都必须坚持以人民为中心，尊重农民在农村审计活动中的主体地位，切实保障农民的物质利益，维护村民的民主权利。

三、坚持依法开展农村审计工作

全面依法治国是习近平新时代中国特色社会主义思想的重要内容。实施乡村振兴，加强乡村治理，需要用法治思维来引领，在法治的轨道上解决乡村问题。《关于实施乡村振兴战略的意见》明确提出，"坚持法治为本，树立依法治理理念"。在处理乡村治理问题的时候要有法治思维、规则意识，始终坚持党和人民的利益高于一切，坚持法律至上。农村审计作为乡村治理监督体系中的重要组成部分，其管理体制、组织机构、运行机制等的创新必须坚持在党的领导下、在遵守《中华人民共和国宪法》《中华人民共和国村民委员会组织法》《中华人民共和国审计法》等法律基础上进行设计，建立权责统一、权威高效的农村审计模式。必须坚持在法定职责范围内开展审计工作，正确运用相关法律法规，将法治思维贯穿审计全过程，全面推进依法审计。

四、坚持问题导向

在新时代的背景下，农村审计工作的改革创新要坚持问题导向，聚焦农村审计实施中的突出问题。当前农村审计工作还存在诸多问题，如审计定位模糊，管理机制不协调，由乡镇政府和农经部门双重领导下的村级审计，管理规格较低，审计权威性不够，在开展审计工作中受到诸多限制；审计独立性、权威性缺失，审计工作很容易流于形式，审计监督缺乏动力；审计工作缺乏规范化，审计质量得不到有效控制；审计经费不足，审计资源缺乏，审计覆盖面有限，在经济比较落后的村（居），无法村居审计全覆盖；审计范围相对狭窄，不少地区的农村审计仅限于财务收支审计，村干部任期或离任审计、集体土地征用等专项审计尚未开展，对村集体"三资"的使用效率、效果和效益的评价以及自然资源资产的开发利用和生态环境保护情况还很少涉及；审计沟通机制不健全、审计结果问责不到位，审计发现不能得到及时解决，审计监督效果不佳等。农村审计工作的改革创新，必须紧紧围绕解决上述问题来展开。

五、坚持一切从实际出发

我国农村地区千差万别，制度的创新必须科学把握乡村的差异性。《中国共产党农村工作条例》明确要求，农村工作必须坚持一切从实际出发。根据这一要求，农村审计制度的创新，必须要坚持一切从实际出发，坚持实事求是的原则。马克思认为，生产关系是产权的实质内涵。在乡村社会，审计制度创新的重要实际就是农村的产权制度。农村集体产权产权制度的不同安排，对村庄的权力的组织架构、公共权力运行、公共事务管理、公众参与、权力监督等产生重大影响。作为乡村治理重要组成部分的农村审计制度，必须要与当前农村产权现状和改革发展相适应。

第二节　农村审计组织模式创新

一、领导体制和组织架构

领导体制是审计工作的"头脑"，对整个工作的开展能够起到积极领导和有效的指导作用。对农村审计模式进行创新，首先是对占据核心地位的领导体制进行创新。当前各地所积极探索的国家审计、内部审计和社会审计模式都各具优点与缺点。国家审计独立、权威，但在审计监督的职责、权限和方式以及法律依据等方面存在局限性；注册会计师审计专业、独立，但经费来源和权威性存在问题，内部审计可以做到全面、及时，但不够权威和专业，无法满足新时代乡村治理对审计工作的需求。我们认为，应在吸收已有多种模式经验的基础上创新农村审计的领导体制，构建以党委统一领导，吸收国家审计、内部审计和社会审计优点，但又有别于国家审计、内部审计和社会审计的第四种审计模式，改变原有的农业主管部门对农村审计工作的领导，将对农村审计工作管理权划归到党的农村工作领导小组。在中央，由中央农村工作领导小组统一领导农村审计工作，在省、市、县，由地方各级党委农村工作领导小组领导本地区的农村审计工作。为保证相关工作的有效开展，在县一级成立政府全额拨款事业单位——农村审计中心，负责全县农村审计的指导监督工作，农村审计中心对县级党的农村工作领导小组负责并向其报告工作。农村审计中心在各乡镇设置农村审计分中心，作为县级农村审计中心的派出机构，具体负责村庄的审计工作，乡镇农村审计分中心下设若干审计小组，负责具体审计项目。撤销经管站及村民理财小组的审计职责，同时撤销乡镇内独立设置的审计机构，将各自的审计职责划归农村审计分中心，保留经管站的经济管理职能和监督指导村民理财小组进行农村财务管理的职能。县级审计中心在业务上接受县级审计机关的指导和监督，农业主管部门协助。中心主任作为副科（局）级领导进入审计机关领导班子。农村经济审计中心的日常运行经费纳入政府预算，地方政府为审计工作提供必要的人力物力支持，配备专业的审计办公设备，确保审计工作正常开展（贾树霞，2014；唐敬国、董纪民，2015）。农村审计中心要实现村庄审计的全覆盖，每年各村庄村务公开涉及的财务信息须经审计中心审计。农村审计中心应向县农村工作领导小组提交审计结果报告，同时审计小组应向村民公告审计结果，审计报告还应抄送县级审计机关、县级农业主管部门和乡镇政府。审计中发现的问题对涉及违法违纪的案件，农村审计中心应向有关部门移送，并追究相关责任人的责任（陈德霖，2014）。

二、农村审计运行机制设计

完善的运行机制是审计工作协调、有序、高效开展的重要保障。在进行农村审计模式创新的过程中，运行机制的完善主要表现为农村审计中心内部管理和与外部部门的协同配合上。内部管理方面主要涉及农村审计中心的人员组成和管理、审计经费保障等方面。与外部部门的协同配合则表现为农村审计中心与审计机关、司法部门、纪委监委、农业主管部门等外部部门的关系上。

（一）农村审计队伍管理

县农村审计中心审计人员为事业编制，乡镇审计分中心根据工作需要，按照精简、高效的原则配备审计人员。乡镇农村审计分中心下设若干审计小组，负责具体审计项目，审计小组一般由4~6名成员组成，除农村审计中心审计人员外，还应有会计师事务所审计人员和村民代表。会计师事务所通过购买服务方式引入，村民代表由各村庄推荐一些文化程度高、政治素质强、群众信得过的人组成。

农村中心审计人员是农村审计小组的牵头人，是审计工作的具体实施者，审计人员的专业水平和综合素质是审计工作成败的关键，必须着力培养造就一支"懂农业、爱农村、爱农民"的农村审计队伍（潘建文，2016），坚持抓好农村审计人员的选拔、培养、配备、使用，强化思想政治教育和专业培训，从年龄、专业知识和综合能力等方面优化农村审计人才队伍结构，不断提高农村审计队伍的专业化素质。

（1）要提高审计人员的选拔标准。作为审计人员，不仅要精通财务、审计、经济管理知识，还必须掌握计算机、建筑工程、心理学、法律等专业知识。要充分利用各种途径，吸收具有政治素质高、专业水平强、文化素养好的审计人员，建立一支适应农村审计工作需要、专职化、年轻化的审计队伍，全部审计人员要做到持证上岗（张艳，2013）。可以从提高对审计人员的应聘门槛要求上入手，对外招聘的审计人员，要求具有财务、审计、工程等相关领域的工作经验，对于应届大学生，除学历层次要求外，还必须是财务、审计、工程造价或计算机等专业毕业。

（2）建立考核机制和奖惩机制，定期对审计人员的工作进行考察。对考核结果为优秀的审计人员，给予物质奖励和精神奖励，提高审计人员的工作积极性和热情（李丽美，2015）。对考核结果不佳、不适应审计工作环境和工作能力不足的审计人员要进行调换或者淘汰（朱小洁，2015）。对考核中发现的错误审计结论，除责成审计人员纠正外，还应视情节轻重，做出相应处理（蒋成忠，2014）。

（3）建立定期培养制度，定期对审计人员进行业务考核和培训（张连风，2015）。农村审计工作涉及政策面广、社会关注度高、工作量大、内容琐碎，并且直接面对基层群众，只有及时做好农村审计人员的培养和业务考核工作，才能降低审计风险，保障审计工作的顺利开展。一是抓好农村审计人员的岗前培训，提高审计人员的政治素养、专业技能和职业道德。二是加强业务执行过程中的指导、监督和复核，及时了解掌握项目实施和进展情况，协调解决审计试点中的困难和问题（李丽，2018）。三是重视审计人员的后续教育，重点围绕涉农政策法规、农村财务制度、审计知识和审计操作技能展开培训，促进审计人员掌握新知识、新技能，不断提高审计人员的专业水平和职业判断能力，确保新形势下审计工作的顺利开展（贾树霞，2014；林新伟，2014）。四是培训不能流于形式，要建立定期考核制度，应对学习培训时间有明确要求，各地应根据当地的具体情况予以明确，但为保证学习效果，每年集中培训时间不应少于3天。

（4）开展多种形式的培训方式。通过审计业务培训、以审代训、开展经验交流合作等多种方式，全面提升农经审计队伍综合素质（陈金状，2015）。一是组织开展对农村审计人员的业务培训，邀请审计机关、高校专家教授等到审计中心传授知识和经验；二是每年组织农村审计人员参加省、市的审计业务培训班（占一熙，2014；蒋成忠，2014）；三是有计划地抽调农村审计人员参加审计机关组织的大型审计项目，或组织审计人员到兄弟单位考察学习，通过实践，增强审计工作人员分析问题、发现问题和解决问题的能力（柴香珍，2014），通过典型示范引导，培养一批优秀审计人员（林敏，2015）；四是鼓励审计人员参加会计审计职称考试、注册会计师考试等学习方式。

（5）拓宽培训内容。培训内容应以新时期审计人员能力结构完善为核心，具体包括政策法规、职业道德、审计技能、沟通技巧、现代信息技术等，拓宽基层审计人员的知识面，切实提高审计技巧（徐捷，2014）。一是提高政治修养，重点对农村审计人员的政治理论教育、职业道德教育进行培训，使审计人员要牢记"八个不准"（廖少兰、刘加盛、马连福，2015）；二是提高业务素质，从审计实际工作需要出发，以案例教学的方式，有针对性地培养审计人员驾驭审计项目实施过程、通过表面现象发现深层次问题的能力；三是提高相关专业素质，如公司治理、内部控制、成本核算以及金融税收等方面的素质；四是加强法制观念，提高执法水平，审计工作不仅涉及农村财务、审计等专业性知识，同时还涉及环境保护法、经济法、税法、公务员法、预算法、婚姻法、继承法等法律法规。这就要求农村审计人员既要加强法律知识的学习，又要坚持依照法律程序开展审计（王志顺，2015）。

（二）农村审计经费保障

审计经费保证是审计工作得以顺利开展的必要条件（吕守明、耿桂玲，2014），也是提高独立性的重要保证，是审计人员独立最基本的保障和最坚强的后盾（李歆、王路瑶，2016）。国家审计是一种无偿服务，审计机关开展审计活动所需的经费由财政预算给予保障。内部审计也是一种无偿服务，内部审计机构开展审计业务所需经费由本单位承担。社会审计则是一种有偿服务，依照"谁委托，谁付费"的原则进行（李敏，2015）。农村审计作为有别于国家审计、内部审计和社会审计的第四种审计模式，审计的委托主体和评价对象有其特殊性，但其审计经费应主要以财政投入为主。根据中央的要求，村级组织的运转经费应当以财政投入为主，各级党委和政府要完善村级组织运转经费保障机制，保障村级公共服务运行维护等其他必要支出。《关于稳步推进农村集体产权制度改革的意见》也提出了要逐步增加政府对农村的公共服务支出，减少农村集体经济组织的相应负担。农村审计作为乡村治理的重要组成部分，农村审计中心日常运转经费，理应纳入本级人民政府的财政预算。原农业农村部《农村集体经济组织审计规定》和各省份出台的农村审计条例和办法，也大多明确了农村集体经济审计经费列入当地财政预算。具体而言，对于农村审计中心职责范围内的审计服务，以及村民代表会议委托农村审计中心对村民关注的热点问题进行的审计，其费用由政府在财政预算中安排；对于以集体产权方式经营的集体农场等组织委托农村审计中心所进行的审计服务，原则上应由村集体经济组织支付费用，对于经济较弱的村集体经济组织，可以通过财政补贴或全额承担审计费用的方式，减轻农民负担；对于实行公司化经营的农村股份合作企业，企业可以按照现代公司制建立内部审计机构，也可以委托农村审计中心或社会中介机构实施审计，其审计费用由企业承担。财政、物价部门应结合本地实际，规范农村审计服务收费标准（李敏，2015）。

（三）多部门协同运行机制

乡村治理是国家治理的末端，各类业务事项涉及管理部门多，中间环节多，链条长，再加上村庄分布广、地点偏远，导致各部门监督职责既有交叉又有盲区，各监管主体之间的沟通协调不够、多头监管、重复监管等现象明显。要从根本上解决小微权力腐败经常出现、屡审屡犯等问题，防止相关财务制度和审计制度成为"空头支票""纸上谈兵"，除了对程序不规范、体系不健全、政策不配套、监管不到位等不规范问题溯源治本外，还需要在党委统一领导下，建立农村审计中心、国家审计机关、司法部门、纪委监委、农业主管部门、民政部门和财政部门等多部门的审计监督协作工作机制，从审计计划安排、沟通方式、配合协作机制等方面进行整体协调（王丽红，2015）。考虑到农村审计具有的独立性、专业性和全面性等特点，在充分厘清各部门的监督职责权限、统筹整合各部门监督优势的基础上，形成以审计为枢纽的审计监督合力机制，改变目前多头监管的模式，最大限度地形成审计合力，实现农村审计全覆盖（吕劲松、黄崑，2018）。首先，农村审计中心要做好与农业主管部门、民政部门和财政部门等业务主管部门的协同和对接，对于审计过程中的审计发现，及时向党委和政府汇报，并及时向农业、财政、民政、信访、水利、林业等部门通报审计情况或移交问题线索，为党委、政府及相关部门强化干部监管、规范村级管理提供参考依据（张丰明，2018）。其次，农村审计中心做好与纪监委、国家审计机关、司法部门的协同。村庄外部监督的协同不够严重影响了监督机制总体效能的发挥。村庄外部监督的主要力量是村级审计、纪检、监察。村级审计作为一种专业经济监督，与全面监管违法违纪的纪检、监察有天然的联系，其相互之间的协同有助于腐败监管主体之间的资源整合与专业互补，有利于凝聚反腐合力。《中国共产党农村工作条例》要求全面从严治党向基层延伸，加强农村纪检监察工作，建立健全农村权力运行监督制度。农村审计中心将审计过程中发现的乡村违法行为或严重违纪、贪污腐败行为，迅速移交纪监委、司法部门，有助于持续整治侵害农民利益的不正之风和群众身边的腐败问题。最后，协同推进信息资源共享平台的建立。针对当前农村因征地拆迁、资源开发、专项扶贫等方面出现的各种矛盾隐患，单纯依靠农村审计，只能揭示和反映问题而无法根本解决问题。只有在纪委、监察、组织、财政、审计、农业、民政等部门搭建部门间信息资源共享和成果利用平台，通力协作，相互配合，才能直接面向群众开展零距离、快速度、全方位的服务，才能化解群众关心的热点难点问题和重大社会矛盾纠纷积案，才能有针对性地制定系统的对策和解决办法，形成"发现问题、解决问题、防微杜渐、促进规范"的良好监管模式（李丽，2018）（如图6-1所示）。

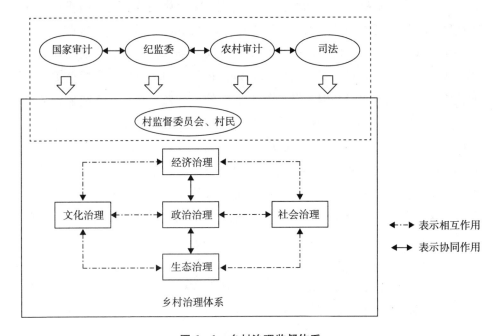

图6-1 乡村治理监督体系

资料来源：作者自绘。

（四）审计发现问题整改和问责机制

强化审计结果的运用，一方面是要强化审计结果的责任追究制度，另一方面是要把审计结果作为干部考核的重要指标。第一，完善审计查出问题的责任追究制度，加强责任追究制度的落实（杨秀芹，2017），对于审计工作中出现的违法违规行为要给予严肃处理（聂鑫，2015），属于财务管理不正确、不规范行为，或存在错弊、管理漏洞、侵犯集体经济利益等一般经济问题，农村审计中心应依法依规进行制止并督促其改正，对相关责任人提出具体的处理建议（李素红，2017）。对在审计中查出的问题和发现的案件线索，及时移交纪监委，依法依纪进行处理。对因履职不力的村干部，要严肃批评教育，造成村集体财产损失的，追究其经济责任；对利用职权侵占集体资产的村干部，要责令退还并赔偿损失（张丰明，2018），情节严重的，由纪委给予党纪处分，构成犯罪的，移交司法机关依法追究刑事责任（孙树莉，2015）。第二，加强审计结果对干部考核和换届候选人的硬性约束力（邱丽华，2016），将审计结果和整改情况作为评议村级组织主要负责人工作情况、评先树优的重要依据和作为村干部换届提名候选人硬性指标（袁兆胜，2017）。对存在违纪违法问题的人员，不得作为候选人。对审计中发现的农村资产管理不规范、内控制度流于形式、群众反映强烈的村庄，村"两委"及主要负责人承担整改主体责任。审计整改情况作为考核、奖惩村"两委"主要负责人的重要依据。对整改不力、整改不到位、屡审屡犯的村庄，乡镇党委和政府要严肃问责（张丰明，2018）。

（五）审计信息公开机制

农村审计信息公开是增强审计公信力的重要手段，也是村民行使监督权利的重要前提。在一定范围内通报，或以适当方式向社会公告审计结果和整改情况，让公众知情，接受群众监督，在公示期内村民可对审计中的未尽事宜进行反应，审计小组经过调查认可后可对报告进行修改。通过全社会来监督和督促审计整改，从源头上杜绝了违法违规行为，保障农村财务管理工作有序开展，同时，也有利于审计工作的开展，为审计整改增添动力（刘喆，2018）。

1. 审前信息公开

审计小组在入村驻点前，通过村庄公众号、微信群和村务公开栏向村民公开审计信息。需要公开的信息包括：审计目的、审计对象和时间范围、审计工作程序、开展审计工作的时间、审计小组组长和成员名单、举报电话等。通过审前信息公开，让村民提前了解审计的性质和目的，便于村民反映问题和提供线索，打消村民的顾虑（蒋成忠，2014）。

2. 审计过程对村民开放

每次审计活动，村民可以推选出了解财务知识、见识较广的村民参加审计小组，全过程参与审计过程。审计小组也可以将审计取证的部分重要环节向全体村民公开。通过这些举措，培养村民的财务素养，密切村民和审计人员的关系，提升村民支持和配合审计工作的力度，消除他们的心理顾虑，增强审计的公信力（王继翠，2014）。

3. 审计报告或审计结果公示

审计结束以后，审计小组在将报告反馈给被审计对象的同时，可以将审计报告（或审计结论）向全体村民公示。公示的内容主要包括村集体财务收支中严重违反国家财经法规的情况，审计发现问题的处理情况等。审计结果在各村的公告栏中进行公示，也可以在召开党员会或者村民代表大会时进行公开（张连风，2015）。通过公开审计报告、审计结论，让全体村民了解村干部履行经济责任的情况，保证村民的知情权和参与权，同时也对认真履职的村干部给予了肯定，对不称职的干部进行了批评甚至是处理（蒋成忠，2014）。

4. 审计整改结果公示

对审计报告中披露的违法违规违纪事项，要列出清单，专门安排后续审计或在下一次审计中逐项跟踪落实。被审计单位及相关责任人的整改情况、整改结果，审计小组除了向农村审计机构上交整改报告外，也同样需要对村民进行公开（徐捷，2014；刘冰瑜，2015）。

三、农村审计组织模式的特点

村级公共资产、公共资源和公共资金由全体村民所有，需要村庄共同体成员的公共参与加以治理。但由于农村地区村民"自治权"的发育还不成熟，村民缺乏积极参与的意识以及缺乏参与村级公共财产治理的有效渠道，需要借助国家"行政权"来培育村民的"自治权"。国家"行政权"为农村审计模式的生成与运作提供体制、人员和经费的保障。农村审计小组成员组成囊括了审计机关、会计师事务所和村民代表，形成了国家审计、会计师事务所审计和内部审计的融合。注册会计师审计和内部审计的嵌入，为农村审计模式的创新和运行提供了专业性和及时性的合理保证。因此，新的农村审计监督模式具有国家审计的权威性和强制性，也有注册会计师审计的专业、受托、有偿性，还有内部审计的及时性和内向性，该审计模式以合法性、经济性、效益性和效果性为审计目标，以财务审计、经济效益审计和经济责任审计为主要类型。审计小组既独立于委托人（村民），也独立于被审计单位（村委会）。它不是国家审计，也不是注册会计师审计，更不是内部审计，而是一种全新的审计模式。它具有以下显著的特点：

（一）体现了党对农村审计工作的全面领导

新修订的《中国共产党农村工作条例》是新时期党对农村工作的纲领性文件，是各地开展农村工作的行动指南。根据条例规定，党中央设立中央农村工作领导小组对农村工作进行全面领导，发挥牵头抓总、统筹协调农村工作的作用。各省份党委要定期召开农村工作会议，定期听取农村工作汇报、研究农村工作，对农村工作重大事项进行决策，制定出台农村工作政策措施。各市（地、州、盟）党委要做好上下衔接、域内协调、督促检查工作。各县级党委结合本地区实际，制定适合本地区实际情况的工作措施，建立健全职责清晰的农村工作责任体系，把党中央、上级党委关于农村工作的要求和决策部署落实到位。不断完善基层民主制度，确保农民依法行使民主决策、民主选举、民主管理、民主协商和民主监督。建立健全党委领导下的现代乡村社会治理体制，健全村级党组织领导下的、自治法治德治相结合的乡村治理体系，健全村党组织领导下的议事决策机制、监督机制。新型农村审计模式将农村审计工作纳入农村工作领导小组统一领导，在农村工作领导小组统一领导下开展本地区农村审计工作，正是党对农村审计工作全面领导的集中体现。

（二）有助于增强农村审计的权威性

权威性来自规范化的审计过程和审计结果得到执行。根据《中国共产党农村工作条例》规定，省级农村工作领导小组的组长一般由同级党委副书记担任，县级农村工作领导小组的组长由县委书记担任，党委和政府有关负责人以及相关部门主要负责人作为小组的成员。将农村审计中心纳入农村工作领导小组的领导，必将得到当地党委、政府的大力支持。一是通过党委、政府推动村级审计的组织机构的建立，完善相关政策，制定一系列规范、文件和制度，对农村经济审计的对象、范围、职责和程序进行详细规定，使农村审计工作逐步走上正常化、规范化和制度化轨道。二是农村审计在业务上受同级审计机关指导和监督，审计中心负责人进入县级审计机关的领导班子，将国家审计机关对农村审计中心指导监督的要求落到实处，强化了审计机关与农村审计中心的工作协同。县级党委、政府通过授权，使农村审计中心拥有国家审计机关的部分职能和权限，确保农村审计中心在审计取证、审计报告、审计决定及审计查出问题整改等方面与国家审计机关基本没有区别，确保了农村审计工作的权威性。农村审计中心通过与司法部门、纪检部门的协同工作机制，最终由司法和纪检部门针对发现的问题审计对象进行问责和惩戒，有利于发挥农村审计的监督作用，有助于解决审计效果问题。由此，新型农村审计监督模式的权威性得到保障。

（三）有助于增强审计的独立性

第一，农村审计中心从农业主管部门中剥离出来改由县级农村工作领导小组领导，审计机关主管。设在乡镇的农村审计分中心，与农村经营管理站、乡镇会计代理中心相分离，消除了农村审计机构"既当运动员又当裁判员"的情况，实现了机构独立。第二，农村审计中心在党的县级农村工作领导小组的领导下开展工作，消除了审计过程中可能受到的乡镇政府行政干扰，也大大降低了村组织、村干部干扰行政处罚的可能性，确保了工作过程不受其他部门和单位的影响。第三，农村审计中心在业务上受国家审计机关的指导和监督，但与国家审计机关没有隶属关系。审计小组既独立于委托人（村民）也独立于被审计单位（村委会）。第四，农村审计中心有单独的编制，审计人员可由社会公开招考而来，不仅保证了审计队伍的专业性，同时也确保了审计人员的独立性。第五，农村审计中心不以营利为目的，其经费由地方财政预算解决，确保了经费的独立性。

（四）有助于增强审计的有效性

新型农村审计模式农村审计监督模式，具有国家审计的权威性和强制性，即农村审计中心具有国家审计的强制性和权威性，对审计结果具有评价、公告、纠正、建议处理和处罚等权力，也有注册会计师审计的专业、受托、有偿性，还有内部审计的及时性和内向性，新模式下的审计，破解了多年来乡镇内部审计机构不健全、内部审计从业人员数量少、素质低，对农村集体经济无法实行有效监督以及审计监督后整改效果不理想的发展瓶颈，适应了农村经济社会的发展需求，小审计实现了大突破，既优化了审计资源，又维护了国家财经法纪，促进依法行政、依法管理，保障农村地区的和谐发展。

（五）与农村产权现状相适应，体现了一切从实际出发

农村审计模式的选择应兼顾当地的社会经济发展水平和当地的民主政治现状。从产权角度看，农村集体资产主要包括土地等资源性资产、统一经营的经营性资产和用于公共服务的非经营性资产，除土地等资源性资产外，形成经营性和非经营性资产的资金来源有多种渠道，既包括集体经营性收入、社会集资，也包括国家财政专项资金、农业贷款等。由于农村审计内容的特殊性、审计结果影响的公共性以及审计信息不完善和不对称的现象，国家介入监督是十分有必要的（韦艳红、白福，2014）。王家新（2016）等学者从审计需求出发，提出我国组建乡镇国家审计机关，将国家审计延伸到乡镇。但在现阶段，由国家审计机关承担村级审计工作存在一定障碍。一是村级审计全部纳入国家审计体系缺乏法律依据。按照《中华人民共和国宪法》和《中华人民共和国审计法》的规定，国家审计监督范围是国家机关、国有金融机构和国有企事业单位，其核心内容是国家公共权力和国有产权性质的资产资源。而农村集体产权归全体村集体组织成员所共有，不属于国家审计监督的范围，国家审计机关直接介入没有法律依据。二是国家审计力量有限，特别是基层审计机关，审计机构规模小，人员少，业务承载量有限，将农村审计纳入国家审计序列，可能难以达到预期的效果（郑炜亮，2014）。

从乡村治理政治关系和经济关系来看，改革后的农村审计模式符合乡村治理主体演化规律和农村集体产权的特点，体现了一切从实际出发，具有很强的适应性。农村"家庭联产承包责任制"后，各地围绕以土地等农业生产资料所有权和占有权为核心进行产权制度改革探索，产生了差异化的农业经营模式，形成以私人产权为主、以集体产权为主和以合作产权为主的农业经营方式。当前，农村集体产权制度改革主要围绕集体所有的土地等资源性资产、用于集体统一经营的经营性资产和用于公共服务的非经营性资产三个方面展开，农村审计应服务于国家关于农村集体产权制度改革的要求，反映产权权利方参与乡村治理的要求。新型农村审计模式兼顾乡村治理主体中的国家意志和产权权利，适应农村集体产权制度改革的要求，因此具有很强的适应性，体现了制度创新必须从实际出发的原则。改进后的审计关系如图6-2所示。

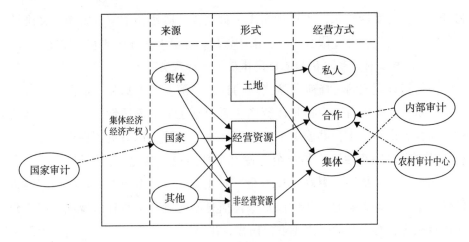

图 6 – 2　农村审计关系

资料来源: 作者自绘。

第三节　审计行为模式创新

审计行为模式创新是农村审计创新的另一个重要组成部分。审计行为模式主要包括审计标准、审计程序、审计方式、审计手段与方法等方面（成永菊，2018）。

一、强化审计标准学习和运用

狭义的审计标准指的是审计评价标准，是审计人员进行审计评价、形成审计意见、得出审计结论的客观依据和准绳，国家的法律、法规及政策是被审计单位应当遵循的标准，也是审计机关或审计人员评价审计事项、依法做出审计结论的依据。为了规范农村的经济活动、资产和财务管理，农业农村部先后出台了《关于进一步加强农村集体资金资产资源管理指导的意见》《农村集体经济组织财务公开规定》等法规制度，各省份也先后出台了一系列的制度和管理办法。确定被审计单位财政财务收支及有关的经济活动是否遵循国家有关规定，是农村审计的审计目标之一，但审计结论的得出很大程度依赖于审计人员的职业判断。当前，农村审计人员素质相对较低，对审计判断标准的理解不到位，使得对一些问题的责任界定难以一致，造成不同地区对类似问题定性差异大，这不仅增大了审计风险，而且影响了农村审计的公平性和审计结果的公信力。

第一，培养农村审计人员的法治思维和依法审计意识。法治思维是以法律法规为基础的逻辑化思考方式，国家的相关法律法规是审计人员的行动指南。法治思维要求审计人员在思考问题、进行审计判断、做出审计结论和决定时必须以法律法规作为判断是非和处理事务的准绳（李佳，2018）。农村审计人员应当以依法审计作为出发点和落脚点，因此要在农村审计中深入宣传审计评价标准法定这一要求，确保审计人员依法、依规、依章解决问题和推进工作。

第二，建立审计标准知识库。"上面千条线，下面一根针"是农村工作的鲜明写照。上面不管什么政策、法规，最后都要落到最基层中体现和执行。因此，在基层农村，有来自扶贫、环境保护、财税、金融等各领域的法律、法规和政策要求，更有来自中央、省市、县乡等不同层级的管理要求、实施细则、管理办法等。这些不同领域、不同层级和法律行规、制度办法都需要农村审计人员充分了解并在审计评价中加以应用。现有的农村审计人员原本学历层次不高，再加上资料获取能力等方面的原因，单个农村审计人员想要收集、分类、整理这些法规制度文件，难度可想而知。可行的办法是发挥组织的力量，建立农村审计标准知识库，将各领域、各层级的法规纳入其中，使全国的农村审计人员可以通过互联网查阅。

第三，加大对审计标准的教育培训力度。可以通过组织"三农"相关法律法规专题讲座、召开涉农法规专题研讨、远程在线课程、微课等形式进行学习。比如对于审计中发现的问题，如偏差率超过某个数额，如何按照法规进行判断其严重程度？可以通过召开专题研讨方式，从不同事项性质、不同金额、不同资金来源等方面来讨论如何运用评价标准，对于没有明确标准，应如何进行判断。通过结合不同岗位推动经常性审计标准学习，提高审计人员法治思维，自觉运用法治思维和法治方式开展审计工作。

第四，在实践中运用审计标准。首先，在审前准备工作中，要按照审计计划、审计通知书等规范的要求，做好审计准备、制订审计计划和审计方案。其次，在实施审计工作过程中，按照审计证据、审计工作底稿、审计重要性等标准的要求收集审计证据，做好审计记录。再次，在形成审计结论、出具审计意见时，要坚持以事实为基础，以法律法规为依据，以习近平总书记关于"三个区分开来"的重要指示为准绳，准确把握容错纠错的政策界限，深入分析问题的形成原因和造成后果，客观审慎地做出审计结论。最后，在做出审计决定和审计处理建议时，对于不作为、慢作为、乱作为及违法违纪行为，以相关法律法规为标准，区分不同情况进行处理。

二、建立农村审计执业标准体系

（一）规范审计程序的必要性

与其他类型审计相比，农村审计工作需更多地依靠审计人员的专业判断，没有明确的审计执业标准和规范化审计流程，审计质量难以保证，农村审计的公信力也会受到质疑。从当前农村审计实务来看，审计程序不规范问题还比较突出，从年度审计计划和项目审计方案的制定，到审前工作的准备、审计通知书的下达、审计证据的获取，最终到审计报告的出具、审计档案的管理等都没有统一的标准，审计工作程序缺乏规范化。迫切需要尽快制定全国性的农村审计执业标准体系，用以规范农村审计的取证、报告、档案管理。

（二）审计执业标准的作用

审计执业标准可以保证审计工作正常有效地开展（成永菊，2018），在进行农村审计行为模式创新过程中，审计执业标准体系建设始终处于重要地位。在现有的审计监督体系中，国家审计、注册会计师审计和内部审计都有自己的执业标准体系——审计准则。审计准则是由权威机构发布并认可的、用以明确审计主体资格和指导审计人员行为的规范或标准，是专业审计人员的最高行为准则（王彪华，2018），是执行审计业务应当遵循的基本要求，是在审计过程中处理各类事项应当遵循的行为规范，是审计机关和审计人员履行法定审计职责的资格条件和职业要求（刘家义，2015）。制定农村审计准则，统一评价标准，有助于规范审计行为，控制审计质量、保证审计行为的制度化和规范化。农村审计准则的作用主要体现在以下几个方面：

1. 推动农村审计工作的规范化和科学化

审计工作的规范化需要标准的引领，审计准则产生和发展的历史已充分证明，没有审计准则对审计人员进行规范和指导，任凭审计人员根据自己的经验和学识自由选择审计程序和方法、任意发表审计意见，则审计没有任何规范和科学可言。审计准则的制定是在吸收本学科最新理论研究成果和最佳实务的基础上形成的，代表了当时的学科最新发展和实践经验，具有较高的科学性。同时审计准则对审计人员的规范是全方位的，包括审计目标、审计程序、审计证据、审计报告、审计档案等。因此，农村审计准则为规范和指导农村审计工作提供了依据，有助于实现农村审计的规范化和科学化。

2. 提高农村审计工作的效率和质量

审计工作能否满足社会的需求和取信于社会，关键在于审计质量。审计质量是审计工作水平的高低程度，包含审计工作过程质量和审计结果质量两个部分。审计工作过程质量反映审计人员在审计过程中遵循审计标准的程度，是结果质量的基础。而审计结果质量是审计工作过程的集中体现和最终反映。从审计信息的需求方来看，主要关注审计结果质量。而从审计供给方来看，侧重于审计工作过程的质量。无论是被审计对象、政府、村民、还是审计人员，都需要有一个标准来衡量和评价审计工作质量。与其他产品或服务不同，审计质量一般难以直接识别和衡量。公认可行的方法是审计准则，即以审计人员在审计过程中对审计准则的遵循程度来评价审计质量。因此，农村审计准则的建立为衡量和评价农村审计工作质量提供依据，有助于提高审计质量。一方面，国家审计机关、各级政府和广大村民可以利用审计准则对审计小组和审计人员的工作进行监督，确保审计工作达到质量要求（周汉庭，1999）。另一方面，农村审计人员在审计工作过程中以审计准则为基本遵循，严格按照审计准则进行审计工作，审计中心或审计小组也可以以审计准则为依据进行审计质量自查、开展内部工作评比等，从而不断提高审计工作质量。另外，审计工作的效率和质量，还取决于审计人员的数量和质量，健全完善的审计执行标准体系，有助于审计人才的培养，为农村审计人员提供源源不断的后备人才，从而促进农村审计工作效率和质量的提高。

3. 提高农村审计的公信力

农村审计准则的建立和实施，确保了审计程序的正确性，规范了审计行为，克服了审计行为中的人为因素，确保审计人员的行为合法、结论准确、处理恰当，同时也反映了农村审计工作的成熟与稳定，对审计质量的评估成为可能，有助于农村审计工作取得村民对审计工作结果的广泛信任，提高农村审计的公信力。

4. 维护农村审计组织和审计人员的正当权益

审计准则是审计人员应当遵循的行为规范，当农村审计组织或审计人员受到不公正的指责和控告时，只要审计人员在审计过程中严格按照审计准则的要求制订审计计划、获取审计证据、进行审计判断、形成审计报告，并按规定的程序传递审计结果信息，就履行了审计人员应尽的义务（良言，2004），不再承担责任。从这个意义上讲，审计准则有助于维护审计组织和审计人员的正当权益。

（三）农村审计准则的内容

尽管农村审计的对象和内容有着自己的特殊性，但就其审计程序、方法和审计管理的内在逻辑，与国家审计、注册会计师审计和内部审计没有根本区别。农村审计准则体系的内容，可以借鉴国家审计、注册会计师审计和内部审计准则的成果，并结合农村审计的性质和特点来确定。

现行的《中华人民共和国国家审计准则》共七章二百条，分别对审计机关和审计人员、审计计划、审计实施（包括审计实施方案、审计证据、审计记录和重大违法行为检查）、审计报告、审计质量控制和责任等进行规范。审计署在发布《中华人民共和国国家审计准则》的同时，废止了 1996～2004 年发布的 28 项审计准则和规定。

中国内部审计协会发布的内部审计准则体系包括基本准则 1 项、具体准则 23 项。具体准则主要是围绕作业过程管理和审计工作管理进行规范。作业过程管理一是对审计工作基本流程的规范，包括计划阶段的审计计划、审计通知书，实施阶段的审计证据、审计抽样、分析程序和工作底稿，报告阶段的结果沟通、审计报告和后续审计；二是对不同审计业务类型的规范，包括绩效审计、内部控制审计、信息系统审计、经济责任审计等不同审计类型的实施要求；审计工作管理则是从审计机构管理、质量控制、档案管理、与内部领导组织的关系、与外部审计的协调、人际关系、利用专家服务等方面进行比较全面的规范。

为了规范注册会计师的执业行为，中国注册会计师协会发布了一系列的准则，其中与审计业务相关的准则有 45 项，主要包括一般原则与责任、风险评估以及风险的应对、审计证据、利用其他主体的工作、审计结论与报告和特殊领域等六个不同的类别。作为主要服务于资本市场的一种审计形式，注册会计师审计准则围绕以风险为导向的审计思路，注重审计与相关主体之间的关系。

基于农村审计的性质和特点，我们认为，农村审计准则体系应涵盖一般原则、作业准则、报告准则、职业道德与责任准则、质量控制准则等内容，包括审计计划、组织实施、调查取证、底稿编制、审计报告、处理处罚、审计移送、审计结果公告等审计全过程的现场管理规定，以及审计人员管理、职业道德与责任要求、审计质量控制等管理规范和职业标准。

第一，在审计计划方面，准则应规范审计计划和审计方案的编制要求，明确审计计划、审计方案编制的主体、编制时间和审核要求工作。针对当前实务中存在的审前调查不充分、审计通知书不规范等问题，准则还应明确要求审计组要做好审前调查和准备工作，在此基础上确定审计方法、审计组织形式和审计时间安排；明确召开审计进点会的时间、参会人员、会议主要内容；明确向村民公布审计方案、审计目的、审计范围、基本程序、审计组基本情况及监督联系方式等（张丰明，2018）。

第二，在审计实施方面，准则应明确调查取证和底稿编制的相关要求，严格规范资料获取、账户查询、延伸审计等调查取证行为，为审计过程中应采取的行动设置一条基准线。确保审计人员在获取审计证据时严格按照法定程序进行审计执法，杜绝账户"海查"等情况出现。规范审计工作底稿的编制要求、审计资料移交和流转要求，明确要求真实、完整地记录实施审计的过程、得出的结论和与审计项目有关的重要管理事项，要求做到审计全过程留痕。

第三，在审计报告方面，准则应对审计报告的要素和内容，审计报告的编制主体和编制要求进行规范，明确审计报告的质量控制责任，以及对被审计单位针对审计报告提出的反馈意见相关的核实要求等，确保审计报告格式规范、内容完整、事实清楚、结论正确、清晰易懂。准则还应规范向社会公众公开审计结果的方式，明确审计查出问题整改跟踪检查机制、督促整改落实和追责问责的要求。

第四，在审计档案方面，准则应对审计计划、审计通知书、审计实施方案、审计报告等文书进行统一规范，明确相关文书的内容和格式要求。明确审计档案的内容、归档时间、档案保管时限等，推进审计管理工作的标准化（项文卫，2011）。

第五，在职业道德方面，准则应对审计人员职业品德、职业纪律、专业胜任能力、职业责任等进行明确规范，确保农村审计人员在审计过程中做到独立、客观、公正，确保审计人员对在审计过程中了解的相关信息履行保密的责任。

第六，在质量控制方面，准则应明确审计复核制度、审计报告审理制度以及审计工作分级负责制和过错责任追究制等（江景叨，2015；刘雨华，2015）。规范对审计全程的节点管控，建立自动运作、节点控制、程序不可逆的工作流程（张丰明，2018），对实施方案、现场审计、项目审理、审计报告审定等关键节点进行规范，确保审计工作层层把关负责，实现项目全过程的质量监控（李佳，2018）。

除国家统一的农村审计准则体系外，各地可以结合本地区农村审计的实际情况，在农村审计准则的基础上，有针对性地制定出适合本地区的审计相关规章制度、管理细则以及规范的审计程序和指导标准等（王丽红，2015）。通过农村审计准则体系，促进农村审计运行机制的有效落实，确保农村审计决策程序正当、过程公开、责任明确，促进依法审计、文明审计和规范审计的形成。

三、创新农村审计实施方式

为弥补传统审计模式的弊端，适应新时代对农村审计工作的要求，需要不断创新审计工作方式方法，提高审计工作的水平（李丽美，2015）。一是统一安排、统一部署，农村审计中长期规划和年度审计计划由县农村审计中心统一牵头制订，报县农村工作领导小组审批同意后实施。二是交叉审计与联合审计相结合，在县农村审计中心统一领导下联合多个乡镇审计分中心，综合一个地区的审计资源展开联合审计，或打破区域的界限，实施乡镇间的交叉审计（李少霞，2017）。三是常规审计与专项审计相结合，做好不同业务板块审计项目之间的统筹与有效衔接。注重常规的财务收支审计与扶贫专项审计、生态环境和自然资源资产审计、国家重大政策措施落实情况跟踪审计、村干部经济责任审计等业务板块横向之间的统筹衔接，将乡村振兴战略相关政策、扶贫政策措施落实和管理使用情况、生态环境保护情况等作为重要内容与村居常规性审计工作同部署、同审计，审计结果统一反映（吕劲松、黄崑，2018）。四是全面审计与重点审计相结合，先是通过全面审计，全面掌握被审计对象制度执行和财务收支的情况，然后对重点问题进行重点审计。五是内部检查与外部调查相结合，力求做到对账内认真审查账目，对账外搞好调查了解。六是农村审计与内部财务检查相结合。受独立性的影响，村居财务代理制和村居会计委派制监督作用受限，但还是在一定程度上发挥了监督作用，因此在推进村庄审计过程中，可以要求各村或会计代理服务中心定期进行财务检查，在内部自查的基础上，农村审计中心再选择重点村庄或重点事项进行审计。七是农村审计与信访调查相结合，与宣传政策法规相结合，通过审计，缓解干群关系，摸清问题症结，提出对策措施，提升审计效果。八是农村审计与完善制度相结合。在实行审计的同时，审计人员针对村庄财务制度方面的缺陷，提出完善制度的意见和建议，帮助村庄建立健全各项管理制度。九是农村审计与其他涉农事项相结合。将农村审计与农民负担监管、农经信息化等工作有机结合起来，与审计机关开展的涉农专项资金审计相结合（郑炜亮，2014）。十是农村审计与群众参与相结合，专业审计与民政、环保等相关部门的工作相结合，审计查账与财经法规、财经纪律教育相结合（郭寨花，2018）。

四、农村审计手段创新

进入 21 世纪，信息技术广泛应用并迅猛发展，业务管理、财务处理都已经实现信息化，数据的容量和广度发生了巨大变化，审计环境更加复杂、审计任务不断增加，农村审计面临前所未有的挑战。首先，在传统审计方法下，主要依靠审计人员来发掘纸质账本、凭证中的问题，审计工作高度依赖审计人员经验，带有一定偶然性，审计质量和审计效率不高。其次，以报表为主要对象的事后审计只能对静态数据进行分析，是对事项结果的分析，很难起到预防损失的作用，存在固有的局限性。社会公众期望审计能解决传统审计方法滞后性问题，将事前、事中和事后结合起来，降低审计风险，提高审计质量。最后，受人力、物力、财力的影响，传统审计普遍采用抽样方法，而抽样审计下审计风险无法降低到可接受的低水平。传统的抽样审计已经不能满足要求，如在精准扶贫的资格审核中民众普遍呼唤审计实现全覆盖，要求对审计过程中的每一个对象进行审计，使得以传统的抽样审核方法难以为继（王昊等，2018）。

现代信息技术发展为审计实现全覆盖、高效率、高质量、持续性提供了可能。随着计算机的广泛应用，电子化财务、业务数据库已经普及，税务、社保、工商、交通、天气等电子化的数据信息越来越普遍，共享与开放程度也越来越高（张莉枚，2016），审计人员能够收集各种数据，审计分析逐渐依托计算机进行，分析效率大大提升，全面审计有了更大的可能性。传统审计方法是线性的方式，按照业务发生的顺序，通过顺查或逆查的方法找到线索，而现代信息技术下的审计是网状的，审计人员利用不同纬度的数据织成网，在网上捕获审计疑点，同时通过联网审计系统，及时更新审计过程中的相关数据，根据动态数据分析实时调整审计，实现持续审计，提高审计工作的绩效性（王昊等，2018）。新时代对农村审计手段、审计方法的创新可以从管理协同、方法理念、新技术应用等三个方面来实现。

（一）管理协同层面的审计方法创新

农村审计效率的提升，有赖于农村审计机构内部的管理协同。在审计过程中，通过各要素之间的相互作用、相互制约，形成农村审计方法创新的系统演变过程。在这种管理协同环境下，农村审计人员不断尝试方法创新，积累创新经验，并注意观察新方法与其他要素的变化关系，识别审计新方法在不同环境下的适应性以及需要修正之处，结合自身的实践经验合理地调整和完善审计方法（赵晓东、张晓明，2016）。在数字经济环境下，农村审计面临着更为复杂的环境，审计工作面临着更大的挑战。农村审计机构不要受传统固有模式的束缚，而应根据新形势、新要求重构管理要素，调整人员构成，明确人员职责分工，实现管理协同。比如在专项审计实施过程中成立领导小组，加强审计工作的顶层设计和统一指挥。在领导小组下设数据分析组和多个专业审计组。数据分析组主要负责数据的采集转换，分析和筛选所收集的各种数据，识别数据中存在的疑点和问题线索，并将疑点和问题线索分发给专业审计组。各专业审计组以分析组推送的审计疑点和问题线索为出发点，通过现场审计取得审计证据，查证落实问题，汇总审计结果。另外，结合项目特点重新规划审计方案，按工作事项和审计关注点划分审计阶段，以流程图的方式关联工作事项，明确审计关注点和考核时间点（胡三毛，2016）。

（二）取证模式层面的审计方法创新

审计取证模式先后经历了账项基础审计、制度基础审计和风险导向审计三个阶段。风险导向审计是以审计风险评估作为审计工作的出发点，并将风险理论贯穿于审计全过程的现代审计模式，其基本思路是：（1）了解被审计单位的业务和内外环境，并在了解的过程中识别风险；（2）针对识别出的风险实施相应的审计程序；（3）以获取的审计证据为基础得出审计结论，形成审计意见。风险导向审计解决了审计资源有限的情况下如何实现审计的高质量和高效率问题，在当今各类审计事项中得到广泛应用。在农村审计过程中，应将大数据技术和风险导向结合起来，创新农村审计的方法。

在计划阶段，可以根据不同类别数据之间的关联性来识别重大错报风险。在现代信息技术高度发达的今天，用多种手段采集同一事物的数据，相应地产生了多种数据类型。如单位的经济业务，一般以文字和数字方式通过账簿体系记录下来，这是传统审计方法下审计人员专注的重点。在信息化高度发展的今天，除了账簿体系的文字和数字记录，还有其他与业务相关的数据，如摄像系统所对业务过程的摄像或录音信息、计算机信息系统中的操作日志信息、电子交易平台客服系统所记录信息、社交平台的聊天内容等，这些图像、声音、文字只要是产生于相同业务的过程，它们之间必然存在一种或多种关联性，尽管数据以不同的方式呈现出来，但都能够如实地反映事物本来的状况（孙泽宇，2016）。基于数据之间的关联性，农村审计人员可以用来识别重大错报风险。比如在对农村危旧房改造补助资金审计中，为了识别申请补助人员是否符合条件、是否存在重复申报的情况，可以将危改办和乡镇财政所"一卡通"申报和发放危改补助资金台账为基础数据，结合其他单位关联信息进行比对分析，识别重大错报风险，在入户调查之前，落实好调查人和被调查对象。

在审计实施阶段，针对风险识别阶段所识别出的重点调查对象，从体量庞大的数据样本中挖掘出可靠的审计证据，必要时通过现场来进一步核实审计事项。比如在对农村危旧房改造补助资金审计时，通过大数据分析比对村干部人员信息与农危改造补助发放一卡通信息，识别村干部为自己或亲属套取农村危房改造补助；通过比对危改补助发放台账信息与民政集中供养的五保人员信息、棚改人员信息（或租赁补贴人员信息）、财政供养人员信息、房管部门产权登记信息，识别集中供养五保户、享受棚改补助人员（或租赁补贴人员）、财政供养人员信息或有商品房人员违规领取农村危房改造补助情况；通过汇总分析补助台账中的一卡通账号，识别同一家庭多人重复申报享受危改补助的情况（黄廉传等，2017）。再根据被调查对象的情况，确定是否安排人员入户调查核实确认问题，最终得出审计结论。

（三）技术维度应用层面的审计方法创新

1. 农村审计中的大数据审计应用

随着全球信息化进程不断加快，传统审计向大数据审计方向发展成为全球趋势。2014年，美国会计协会（The American Accounting Association）发布的《在无线世界中重构审计》，勾绘了大数据时代的审计场景。2015 年，中共中央、国务院印发的《关于完善审计制度若干重大问题的框架意见》明确要求构建大数据审计工作模式。2017 年 4 月，世界审计组织大数据工作组第一次会计在南京召开，18 个成员国最高审计机关围绕"大数据审计分析与成果"进行分析和讨论（徐超、黄佳佳，2018）。在 2017 年全国审计工作会议上，胡泽君审计长提出了"科技强审，在审计理念、审计方法上不断创新，向信息化要资源，向大数据要效率"的要求（吕劲松、黄崑，2018）。大数据审计是以大数据技术为底层逻辑的一种审计方式。经过多年的实践探索，当前大数据审计产生了大数据环境下的电子数据审计和信息系统审计两个分支（陈伟、孙梦蝶，2018）。电子数据审计是指利用大数据技术收集、分析被审计单位结构化和非结构化的电子数据，从而发现审计线索，获得审计证据的一种审计方式。信息系统审计是对大数据环境下的信息系统进行审计，以确定信息系统及其产生信息的可靠性。电子数据审计是当前研究和应用的热点问题，农村审计应充分利用现代信息技术，实现审计的跨越式发展。首先，电子数据审计方法可以从技术层面和心理层面突破被审计单位的技术壁垒和优势心理，有利于发现和揭露被村庄基础数据失真问题；其次，电子数据审计方法使农村审计人员从容面对海量的数据和审计任务，提高审计效率，降低审计成本；最后，电子数据审计方法可以扩展审计范围、增加审计深度，实现审计业务的全覆盖（高卉，2016）。

大数据审计过程一般为数据采集、数据预处理和数据分析处理三个步骤。采集数据是大数据审计的前提。开展审计时，一般围绕审计目标的要求，采集与被审计对象相关的财务和业务数据。数据类型不仅包括被审计单位财务系统中的结构化电子数据，还包括 OA 系统中的单位情况介绍、工作总结、会议通知、会议记录、办公文件、采购招标公告、公示公告信息等非结构化数据，以及印发的管理制度、系统使用手册等非电子化材料。数据来源主要包括三个方面：一是农村审计人员从相关部门获取的数据，如财政、税务、工商、扶贫、民政、教育、医疗卫生、交通、水利、保险、银行、车辆管理、房产、电力等；二是审计过程中从被审计单位采集的各类结构化和非结构化数据，结构化数据包括报表、财务、生产经营数据等，非结构化数据包括村庄的历史沿革、基本情况介绍、内设的部门及职责、村集体经济经营范围、内部管理制度、生产经营总结报告等（陈伟、孙梦蝶，2018）；三是农村审计人员通过 Python、Java、C＋＋等网络技术，从互联网中采集与审计对象相关的信息，如图片、文字、聊天记录、视频等。数据采集后非常关键的一步是进行数据预处理，也就是生成标准表。审计人员根据标准表格式编写查询脚本，把与审计事项相关联的数据关联起来。如在医保审计中建立公积金、人社部门和卫生健康部门数据间的勾稽关系，提取主要字段，形成标准表（胡三毛，2016）。数据采集转换完成后要进行数据处理分析，通过构建审计数据分析模型，查找审计疑点和问题。数据处理分析是大数据审计工作的核心内容，常用的有多行业数据关联分析、文本数据分析和数值分析等处理方法。

（1）基于多行业数据关联分析。多行业数据关联分析是将各行业数据进行主体关联和行为关联比对分析，识别审计疑点。第一，基于主体的关联。农村审计中的主体主要有个人和单位两类。个人是指与审计事项相关的某个人，如村干部，或获得财政资金补助的某个村民。单位是指与审计事项相关的某个组织，如政府部门、村庄、公司、企业等。基于主体的关联就是以某个主体特征为中心，通过姓名、身份证号、组织名称、组织代码等关键字，在审计大数据中进行不同行业的关联检索。如在扶贫审计中，以身份证号为关键字，将建档立卡扶贫人员信息与房产信息、车辆登记信息、工商信息、财政供养人员信息、社保信息、个人所得税信息、公安死亡人口信息等进行关联比对，筛选出疑点数据，并通过公安、民政、房管、财政、社保、工商、税务等部门进行延伸取证落实，识别被扶贫人员不应该被纳入而纳入的情况（杨博霞，2018）。第二，基于行为的关联，即以某个行为（或活动）作为对象进行关联，将某一行为（或活动）中各个主体的行为脉络交织起来，识别其中的审计疑点。任何行为（或活动）都会有相应的行为数据，在社会活动或经济活动中，各个主体发生的行为一般都会以某些方式留下记录。如果行为与其他方相关，双方都可能会有相应的记录。农村审计人员需要从被审计对象的各种记录中找出重点关注的行为，并将其他相关主体的行为记录相互关联到一起，以此还原行为的真相，如采购活动中的采购方和供货方、资金收付中的收款方和付款方、资源供应中的供应方和需求方等（曾军等，2016）。

（2）基于文本数据分析。基于文本数据分析是根据访谈和现场观察等获取被审计单位政策文件、工程项目信息、会议纪要、通知、办公文件、工作总结、采购文件、采购合同、项目绩效评价报告等非结构化数据，结合 Python、Java、C＋＋等网络技术从外部网上公开数据源采集来的文本数据，采用 OCR 等工具对相关文本数据进行转换识别与分析，并以 TF－IDF 技术、标签云等视觉符号的形式呈现给审计人员，审计人员通过对可视化的信息中发现异常数据，获得审计线索，在此基础上进行进一步的延伸审计和审计事实确认，从而获得审计证据（陈伟等，2018）。

（3）数值分析。数值分析是根据字段数据值的分布情况、出现频率等对字段进行分析，从而发现审计线索的一种数据处理方法（张莉枚，2016）。本福特定律（Benford's law）在审计中的应用就是一种典型的数值分析方法。本福特定律说明在 b 进位制中，以数 n 起头的数出现的概率为 $\log_b(n+1) - \log_b n$，通俗的理解就是：越大的数，以它为首几位的数出现的概率就越低。本福特定律为审计人员提供了识别数据造假的方法，通过采用本福特定律对被审计大数据进行分析，快速识别不符合这一定律的异常数值，获得审计线索（陈伟等，2017）。

2. 农村审计中的社会网络审计法

社会网络是指社会个体成员之间因为互动而形成的相对稳定的关系体系，它由许多节点（通常是指个人或组织）构成。社会网络代表各种社会关系，包括朋友关系、同学关系、生意伙伴关系、种族信仰关系等。农村审计人员可以将社会网络理论应用于审计实践，获得审计线索。比如扶贫工程发包过程中的围标、串标问题，审计人员可以运用社团发现理论，从工商登记、纳税信息、银行信贷、资金账户往来等信息，绘制人物关系网和企业关系网（姜晓依，2019），识别社交网络中的社团（人物关系网和企业关系网），发现审计疑点。又比如在农村危旧房改造补助资金审计中，审计人员可以收集公安户籍、人事档案、补助发放台账等信息，借助图数据库自动构建整个关系网络，对对象间关联关系进行分析，绘制相关人员的人物关系网，识别村干部或政府相关工作人员违规为自己的亲友谋取农村危房改造补助情况。

3. 农村审计中的地理信息技术方法

在农村审计中，土地、林、水历来是审计的难点，利用遥感技术（RS）、地理信息系统（GIS）和全球定位系统（GPS）等地理信息技术，通过卫星遥感影像叠加对比分析、外业调查等方式助力审计目标的实现。比如在核查出扶贫项目中的工程量舞弊行为时，可引入无人机航拍技术、AutoCAD 与谷歌地理信息（Google Earth）嵌套等高新技术，通过航拍及定时卫星图片精准、直观地对涉审项目进行定性及定量的分析，精准、便捷地核查出工程中的舞弊行为（杨博霞，2018）。又比如在自然资源资产和环境保护审计中，可以利用谷歌地理信息系统查看审计对象的历史地貌图像、原始地貌、历史状况，解决传统审计手段难以解决的目标面积大、勘察难、任期时间长难追溯、建设项目分散难统筹、采用数据多难计算等难题。通过图像对比筛选不但可以直接发现未批先建、违规占地、毁林造地等问题（王醒无，2017），还可以有效测算实际造林面积及种植苗木数量情况，通过与概算数量、项目预算书、财务结算原始凭证等资料的比对、分析，审查是否有多报植株、套取资金等问题（杨博霞，2018）。

第四节　农村审计内容创新

一、乡村治理背景下农村审计对象和审计范围

根据《农村集体经济组织审计规定》的确定，农村集体经济组织审计机构审计监督的范围和对象是村、组集体经济组织。根据《中华人民共和国宪法》《中华人民共和国农业法》等法律的规定，村集体经济组织是农村集体经济制度的一种组织形式。从乡村治理结构和村集体经济组织的现状来看，将农村审计定位为村、组集体经济组织遇到了现实的难题。首先，从法律规定上来看审计对象，在推行家庭联产承包责任制后，经济不发达地区的多数村庄独立的村集体经济组织并不存在，由村委会代为履行村集体经济组织的职责。集体经济组织审计的对象实质上变为村委会。但从法律规定上看，村集体经济组织与村委会是两个相互独立的组织。村民委员会是根据《中华人民共和国村民委员会组织法》设立的基层群众性自治组织，是村民自治制度的组织载体。其次，从目标定位上看审计对象，当前的乡村社会，随着大量农村劳动力外出务工，一些村庄经济发达的村庄居住了大量的外来人口。外来人口虽然长期居住在流入地村庄，但他们不是流入地村庄集体经济组织成员。另外，在新出生人口是否自动取得村集体经济组织成员资格问题上，一些地区还存在分歧。因此，现在的农村地区，村民和村集体经济组织成员已经分离，村民自治组织成员的范围和村集体经济组织成员范围已经不完全重合。

《农村集体经济组织审计规定》将农村审计目标确定为保护农村集体经济组织的合法权益。在乡村振兴和乡村有效治理的视角下，这一目标定位显然无法满足要求。服务于乡村治理有效的要求，农村审计应将目标定位为对村庄公共权力运行、公共资源管理使用分配等的监督上。最后，从产权关系上看审计对象，改革开放四十多年来，农村社会经济发生了翻天覆地的变化，农村集体产权关系也在农村经济大发展的过程中不断变化。农村集体产权从存在形态上来看，主要有集体所有的土地等资源性资产、用于集体统一经营的经营性资产和用于公共服务的非经营性资产三种不同的形态，其中集体土地是最大的资源性资产。农村集体产权归全体村集体组织成员所共有，但在家庭联产承包责任制后，围绕集体土地，逐渐形成了以产权为基础的不同农业经营方式，主要有以私人产权为主、以集体产权为主和以合作产权为主三种经营方式。在这种产权关系下，将村集体经济组织作为审计对象将遇到现实的难题。对于以私人产权为主的经营方式，村集体经济组织审计机构对其进行审计，既没有可能，也没有必要。对于以合作产权为主的经营方式，基本上以公司化的方式进行经营（简称"合作产权公司"），同时还可能派生出合作产权公司与其他资本共同投资形成的公司，由村集体经济组织审计机构对合作产权公司进行审计，在实现中也遇到了障碍。

基于上述的分析，从农村审计定位和服务于乡村治理的角度出发，应重新明确农村审计的对象和范围，结合国家关于农村集体产权制度改革的要求，我们认为农村审计的范围应明确为村自治组织和村、组集体经济组织。

（一）农村审计监督的对象

1. 村自治组织审计对象

乡镇是我国农村的最基层政权组织，乡镇以下是村。村是基层群众性自治组织。在我国农村，目前被称为"村"的有行政村和自然村两种。行政村是根据《中华人民共和国村民委员会组织法》设立的村民自治组织，一般由一个或几个自然村组成。自然村是村民因生产生活或其他原因，长时间聚居而自然形成的村落，自然村一般由多个农户家庭组成。为了与行政村区别，在很多地方一般以"村民小组"或"屯"称呼自然村。行政村设有村党支部、村民委员会等权力机构。村党支部班子成员包括书记、副书记和委员若干名。村民委员会班子成员包括主任、副主任和委员若干名。自然村隶属于行政村，没有权力机构，设有村民小组长或屯长，村民小组长或屯长一般为村"两委"成员。

从乡村治理结构来看，乡村治理结构中的权力运行主体主要集中在行政村的村"两委"，体制性治理主体也主要针对行政村，村自治组织的运行机制设计也是围绕行政村展开，农村审计的对象必然涵盖行政村。从村公共权力结构上来看，公共权力与村公共事务管理、公共资产的管理使用分配有关。在行政村由几个自然村组成的情况下，村公共事务管理可以划分为行政村和自然村两个层次。村民参与公共事务的范围主要是自然村这一层级，部分村民以村民代表身份参与行政村一级的公共事务管理。在公共资产的管理使用分配方面，集体资产一般是以自然村（村民小组、屯）为单元所占有，即土地等资源性资产、用于集体统一经营的经营性资产和用于公共服务的非经营性资产都是以自然村为单元所共有。由此，公共资产的管理、使用、分配主要集中在自然村一级，行政村的主要权力机构——村"两委"对这些公共资产并没有直接的管理、使用和分配权。另外，从德治的角度看，由几个自然村组成的行政村，一般地理位置相距较近，乡风民俗通常差异不大。但在一些经济落后的山村，特别是少数民族农村地区，个别行政村由两个以上不同民族的村落组成，他们在民俗和道德上的要求有较大的差距。如果仅仅将监督对象限定于行政村，农村审计对村级公共权力运行、公共资产管理使用分配的监督职能将不完整、不全面，服务于自治、法治、德治相结合的乡村治理体系将可能遗漏自治和德治两个基本要素，因此，农村审计监督的对象包括自然村（村民小组、屯）。同样的，如果行政村下还设置有其他涉及村公共事务管理、公共资产管理职能的相关组织或单位，如收取、管理、使用乡统筹费、村提留款及其他费用的单位，使用农村义务工、劳动积累工以及以资代劳款的单位，为村庄提供会计核算服务的乡镇代理记账中心等，也应纳入农村审计监督对象。

2. 村、组集体经济组织审计对象

对于村、组集体经济组织，应以产权关系为依据确定审计对象。在以私人产权为主经营的情况下，由村委会代行村集体经济组织职责的，以行政村的审计已经涵盖，这里不单独讨论。

在以集体产权为主和以合作产权为主的情况下，村集体经济组织既有可能与村委会合一，也可能分设，此时，是否将村集体经济组织纳入农村审计监督对象，应根据集体经济组织的具体情况分别考虑。目前的实际情况是，绝大多数省份都将村集体经济组织作为农村审计对象。但各地区的教育水平、集体资产的来源以及产权经营情况存在很大的差异，村民的参与意识和参与能力参差不齐，国家应该针对不同地区的经济发展水平和产权经营情况确定不同的审计方针政策。经济发达地区的村民受过多年市场经济的洗礼，完全有能力对集体资产实行自我管理和自我监督。另外，经济发达地区农村集体经济一般规模都比较大，资金、资产、资源数量较多，应统一规定此类集体经济组织建立自己的内部审计机构，对本组织开展内部审计工作。为了确保审计质量，确保农村集体经济组织成员的合法权益，集体经济组织内部审计机构受政府农村审计中心的业务指导和监督，并且每年应将审计计划、审计报告等重要审计资料报政府农村审计中心备案。对于重要的审计事项，村集体经济组织也可以委托政府农村审计中心直接实施审计。对于未设内部审计机构，或者已设内部审计机构但未能正常履行内部审计职能的集体经济组织，应要求其委托政府农村审计中心实施审计。对于来自地方各级政府资助的资金、资产和资源，审计工作由国家审计机关实施或委托政府农村审计中心实施。通过这种方式，真正落实集体"三资"由集体成员管理的权利与责任。对于经济欠发达地区，村集体三资数量较少，村集体经济组织规模较小，其相当一部分集体资金可能还来自政府的补助补贴，村民的教育水平也普遍落后，此类地区应要求村集体经济组织委托政府农村审计中心实施审计。

对于村集体经济组织所属企业或其他经济组织，包括农村合作基金会或资金互助组织，多个农村集体经济组织合作的经济联合体，以农村集体资产投资控股的合作社、协会等，按照上述原则确定其是否纳入农村审计监督对象。

3. 经济责任审计对象

经济责任审计是审计监督的一种重要形式，农村集体经济责任审计的对象应当以村自治组织和村、组集体经济组织审计对象为基础，凡纳入农村审计监督范围的村自治组织、村组集体经济组织的负责人，都应是农村经济责任审计监督的对象，具体为村"两委"负责人、村"两委"委员和村民小组长。属于农村审计监督范围的村组集体经济组织的董事长、总经理，以及集体经济组织所属企业或其他经济组织的负责人，其经济责任审计也由农村审计中心负责。而对于以集体产权为主和以合作产权为主的村集体经济组织，村集体经济组织成员可以委托会计师事务所或农村审计中心进行审计。表6-1列示了不同组织类型农村经济责任审计的对象。

表 6 - 1　　　　　　　　　　　农村审计监督对象情况

组织类别		审计实施机构	是否经济责任审计对象
村组织	行政村	农村审计中心	是
	自然村（村民小组）	农村审计中心	是
村集体经济组织	私人经营方式	农村审计中心	是
	集体产权经营方式　设内审机构	内审机构/农村审计中心	否/是
	集体产权经营方式　未设内审机构	农村审计中心	是
	合作产权经营方式　设内审机构	内审机构/农村审计中心	否/是
	合作产权经营方式　未设内审机构	农村审计中心	是

（二）农村审计中心的职责范围

（1）村组织、村组集体经济组织及所属企业事业单位贯彻落实国家重大政策措施情况；

（2）村组织、村组集体经济组织及所属企业事业单位发展规划、战略决策、重大措施的制定、执行和效果情况；

（3）村组织、村组集体经济组织及所属企业事业单位财务收支情况；

（4）村组织、村组集体经济组织及所属企业事业单位固定资产投资项目；

（5）财政专项资金的分配使用情况；

（6）村组及所属企业事业单位的自然资源资产管理和生态环境保护责任的履行情况；

（7）村组织、村组集体经济组织及所属企业事业单位内部控制及风险管理情况；

（8）村组织、村组集体经济组织及所属企业事业单位领导人员履行经济责任情况；

（9）村组织、村组集体经济组织及所属企业事业单位审计发现问题的整改情况；

（10）其他事项。

二、审计监督内容的全覆盖

《农村集体经济组织审计规定》规定了农村审计机构的审计监督内容，归纳起来审计监督的事项范围主要涉及财务收支、资金和财产管理、财务管理制度、承包合同、收益分配、合作经济组织负责人任期目标和离任经济责任等事项。新时代的农村审计工作，需要根据新时代农村建设的特点调整审计监督内容，全面构建农村审计的工作范围（张红霞，2017）。以人民为中心、为人民谋幸福是我们党的初心和使命。因此，农村审计机构在服务乡村振兴战略过程中，必须始终把维护村民利益作为着力点，以农村审计全覆盖为工作目标，围绕公共资金的流向和所在，不仅做到时间、空间的全覆盖，还要做到相关主体的全覆盖，不断创新审计技术方法，做到数据、行为、事实、"三农"政策执行效果的全覆盖（苏欣，2018）。

（一）围绕政策决策落实情况提供审计服务

为实现乡村振兴，党和国家密集出台多项惠农政策，这些重大惠农政策措施是否能够得到坚决贯彻实施，直接关系着乡村振兴战略的成败。因此，农村审计应以服务乡村振兴战略为首要目标，着眼于国家政策决策措施贯彻落实的监督上，打通惠农政策落实的"最后一公里"，确保各项政策落实到位。首先，重点关注惠农政策在村庄的执行情况，以及惠农资金的实际到位情况，把与村民密切相关的高标准农田补贴、住房改造补贴、退耕还林补贴、异地搬迁补贴等兑现情况作为重中之重，以政策为重点、资金为主线、效益为目标，重点关注政策的宣传、资格的审查、项目的立项和管理、资金的分配和使用等环节，注重从政策宣传、政策执行、资金使用、实施效果等方面对政策实施的经济效益、社会效益、生态效益做出客观的评价（游瑞斌，2017），查实村干部、政策执行的相关人员是否存在不按政策办事、慢办事、乱做事等问题（张丰明，2018）。其次，关注资金分配管理使用情况，审计过程中重点关注产业扶贫、教育扶贫、健康扶贫、金融扶贫、社保兜底扶贫等各项精准扶贫政策措施落实情况（吕劲松、黄崑，2018）。最后，重点关注涉及农民负担的事项，关注政府相关部门和人员在办理涉及农民负担的事项时是否存在违法违规向农民和农村新型经营主体收取费用、集资、罚款，是否存在违法违规向农民或者农村集体经济组织转嫁应由政府承担的各项费用，强行向农民收费、搭车收费以及摊派项目配套资金、人员经费和捐助赞助的，在落实补贴、补助、补偿等惠农政策时是否存在要求农民缴纳有关费用或者向农村索取好处费，是否存在截留、挪用或者代扣代缴有关费用、配售商品的。通过对政策措施落实情况的跟踪监督，及时发现相关政策在贯彻落实过程中存在的问题，向党的农村工作领导小组和相关部门提出针对性的意见和建议，确保党和国家的政策措施落实到位，实现政策预期（于文波，2018）。通过审计发现问题整改，进一步密切了农村党群、干群关系，促进了农村社会稳定（李丽，2018）。

（二）围绕"三资"管理情况提供审计服务

资产、资源、资金是农村经济建设的保障，是广大村民最关注的内容，审计过程中应围绕收入、支出、资产、债权和工程建设项目等展开。

对于村级各项收入，审计过程中应重点关注：（1）各项收入的记录是否完整，有无不按时间上交或拖欠承包金，有无收入不入账、少入账、设账外小金库、公款私存、公款私分、坐收坐支，政府部门拨付资金、物资和接受捐赠等是否完整及时入账；（2）各项收入入账是否及时，未收取的费用是否及时挂账；（3）各项收入的分类是否正确，有无将"一事一议"资金、专项应付款等作为经营收入或其他收入入账，有无将借入款项、收回的应收款项等作为当年收入核算；（4）各项收入的账务处理是否正确，各项收入的账务处理是否符合《村集体经济组织财务会计制度》规定（于维贵，2019）。

对于村级各项支出，审计中应重点关注：（1）各项支出的内容是否合法、合规，是否符合有关政策和财务管理制度规定，有无违规列支走访费、招待费、考察费、租车费、通信费，各类土地征用补偿资金、村级转移支付是否专款专用，上级拨付、社会捐赠及粮食直补等专项资金是否专款专用，有无虚报、冒领、套取、侵占集体资产等问题；（2）审查各项支出的报销手续是否完备，是否履行民主理财程序（郭江华，2018），是否有经办人、审批人的签字和民主理财小组的审核专用章及成员签字等；有无签字不全或未经民主理财小组审核盖章的开支项目，以及村干部自支、自批、自报等问题；（3）各项支出报销的原始凭证是否合规、合法，凭证上填写的经济业务内容是真实，凭证要素是否填写齐全；（4）各项开支的界限划分是否正确，有无将属于福利费开支范围的支出项目作为经营支出、管理费用和其他支出；（5）各项支出的账务处理是否正确，有无提前确认或延期确定相关费用（刘雪凤，2018）。

对于村级资产，审计中应重点关注账实是否相符，是否存在白条抵库、挪用货币资金的情况；村集体耕地、堰塘、湖泊等资源性资产及其他经营性资产的发包、出租，是否采取招标、拍卖或公开协商等方式，是否与有关方签订承包合同，合同条款是否完善，合同双方的权利义务是否对等、明确，签订程序是否经过民主程序和公开招标，有无存在村集体资产低价变卖，有无非法转让、转卖和侵吞集体资产的行为（郭江华，2018），有无仗权承包、低价承包，承包收入不上账或者少上账；征地补偿款的管理、分配、使用和集体资产的管理是否符合规定。

对于村级债权债务，审计中应重点关注集体债权的记录是否完整，催收是否积极，坏账审批决策程序是否规范；有无违规举债；是否存在侵害村庄公共利益的高息借款；新增债务是否进行公示，是否经村民代表大会的商议，是否按规定的程序办理审批手续；是否存在擅自为其他集体或个人提供担保或抵押；往来款项是否及时清理，对于陈年旧账，是否及时查明原因并进行核销处理（于维贵，2019）。

在工程建设项目方面，审计中应重点关注农村公路修建、饮水安全、电网改造、农田水利基本建设、农业综合开发等基础设施建设资金来源是否合法，有无非法集资、盲目举债现象（郭江华，2018）；工程项目发包方案是否经村民代表会议讨论通过，工程发包过程是否严格按规定进行招标；招标文件或招标公告是否按规定进行公示；是否存在暗箱操作，违规发包；工程合同与招标文件是否一致（余云，2019）；项目实施过程管理是否规范，设计变更、工程结算和决算是否按规定程序办理；完工项目是否及时转固，是否存在重建设轻管理，项目长期闲置，损失浪费严重等问题（张丰明，2018）。

（三）围绕专项资金管理使用情况提供审计服务

为了推动乡村振兴，各级财政安排大量的涉农专项转移补助资金，包括脱贫攻坚资金，农村教育、就业、社会保障、卫生健康、文化等社会事业发展资金，农村基础设施资金，农村人居环境整治资金，乡村生态保护与修复资金等，农村审计中心应围绕财政专项资金管理使用情况，着重关注各类涉农资金的分配管理使用中是否存在虚报冒领、骗取套取、侵占挪用、贪污私分、挥霍浪费、优亲厚友、雁过拔毛、借机牟利的情况（张丰明，2018；郑小红，2018），关注乡村振兴相关资金使用和项目安排公告公示制度落实情况。在此基础上，扩大审计范围，将所有统筹用于贫困县脱贫攻坚的交通、教育、农业、水利、林业、卫生、环保等行业扶贫资金和各类社会帮扶资金纳入审计范围，做到全覆盖（吕劲松、黄崑，2018）。

（四）围绕乡村生态文明建设情况提供审计服务

改革开放以来，我国经济发展取得了巨大成就，但也积累了不少生态环境问题。各类环境污染呈高发态势，一段时间内成为民生之患、民心之痛。中共十八大以来，以习近平同志为核心的党中央高度重视生态文明建设，把生态文明建设摆在非常重要的位置，围绕生态文明建设提出了一系列新理念新思想新战略，环境质量得到迅速改善。但我们必须清醒地认识到，解决过去多年积累的环境问题绝非一朝一夕之功，我国生态文明建设仍处于压力叠加、负重前行的关键期，稍有松懈将可能出现反复。

作为我国生态系统的重要组成部分，农业农村生态系统如何发展事关生态文明建设的成效。在推进乡村振兴过程中，应将生态文明建设作为重要引领。乡村振兴不应仅仅是乡村产业的振兴，还应该是乡村生态文明的振兴，应把生态文明建设融入乡村振兴的各方面和全过程。习近平总书记指出："我们既要绿水青山，也要金山银山。宁要绿水青山，不要金山银山，而且绿水青山就是金山银山"。这是重要的发展理念，也是推进乡村现代化建设的重大原则。从发展现实来看，农业生产、生活对自然资源的依赖程度比较高，也很容易造成环境破坏，如乡村企业生产、乡村旅游、化肥农药农膜、畜禽养殖业等生产活动造成的污染，以及生活污水、生活垃圾等造成的污染（吴永婵，2017）。在乡村生态文明建设和乡村环境治理过程中，环保、财政、国土、农业、林业、水利、交通、建设等多个部门都发挥了很大的作用，但它们的作用主要体现政策的制定、执行、资金的管理和使用等方面。而农村审计中心视野更宽，分析问题更为全面，在推动乡村生态文明建设方面更具独立客观公正优势（孙星星，2019）。为此，农村审计应积极回应人民群众所想、所盼、所急，积极服务于乡村生态文明建设。针对一些地方在乡村生态环境保护和生态文明建设方面存在的问题，重点审查以下内容：农村基层组织的环保政策落实情况，生态环境建设相关法律法规的遵循情况（冯阳雪、徐鲲，2017），农村基层组织在生态环境保护上发挥作用的情况，村干部和村民生态环境保护意识的情况，地方政府环保资金投入和管理情况，村民参与生态环境保护项目建设的情况（吴舜泽等，2019），农村环保公共基础设施的建设和使用情况，对广大农民群众进行环保教育开展的情况，农村污染防治标准、自然资源的保护标准和农村环境标准的制定情况，农村饮用水保护、农村生活、生产垃圾处理、污水处理、畜禽养殖粪便处理、土壤保护、生态环境信息公开、社会舆论监督等制度的建立和实施情况（禹政敏、房宇，2016）。

（五）围绕村干部经济责任履行情况提供审计服务

村庄经济利益分配是乡村治理的核心问题，是全体村民最关注的焦点，也是引发村庄矛盾纠纷、破坏乡村和谐稳定的根源。村干部、特别是村"两委"负责人是联系党和政府与村民之间的桥梁和纽带，是党的农村工作方针、政策的贯彻者和执行者，也是所有村务活动的组织者和参与者。维护人民群众根本利益是农村审计的出发点和落脚点，从人民群众最关心、要求最迫切、最容易见效的事情抓起，加强对村级组织主要负责人的经济责任审计就是回应村民关切、有效化解矛盾纠纷的最佳切入点和最有力的突破口，通过对村级组织主要负责人的经济责任审计，评价其在任期内贯彻落实党和国家重大政策决策情况、村庄内部制度建立和执行情况、村集体三资管理和使用情况、任期内目标责任完成情况、财政扶贫涉农补助资金管理使用情况、环境保护和生态文明建设情况、落实党风廉政和个人廉洁自律情况等方面履行受托责任的程度，促进村级组织主要负责人依法履职尽责，提升乡村社会治理水平，维护村民的根本利益，实现乡村社会的和谐稳定和健康可持续发展，促进乡村振兴的实现（李丽，2018）。

（六）聚焦完善制度建立和执行提供审计服务

制度建设是推进各项工作科学规范的治本之策。乡村治理是一项系统工程，需要完善的制度来做保障。很多村庄公共事务中矛盾纠纷的产生，都与制度缺失或者执行不到位有关。实践证明，建立健全完善的村庄内部管理制度，通过制度管人、管事，才能从根本上防范各种问题和矛盾的发生。中共十九届四中全会明确提出要"提高制度设计的科学性"，"要强化制度的执行力。制度的生命力在于执行。要使中国特色社会主义制度的显著优势转化为国家治理效能，就要让制度真正落地生根。为此要强化制度的执行力，注重抓协调、抓落实、抓成效、抓巩固，并加强制度执行的监督"。因此，农村审计机构在服务乡村振兴战略过程中，必须关注村庄内部相关制度的建立健全情况（于文波，2018），聚焦"四议两公开"制度、村务公开制度、村务监督制度、多元主体参与乡村治理制度、村庄三资管理制度、财务收支制度、合同管理制度等制度的建立和执行情况，关注村庄重大项目决策、大额开支是否执行集体决策程序（于维贵，2019），是否存在决策内容不合法、决策程序不合规等问题，资金收取是否超标准、超范围（郭江华，2018），决策执行是否及时有效（张丰明，2018）。针对审计中发现的问题，着眼于建章立制，督促和帮助村组完善财务管理、村务监督、村级议事规则等制度，从源头上防范各类矛盾、问题的发生，提升村级管理工作规范化、制度化（李丽，2018）。

第五节　农村审计环境优化

一、健全农村审计相关法律法规

法律法规是农村审计工作的依据，是开展农村审计工作的基础，是提高农村审计质量和权威的重要保障。审计职责法定，任何权力都应该有边界。审计权力的边界主要体现在审计对象和范围的确定、审计人员职责权限界定、审计机构处理处罚权限以及审计结果如何运用上。法律没有赋予农村审计中心的权力，农村审计中心就不得行使，这是依法审计最基本的要求（李佳，2018）。因此，必须加快立法立规进程，通过农村审计立法，确保农村审计中心在法定权限范围内开展工作。根据农村审计法律法规的现状，应从以下两个方面加以完善：一是明确农村审计的法律地位和工作职责。从国家层面来讲，加快关于农村审计的立法，完善农村审计法规和条例，并制定完善的执行配套制度。结合农村经济活动的特点，制定、出台全国性的农村审计的法律、法规和规范性文件，明确农村审计的主体、对象、内容、程序和结果处理，明确全体村民与农村审计中心之间的审计委托代理关系。同时各地方政府部门还应该结合农村地区实际的发展情况，制定出适合当地农村体系的审计制度，确保审计工作的开展有法可依，审计依据充分、定性准确，处理处罚有理有据，使农村审计工作可合理有序地开展（韦艳红、白福，2014；葛红，2014；于君，2014）。

二、提高农村审计监督意识

在农村地区，对审计工作开展的重要性和必要性认识明显不足，农村基层干部和群众对于农村经济审计的重要性缺乏认识，对于审计结果也没有给予重视。要优化审计工作的环境，提高审计工作的成效，必须加大对农村审计工作的宣传力度，不断提高各级部门、村领导干部和农民群众的审计意识（栾建杰，2015）。使他们了解农村审计工作的必要性，认识到审计工作对保障农村经济发展的重要作用，以及自身在审计过程中的权力和义务（王丽红，2015）。首先，提高乡镇党委、政府、主管部门、涉农部门等领导对农村审计的重视程度，通过举办农村财务管理和审计学习班，强化基层领导对审计知识的学习，提高乡镇领导对审计工作重要性的认识，对农村审计工作引起高度重视；其次，改变村干部的农村财务审计观念，个别村干部对审计工作不予以重视，更有甚者，对审计工作予以阻挠，法制观念的淡薄和对审计工作的重视不足，是上述行为出现的重要原因，为此，必须对村党支部书记、村主任，大学生村官等人员进行适当的教育，一方面，促使村干部合理合法地使用村集体收支，减少违法开支、弄虚作假、损害集体利益的事项发生（李红，2015）；另一方面，通过对其行为进行约束，使得村干部能够配合审计工作的进行，提高审计工作的效率（张连风，2015）。最后，加大宣传力度，提高群众的法律意识，使其认识到积极配合审计调查取证活动的重要性（邱丽华，2016），积极参与到监督管理中来（王莉，2015）。审计人员要充分利用审计调查、下发审计通知书、进行审计座谈等机会，向被审计村干部、财会人员及其他有关人员宣传审计的重要性，提高审计的知晓率，并在实施审计的过程中加大对审计法、审计实施条例等法律法规的宣传，不断扩大审计影响，打消村干部和财务人员的顾虑，使其准确理解并深刻认识到农村审计对提高民主理财、防范农村经营风险的服务作用，从而减少抵触情绪，提高其对审计工作的配合程度，保障农村集体经济组织审计持续、健康发展（于君，2014）。

三、优化农村地区的审计工作环境

农村财务审计要想取得好的监督效果，需要有良好的内、外部环境和条件。一是改善农村地区的审计工作环境，国家要加大农村地区的资金投入，不断完善农村地区审计工作配套设施，为审计工作提供一定的物质保障（李丽美，2015）。二是加强财务基础工作，不断完善乡镇、村两级财务管理制度和内控制度（杨财生，2015）。为了保证审计工作有据可查，保证各项财务资料、数据的真实准确，就要不断加强财务基础工作，不断促进各项会计工作的规范化（柴香珍，2014）。规范村级管理者的管理行为，提高村庄公共事务管理和财务收支的透明度，消除村干部与村民之间的信息不对称（颜连江，2015）。三是加强与监察、纪检等权威部门的合作，加强与地方监察部门、纪检部门联合执法，真正落实审计部门提出的各种意见或建议，积极主动解决纠纷，调解矛盾，做好配合工作，主动寻找开展工作的突破口，争取地方政府对农村审计工作的支持（石建华，2014；吴国霞，2015）。四是积极推进农村民主政治进程，拓宽农村民主监督的渠道，加强对村务公开制度的指导和监督，合理配置权利，转变乡镇政府职能，在尊重村民自治权利的基础上，以经济、法律和教育等综合手段指导农村工作，不断改善党群干群关系。

主要参考文献

［1］徐友凤．农村财务审计工作亟待加强［J］．经济研究导刊，2014
（19）：158，160.

［2］赵金楼，李曼静．面向新农村经济建设的村级组织负责人经济责任
审计模式的研究［J］．商业研究，2009（1）：139 – 141.

［3］梅敏．论新农村建设中的公共资金绩效审计重点及难点［J］．现代
经济信息，2014（24）：324.

［4］陈超儒，杨玉华，王楠，等．成都市新型农村集体经济的规范与发
展研究［J］．农村经济，2010（12）：59 – 62.

［5］白海峰，杨少峰．浅谈村级组织负责人经济责任审计［J］．现代审
计与经济，2010（1）：30 – 31.

［6］耿永志，张秋喜．实施乡村振兴战略，需整体性提高乡村治理水平
［J］．农业现代化研究，2018（5）：717 – 724.

［7］徐勇．乡村治理结构改革的走向——强村、精乡、简县［J］．战略
与管理，2003（4）：90 – 97.

［8］党国英．重建乡村治理结构［J］．瞭望新闻周刊，2005（36）：59.

［9］温铁军．新农村建设：挑战与反思［J］．理论探讨，2006（6）：
74 – 76.

［10］贺雪峰．乡村治理研究与村庄治理研究［J］．地方财政研究，
2007（3）：46.

［11］卢福营，戴冰洁．"老板治村"：乡村治理的新尝试——浙江省金
村治理的调查与分析［J］．中共宁波市委党校学报，2007（4）：24 – 28.

［12］于建嵘．我国现阶段农村群体性事件的主要原因［J］．中国农村观
察，2003（6）：75 – 78.

［13］贺雪峰．乡村治理研究的三大主题［J］．社会科学战线，2005（1）：
219 – 224.

［14］汪荣．我国乡村治理模式的历史演进及其发展路径浅探［J］．理论

月刊，2013（7）：172－175.

［15］董颖鑫．以集体主义摧毁集体：小岗村悖论解读［J］．社会科学战线，2006（4）：59－63.

［16］林丽娜．莆田市荔城区村级财务公开工作现状及对策［J］．现代农业科技，2012（22）：352.

［17］王守智，王素华．转型期诱导我国政治秩序失衡的变量分析［J］．襄樊学院学报，2008（1）：20－23.

［18］丁煌，吴艳艳．政策执行过程中的隐蔽违规行为及其约束机制探讨［J］．社会主义研究，2012（2）：58－62.

［19］王世兴．加强农村财务管理创新的再思考［J］．科技信息，2011（25）：795.

［20］周燕玲．新农村建设中切实加强农村基层党组织建设［J］．中国集体经济，2012（4）：15－16.

［21］徐雪峰．村务公开、财务公开与乡村反腐［J］．成都行政学院学报，2013（2）：42－46.

［22］宋海青．当前村级民主理财、财务公开工作中存在的问题及对策［J］．经济研究导刊，2013（23）：239－240.

［23］杨沛艳．城镇化进程中的农村基层治理格局重构——基于村委会与宗族关系的探讨［J］．贵州社会科学，2011（7）：17－20.

［24］朱玉伟．新农村建设视野下统筹城乡民主政治发展问题探析［J］．传承，2013（10）：68－69.

［25］柯芳，张翠．城镇化背景下乡村治理面临的机遇和挑战［J］．重庆理工大学学报（社会科学），2011（10）：73－77.

［26］李姗．表舅和三叔的诉求［J］．农村工作通讯，2012（3）：27.

［27］黎珍．健全新时代乡村治理体系路径探析［J］．贵州社会科学，2019（1）：73－77.

［28］周少来．中国乡村治理结构转型研究——以基层腐败为切入点［J］．理论学刊，2018（2）：114－121.

［29］赵晓峰，马锐．乡村治理的理论创新及其实践探索——“落实乡村振兴战略，推进乡村治理体制机制创新”研讨会综述［J］．中国农村经济，2019（2）：131－136.

［30］刘守英，熊雪锋．中国乡村治理的制度与秩序演变——一个国家治理视角的回顾与评论［J］．农业经济问题，2018（9）：10－23.

［31］焦石文．乡村振兴视域下的治理转型［J］．学习论坛，2018（11）：61－65.

［32］邓超．实践逻辑与功能定位：乡村治理体系中的自治、法治、德治［J］．党政研究，2018（3）：89－95.

［33］吴理财，杨刚，徐琴．新时代乡村治理体系重构：自治、法治、德治的统一［J］．云南行政学院学报，2018（4）：6－14.

［34］冉光仙，徐兴灵．"四直为民"：乡村振兴背景下村庄治理协同机制的探索［J］．西南民族大学学报（人文社科版），2018（10）：191－197.

［35］吕德文．乡村治理法治化的实践过程——基于P县砂石盗采治理的分析［J］．华中农业大学学报（社会科学版），2019（2）：110－116，168.

［36］贺雪峰．乡村治理40年［J］．华中师范大学学报（人文社会科学版），2018（6）：14－16.

［37］王文彬．自觉、规则与文化：构建"三治融合"的乡村治理体系［J］．社会主义研究，2019（1）：118－125.

［38］乔惠波．德治在乡村治理体系中的地位及其实现路径研究［J］．求实，2018（4）：88－97，112.

［39］王裕根．法治融入乡村治理的现实困境与展望——基于乡镇综治工作的考察［J］．理论导刊，2018（6）：47－54.

［40］汪鑫，李渡．反思法视角下乡村治理的自治与法治之维［J］．江西财经大学学报，2019（1）：132－139.

［41］邓建华．构建自治法治德治"三治合一"的乡村治理体系［J］．天津行政学院学报，2018（6）：61－67.

［42］吕德文．乡村治理70年：国家治理现代化的视角［J］．南京农业大学学报（社会科学版），2019（4）：11－19，156.

［43］陈寒非．嵌入式法治：基于自组织的乡村治理［J］．中国农业大学学报（社会科学版），2019（1）：80－90.

［44］陈德霖．农村小审计社会大担当——浙江省余姚市"以农审中心为主导乡镇内审监审合一"发展模式纪实［J］．中国内部审计，2014（7）：13－14.

［45］刘丽强，刘之沛．干净的交代［N/OL］．江西日报．2015－2－9. http：//epub. cnki. net/kns/detail/detail. aspx？FileName＝JXRB20150209A012&DbName＝CCND2015.

［46］廖少兰，刘加盛，马连福．农村集体经济审计面临的难题及对策研究［J］．中国集体经济，2015（4）：6－7.

［47］朱小洁．加强农村村集体财务审计监督［J］．财经界（学术版），2015（13）：317，364.

［48］唐敬国，董纪民．强化农村集体经济审计的实践与思考［J］．当代农村财经，2015（2）：42－44.

［49］陈金状．屏南县农村集体经济审计现状及对策建议［J］．福建农业科技，2015（9）：62－63.

［50］郑炜亮．农村集体经济财务管理和审计监督存在问题及对策［J］．中国集体经济，2014（12）：3－4.

［51］李歆，王路瑶．农村审计现状与优化措施［J］．会计之友，2016（22）：108－110.

［52］章海锋，任国华，俞丽芬．农民专业合作社发展中的"破"与"立"［J］．新农村，2010（7）：15－16.

［53］叶爽．新农村财务监督问题研究［J］．福建论坛（人文社会科学版），2010（8）：33－36.

［54］张志．农村财务审计中存在的问题及解决对策［J］．企业改革与管理，2015（2）：201.

［55］陈金状．屏南县农村集体经济审计现状及对策建议［J］．福建农业科技，2015（9）：62－63.

［56］张连风．关于完善和规范农村财务审计的研究［J］．经营管理者，2015（29）：265.

［57］陈琛凝．加强村级集体经济审计的几点思考［J］．中国乡镇企业会计，2010（11）：132－133.

［58］黄波兰．农村社区集体经济组织审计创新模式选择［J］．农业经济，2015（11）：65－66.

［59］赵志明．农村财务审计监督体系改革探索［J］．会计之友（下旬刊），2006（8）：35－36.

［91］张莉．国家审计与国家治理能力研究［D］．天津财经大学，2017．

［92］潘享清．现代国家治理体系的核心要素［J］．中国机构改革与管理，2015（2）：9－11．

［93］廖义刚，陈汉文．国家治理与国家审计：基于国家建构理论的分析［J］．审计研究，2012（2）：9－13．

［94］何得桂，张硕．全面脱贫视域下乡村治理的实践检视与国家整合［J］．河南师范大学学报（哲学社会科学版），2019（4）：24－29．

［95］梅长青，李达．多元主体共治：新时代乡村治理创新的主要轨迹［J］．云南行政学院学报，2019（1）：172－176．

［96］张红阳，朱力．"权力悬浮"背景下乡村治理无效性的根源——基于华北D村自来水工程建设史的分析［J］．学习与实践，2017（3）：90－98．

［97］张新文，张国磊．社会主要矛盾转化、乡村治理转型与乡村振兴［J］．西北农林科技大学学报（社会科学版），2018（3）：63－71．

［98］肖迪．政府审计实现国家治理效能的研究［D］．长沙理工大学，2018．

［99］魏明，邱钰茹．国家审计参与国家治理的信号传递机制研究［J］．审计与经济研究，2015（3）：79－87．

［100］赵丽金．村级会计委托制下农村审计的新变化分析［J］．科技经济导刊，2018（14）：176－177．

［101］李玉峰．纪检监察派驻机构对驻在部门的管理研究［D］．南昌大学，2017．

［102］胡育波．国家审计监督效果研究［D］．武汉大学，2018．

［103］李坤．国家治理机制与国家审计的三大方向［J］．审计研究，2012（4）：20－25．

［104］刘志鹏．公共政策过程中的信息不对称及其治理［J］．国家行政学院学报，2010（3）：52－56．

［105］张光雷．农村集体产权改革与农村社区腐败治理机制建构探究［J］．农村经济与科技，2017（S1）：5．

［106］章轲．基于国家产权理念的国家审计本质研究［J］．审计研究，2012（6）：3－9．

［107］黄韬，王双喜．产权视角下乡村治理主体有效性的困境和出路［J］．马克思主义与现实，2013（2）：173－179．

[108] 黄振华，张会芬．农村产权单元与自治单元的关联性及其治理效能——基于全国 25 个省（区、市）296 个村庄的实证分析 [J]．宁夏社会科学，2018（1）：129 – 134.

[109] 仝志辉，韦潇竹．通过集体产权制度改革理解乡村治理：文献评述与研究建议 [J]．四川大学学报（哲学社会科学版），2019（1）：148 – 158.

[110] 王昉．马克思的土地产权理论与传统中国社会农村地权关系 [J]．理论前沿，2008（15）：20 – 21.

[111] 李孝林，李歆．国家审计产生和发展基本动因：维护产权论 [J]．审计研究，2013（2）：22 – 26.

[112] 贾娜．产权理论研究综述 [J]．法制与社会，2010（21）：18，30.

[113] 刘德浩．"乡政村治"模式的困境与农村治理模式创新——基于成都市农村产权改革的调查 [J]．管理学刊，2016（5）：36 – 42.

[114] 科斯．财产权利与制度变迁 [M]．上海：上海三联书店，1991.

[115] 张五常．新制度经济学的来龙去脉 [J]．交大法学，2015（3）：8 – 19.

[116] 张应良，杨芳．农村集体产权制度改革的实践例证与理论逻辑 [J]．改革，2017（3）：119 – 129.

[117] 李素珍．农村土地流转问题探析——以北京市昌平区为例 [J]．北京农业职业学院学报，2016（6）：37 – 41.

[118] 陈荣卓，刘亚楠．农村集体产权改革与农村社区腐败治理机制建构 [J]．华中农业大学学报（社会科学版），2017（3）：76 – 81，152.

[119] 苏璐琳．农村集体资产管理现状思考与对策——定西市加强农村集体资产管理促进农村经济发展调研 [J]．甘肃科技，2013（14）：100 – 102.

[120] 陆剑，彭真明．农村产权交易的制度建构——基于成都、武汉农村产权交易所的实证研究 [J]．农村经济，2010（9）：12 – 15.

[121] 黄宗智．国家与村社的二元合一治理：华北与江南地区的百年回顾与展望 [J]．开放时代，2019（2）：7 – 8，20 – 35.

[122] 朱新山．从差序格局到平权格局——近代以来中国社会转型的历史趋势分析 [J]．毛泽东邓小平理论研究，2017（4）：69 – 74，108.

[123] 沈费伟．传统国家乡村治理的历史脉络与运作逻辑 [J]．华南农业大学学报（社会科学版），2017（1）：132 – 140.

［124］徐勇．实践创设并转换范式：村民自治研究回顾与反思——写在第一个村委会诞生35周年之际［J］．中国社会科学评价，2015（3）：4-12，125.

［125］黄强．中国古代"乡下人进城"的文学叙述［J］．扬州大学学报（人文社会科学版），2007（5）：31-37.

［126］杜赞奇，刘昶．中国漫长的二十世纪的历史和全球化［J］．开放时代，2008（2）：94-101.

［127］唐晓腾．从经济发展史看近代以来中国乡村治理结构的变迁［J］．中共宁波市委党校学报，2007（5）：35-41.

［128］马欣荣．略论中国近代乡村治理结构转型的逻辑［J］．电子科技大学学报（社科版），2011（5）：103-108.

［129］金太军．中国乡村关系的现状及对策［J］．扬州大学学报（人文社会科学版），2002（4）：9-16.

［130］苏海新，吴家庆．论中国乡村治理模式的历史演进［J］．湖南师范大学社会科学学报，2014（6）：35-40.

［131］彭勃，杨志军．参与和协商：地方治理现代化问题［J］．上海行政学院学报，2014（3）：20-27.

［132］邢斌．农村基层自治的历史演进研究［J］．管理观察，2009（12）：89-90.

［133］项继权，李增元．经社分开、城乡一体与社区融合——温州的社区重建与社会管理创新［J］．华中师范大学学报（人文社会科学版），2012（6）：1-9.

［134］李志刚，刘晔．中国城市"新移民"社会网络与空间分异［J］．地理学报，2011（6）：785-795.

［135］邱哲．大学生村官推进新农村基层民主建设的实践与创新——以温州大学生村官为例［J］．经济研究导刊，2010（24）：47-48.

［136］李增元．由"弱民主"到"强民主"：现代国家建构视野中乡村民主的崛起与发展［J］．中国农村观察，2009（3）：85-93，96.

［137］覃耀坚，农植媚．乡村治理从传统化向现代化转化的探讨——基于历史制度主义的视角［J］．哈尔滨学院学报，2016（3）：25-29.

［138］李飞跃，林毅夫．发展战略、自生能力与发展中国家经济制度扭

曲 [J]．南开经济研究，2011（5）：3 - 19.

[139] 胡珊．宗族因素对村民自治的影响 [J]．理论观察，2007（5）：133 - 134.

[140] 俞新天．集体认同：增强国际话语权的关键 [J]．国际展望，2016（3）：1 - 16，142.

[141] 吴杰华，刘志秀．传统伦理道德对乡村治理模式变迁的非制度性影响 [J]．法制与社会，2011（12）：219 - 220.

[142] 杨嵘均．论农民自组织动力源的现代转型及其对乡村治理的结构优化 [J]．学术研究，2014（5）：33 - 44.

[143] 金太军．拓展农民合作能力与减轻农民负担 [J]．华中师范大学学报（人文社会科学版），2004（5）：38 - 39.

[144] 陶传进．控制与支持：国家与社会间的两种独立关系研究——中国农村社会里的情形 [J]．管理世界，2008（2）：57 - 65.

[145] 周飞舟，王绍琛．农民上楼与资本下乡：城镇化的社会学研究 [J]．中国社会科学，2015（1）：66 - 83，203.

[146] 田先红，陈玲．"阶层地权"：农村地权配置的一个分析框架 [J]．管理世界，2013（9）：69 - 88.

[147] 谭九生，任蓉．大数据嵌入乡村治理的路径创新 [J]．吉首大学学报（社会科学版），2017（6）：30 - 37.

[148] 陈潭．大数据驱动社会治理的创新转向 [J]．行政论坛，2016（6）：1 - 5.

[149] 任艳妮．乡村治理主体围绕治理资源多元化合作路径探析 [J]．农村经济，2011（6）：19 - 23.

[150] 仝志辉．村委会和村集体经济组织应否分设——基于健全乡村治理体系的分析 [J]．华南师范大学学报（社会科学版），2018（6）：134 - 140，191.

[151] 吕德文．乡村治理空间再造及其有效性——基于 W 镇乡村治理实践的分析 [J]．中国农村观察，2018（5）：96 - 110.

[152] 王晓毅．完善乡村治理结构，实现乡村振兴战略 [J]．中国农业大学学报（社会科学版），2018（3）：82 - 88.

[153] 王妍，兰亚春．欠发达地区乡村治理主体多元协同机制构建 [J]．

人民论坛，2015（29）：229-231.

[154] 刘金海. 乡村治理模式的发展与创新 [J]. 中国农村观察，2016（6）：67-74，97.

[155] 李占宾. 基层治理的现实困境及法治化路径 [J]. 河南师范大学学报（哲学社会科学版），2016（1）：16-21.

[156] 王银梅. 农村基层社会治理的困境与突破——以宁夏为样本的研究 [J]. 西南民族大学学报（人文社科版），2017（12）：198-204.

[157] 曲海月. 我国乡村治理面临的困境 [J]. 法制与社会，2017（21）：164-165.

[158] 王晓娜. 乡村治理秩序：历史梳理与现代构建 [J]. 中共福建省委党校学报，2017（12）：20-26.

[159] 姜义金. 乡村治理之困与协商民主之道 [J]. 决策与信息，2017（9）：79-88.

[160] 张波. 农村基层民主自治制度的回归与重塑——以上海 H 镇"草根宪法"实践为例 [J]. 学术探索，2017（9）：52-59.

[161] 张红阳，朱力. "权力悬浮"背景下乡村治理无效性的根源——基于华北 D 村自来水工程建设史的分析 [J]. 学习与实践，2017（3）：90-98.

[162] 张良. "资本下乡"背景下的乡村治理公共性建构 [J]. 中国农村观察，2016（3）：16-26，94.

[163] 陆益龙，王枫萍. 乡村治理中乡镇政府的双重困境及其成因——甘肃省 C 镇的个案经验 [J]. 西北师大学报（社会科学版），2017（5）：37-44.

[164] 齐卫平，刘益飞，郝宇青，等. 乡村治理：问题与对策（笔谈）[J]. 华东师范大学学报（哲学社会科学版），2016（1）：1-12，169.

[165] 周忠丽，周义程. 利益、组织与价值：农村基层党组织凝聚力弱化的三维解释框架 [J]. 行政论坛，2017（6）：88-93.

[166] 杜海峰，顾东东. 中国人口净流出地区的农村基层组织现状——以河南省 Y 县为例 [J]. 行政论坛，2017（6）：71-80.

[167] 刘柳，李毅弘. 基层党组织在乡村治理中的引领着力点探析 [J]. 中共成都市委党校学报，2017（3）：45-49.

[168] 蔡莉英. 凉山彝区贫困农村基层治理创新实践与探索 [J]. 中共

乐山市委党校学报，2017（5）：82－85．

[169] 肖爱生．当前村委会发展中的现实困境与破解对策 [J]．天水行政学院学报，2017（5）：44－47．

[170] 李鑫诚．乡村权力下沉治理模式的运行策略及其反思 [J]．湖北社会科学，2017（4）：22－27．

[171] 叶静怡，韩佳伟．村民自治的现状与问题——基于黑龙江 A 镇样本的研究 [J]．学习与探索，2017（9）：117－125．

[172] 白现军，张长立．乡贤群体参与现代乡村治理的政治逻辑与机制构建 [J]．南京社会科学，2016（11）：82－87．

[173] 杜姣．村治主体的缺位与再造——以湖北省秭归县村落理事会为例 [J]．中国农村观察，2017（5）：32－45．

[174] 冷向明，范田超．流动中的乡村：社会基础变迁与有效治理实现——基于鄂中 L 村的实证分析 [J]．求实，2016（1）：90－96．

[175] 贺雪峰．论乡村治理内卷化——以河南省 K 镇调查为例 [J]．开放时代，2011（2）：86－101．

[176] 吴业苗．乡村治理的城镇面向与图景——基于"人的城镇化"发展逻辑 [J]．社会科学战线，2017（3）：165－173．

[177] 杨华，王会．重塑农村基层组织的治理责任——理解税费改革后乡村治理困境的一个框架 [J]．南京农业大学学报（社会科学版），2011（2）：41－49．

[178] 陈健．新时代乡村振兴战略视域下现代化乡村治理新体系研究 [J]．宁夏社会科学，2018（6）：12－16．

[179] 郎友兴．走向总体性治理：村政的现状与乡村治理的走向 [J]．华中师范大学学报（人文社会科学版），2015（2）：11－19．

[180] 张立芳，郭华夏．试论乡村治理中村民内部利益主体博弈策略——基于智猪博弈分析 [J]．农业经济，2017（4）：68－70．

[181] 董磊明，郭俊霞．乡土社会中的面子观与乡村治理 [J]．中国社会科学，2017（8）：147－160．

[182] 张露露，王露蓉，夏书明．村干部贪腐的生成逻辑及治理对策 [J]．领导科学，2017（15）：17－19．

[183] 崔云朋，乔瑞金．农村社区治理主体的实践困境与制度突破 [J]．

社会治理，2017（6）：81-87.

［184］李齐，李欢欢．乡村治理中地方政府行为逻辑的重构［J］．理论探讨，2017（6）：19-26.

［185］贺雪峰，董磊明，陈柏峰．乡村治理研究的现状与前瞻［J］．学习与实践，2007（8）：116-126.

［186］龚春明．精致的利己主义者：村干部角色及"无为之治"——以赣东D镇乡村为例［J］．南京农业大学学报（社会科学版），2015（3）：27-33，122.

［187］周少来．乡村治理：制度性纠结何在［J］．人民论坛，2019（3）：51-53.

［188］贺雪峰．论中国村庄结构的东部与中西部差异［J］．学术月刊，2017（6）：111-119.

［189］汪杰贵．论我国农民自组织公共参与意识的培育［J］．天津行政学院学报，2017（6）：51-56.

［190］曲延春，陈浩彬．农村基层协商民主制度化：实践困境与推进路径［J］．农村经济，2017（10）：13-17.

［191］贺辉文．局部失序：乡村邻避冲突的治理困境——以中部某地胶筐厂为例［J］．现代城市研究，2017（1）：23-28，46.

［192］房正宏，王冲．互联网时代的乡村治理：变迁与挑战［J］．电子政务，2017（1）：24-31.

［193］张会萍，周靖方，赵保海．乡村振兴视阈下乡村治理的困境与出路［J］．农业经济，2019（3）：9-11.

［194］徐铜柱，杨海莺．乡村治理中法治文化的缺失与建构——兼论村干部腐败的治理［J］．湖北民族学院学报（哲学社会科学版），2017（6）：135-141.

［195］马永定，戴大新．当前乡村治理存在问题及对策研究——以绍兴市为例［J］．绍兴文理学院学报（哲学社会科学），2017（3）：42-48.

［196］孙布克，潘晨光．关于现阶段我国乡村治理路径选择的思考［J］．农业经济，2019（1）：43-45.

［197］孔令英，郑涛．乡村治理视角下民族特困地区精准扶贫实践的困境——基于新疆南疆地区两个村庄的调查［J］．新疆大学学报（哲学·人文

社会科学版），2017（4）：19－25.

［198］邓丽卿. 龙岩市农村财务审计存在的问题及对策［J］. 经营管理者，2015（21）：33.

［199］王丽红. 论做好农村财务审计工作保障农业经济又好又快发展［J］. 经营管理者，2015（31）：321.

［200］占一熙. 构建农村集体"三资"审计体系——以浙江省淳安县为例［J］. 中国农业会计，2014（10）：10－11.

［201］柴香珍. 农村财务审计存在的问题和解决措施研究［J］. 财经界（学术版），2014（19）：239－240.

［202］李小满. 浅议村级财务审计工作中存在的问题与对策［J］. 农村经济与科技，2013（7）：154，173.

［203］杨羽. 我国农村财务信息化现状及对策研究［D］. 华中师范大学，2011.

［204］何瑾. 村级财务审计中存在的问题及其对策［J］. 经营管理者，2012（18）：234.

［205］周少来. 中国乡村治理结构转型研究——以基层腐败为切入点［J］. 理论学刊，2018（2）：114－121.

［206］任雪娇. 农村审计：实现村务监督的有效手段［J］. 渭南师范学院学报，2019（6）：18－25.

［207］董大胜. 国家、国家治理与国家审计——基于马克思主义国家观和中国国情的分析［J］. 审计研究，2018（5）：3－11.

［208］刘家义. 国家治理现代化进程中的国家审计：制度保障与实践逻辑［J］. 中国社会科学，2015（9）：64－83，204－205.

［209］刘笑霞，李明辉. 国家审计与国家治理现代化的关系：历史考察及其启示［J］. 江苏社会科学，2016（1）：89－99.

［210］邢勤锋. 安徽"美好型"乡村治理路径创新中的博弈分析——基于不作为到作为、博弈到合作的视角［J］. 上海市经济管理干部学院学报，2015，13（2）：57－64.

［211］黄龙敏. 浅析信息不对称对农村市场的影响［J］. 商业研究，2003（17）：149－151.

［212］张阳. 农村信息服务中信息不对称及治理［J］. 贵州农业科学，

2009（9）：258 – 260.

　　［213］孙葆春，熊伟．信息不对称与农村诚信缺失［J］．农村经济，
2006（9）：94 – 97.

　　［214］常凌杰，郭爱芳．政府政策跟踪审计机理及实现方式探讨［J］．
财会通讯，2018（34）：93 – 97，129.

　　［215］岳俊侠，董钰凯．国家审计在腐败治理中的作用——以十九大报
告关于反腐败精神为基点［J］．财务与金融，2018（3）：55 – 58.

　　［216］审计署审计科研所．国家审计与国家治理研讨会综述［J］．审计
研究，2012（1）：3 – 5.

　　［217］张丰明．强化村级经责审计　服务乡村振兴战略［J］．理财，
2018（6）：82 – 83.

　　［218］宋才发，张术麟．新时代乡村治理的法治保障探讨［J］．河北法
学，2019（4）：2 – 13.

　　［219］陈英姿．国家审计推动完善国家治理的作用研究［J］．审计研究，
2012（4）：16 – 19，25.

　　［220］沈费伟，刘祖云．政府在乡村治理中的角色分析——基于有限政
府的视角［J］．长白学刊，2016（3）：63 – 69.

　　［221］杨财生．农村财务审计中存在的问题和对策［J］．北京农业，
2015（3）：240 – 241.

　　［222］孙树莉．农村审计中存在的问题及对策［J］．山西农经，2015
（2）：81 – 82.

　　［223］陈帮林．农村审计转型［J］．农村财务会计，2012（3）：25 – 28.

　　［224］李歆．村级审计模式创新比较与启示［J］．财会月刊，2013（4）：
99 – 100.

　　［225］淄川区政府调研室．创新审计模式　推进村级审计全覆盖——淄
川区探索推行审计机关直审"村官"模式调查［J］．山东经济战略研究，
2012（4）：21 – 22.

　　［226］李永波，李玉新．推行村级"权力清单"让村权"晒太阳"——
淄博市淄川区推进村级规范化建设侧记［J］．机构与行政，2015（7）：
23 – 24.

　　［227］刘建茂．淄川直审"村官"新政［J］．决策，2014（7）：59 – 61.

［228］刘小英．转型中的农村集体经济审计新模式——基于江山市农村集体经济审计的实践［J］．农业部管理干部学院学报，2010（2）：65－67．

［229］卢福营，戴冰洁．减负导向的基层社会治理整治——以浙江省江山市"村（社区）工作准入制"为例［J］．学习与探索，2015（5）：48－53．

［230］苏欣．乡村振兴背景下村居治理监督机制创新——以村居审计为例［J］．黑龙江社会科学，2018（5）：23－27．

［231］姜丽鸥．开创农村审计新模式［J］．农村经营管理，2010（7）：42－43．

［232］李成艾．农村审计组织模式的创新与发展——基于宁波农村审计的实践与探索［J］．财会通讯，2011（13）：89－90．

［233］李丽．强化村级经责审计　服务乡村振兴战略——陕西省村级（社区）组织主要负责人经济责任审计试点推广现场会议综述［J］．现代审计与经济，2018（6）：7－10．

［234］赵梓含．加强村干部经济责任审计　促进农村财务管理规范化［J］．河北农业，2018（9）：63－64．

［235］梁素萍．我国政府审计存在的问题与解决对策［J］．财会月刊，2010（15）：80－82．

［236］陈玉华．国家整合、组织生长与农村公共财产治理机制创新——后陈村务监督委员会的经验解读［J］．兰州学刊，2010（3）：99－101，118．

［237］陆小玲．村级领导干部经济责任审计存在的问题与对策［J］．科技经济市场，2007（3）：253．

［238］韦艳红，白福．农村集体经济审计模式研究［J］．农民致富之友，2014（24）：18－19．

［239］曹晓丽．试论农村经济审计的规范［J］．中国外资，2014（1）：238．

［240］葛红．试析农村经济管理审计面临的问题以及相关对策［J］．农民致富之友，2014（18）：55．

［241］李红．加强农村集体财务审计的思考［J］．农业与技术，2015（6）：238－239．

［242］李永吉．农村审计的现状与出路——云南洱源农经部门审计职能行使情况调查［J］．农村财务会计，2018（3）：25－27．

［243］傅黎瑛．理顺村级会计代理制与村级审计的关系［J］．会计之友，

2011（25）：107 – 109.

　　[244] 刘新绍. 农村集体经济组织审计程序的构建 [J]. 农业经济，2017（8）：56 – 57.

　　[245] 李明岩，纪海荣. 农村审计问题的探讨 [J]. 农业经济，2015（11）：67 – 68.

　　[246] 李歆，王路瑶. 农村审计现状与优化措施 [J]. 会计之友，2016（22）：108 – 110.

　　[247] 王书明. 重庆市村级财务管理存在的问题及对策建议 [J]. 南方农业，2017（25）：22 – 24.

　　[248] 陶媛婷. 农村审计模式反思 [J]. 农村财务会计，2015（6）：20 – 22.

　　[249] 李卫斌，程鸣，马梅芝. 新农村建设中公共资金绩效审计评价指标设计 [J]. 产业与科技论坛，2010（3）：105 – 107.

　　[250] 孙玲. 农村审计工作存在的问题及对策探讨 [J]. 农业科技与信息，2016（26）：14.

　　[251] 杨雪桂. 农村审计工作存在的问题与对策 [J]. 江西农业，2019（10）：133.

　　[252] 李素红. 农村财务审计探讨 [J]. 行政事业资产与财务，2017（18）：89 – 90.

　　[253] 孙树莉. 农村审计中存在的问题及对策 [J]. 山西农经，2015（2）：81 – 82.

　　[254] 马秀芳. 论农村审计工作存在的问题与对策 [J]. 行政事业资产与财务，2016（33）：83 – 84.

　　[255] 王素梅，羊柳青. 产权视角下建立健全自然资源审计与治理机制的路径分析 [J]. 中国行政管理，2018（1）：151 – 152.

　　[256] 吕劲松，黄崑. 乡村振兴战略背景下扶贫审计创新研究 [J]. 审计研究，2018（4）：12 – 17.

　　[257] 丁晓燕. "联动审计制" 下国家经济监督系统功能及其动力机制研究 [J]. 财会月刊，2012（33）：26 – 29.

　　[258] 黎建忠. 对农村经济审计的思考 [J]. 审计与理财，2017（5）：22 – 23.

　　[259] 张春华. 大数据时代的乡村治理转型与创新 [J]. 重庆社会科学，

2017（6）：25－31.

[260] 张连风. 关于完善和规范农村财务审计的研究［J］. 经营管理者，2015（29）：265.

[261] 徐捷. 农村财务审计面临的困境及对策［J］. 中国农业会计，2014（2）：32－33.

[262] 杨炳照. 农村财务审计存在的问题及对策［J］. 北京农业，2014（15）：292－293.

[263] 王玉海. 涉农资金审计全覆盖的难点和途径［J］. 农村财务会计，2017（5）：25－27.

[264] 张艳. 农村审计中的问题与对策［J］. 合作经济与科技，2013（2）：93－94.

[265] 林新伟. 农村审计体系构想［J］. 农村财务会计，2014（6）：17－20.

[266] 袁兆胜. 做好农村审计分类［J］. 农村财务会计，2017（7）：21－24.

[267] 刘春红. 试论当前村级财务审计的现状和对策［J］. 农民致富之友，2010（9）：52.

[268] 王少霞. 试论农村财务审计存在的问题及解决对策［J］. 山西农经，2017（13）：25，29.

[269] 胡聪，李佳其，周天. 新形势下农村财务收支审计问题研究［J］. 中国乡镇企业会计，2014（8）：171－172.

[270] 刘小宁. 浅谈农村集体经济组织审计的现状、作用和策略［J］. 农村经济与科技，2017（3）：149－151.

[271] 贾树霞. 河口区农村集体财务审计工作浅析［J］. 农民致富之友，2014（18）：10.

[272] 潘建文. 浅谈农村审计的"症结"［J］. 会计师，2016（13）：54－55.

[273] 李丽美. 农村经济管理审计面临的问题与解决措施［J］. 中国集体经济，2015（34）：116－117.

[274] 蒋成忠. 农村审计"四法"［J］. 农村财务会计，2014（2）：8－10.

[275] 林敏. 农村审计不到位探讨［J］. 农村财务会计，2015（5）：21－24.

［276］王志顺．农村审计实践的思考［J］．农民致富之友，2015（9）：192.

［277］吕守明，耿桂玲．加强当前农村审计的几点建议［J］．中国农业会计，2014（6）：64.

［278］李敏．构建支持"三位一体"乡村治理的审计模式探析［J］．农业经济，2015（12）：52－54.

［279］杨秀芹．农村财务审计工作存在的问题及对策［J］．乡村科技，2017（2）：35－36.

［280］聂鑫．农村审计问题分析［J］．科技展望，2015（17）：69.

［281］邱丽华．关于农村经济审计工作重点环节的探讨［J］．经贸实践，2016（22）：95，99.

［282］刘喆．农村财务审计存在的问题及对策［J］．中国集体经济，2018（29）：116－117.

［283］刘冰瑜．强化农村集体经济审计　规范涉农资金管理［J］．农业与技术，2015（7）：208－209.

［284］成永菊．农村集体经济审计模式创新研究［J］．农民致富之友，2018（8）：8.

［285］李佳．以新时代法治思想推进依法审计［J］．发展，2018（11）：23－24.

［286］王彪华．国家审计准则变迁及其影响研究：一个理论解释［J］．中央财经大学学报，2018（12）：52－61.

［287］周汉庭．试论审计标准［J］．审计与经济研究，1999（4）：23－25.

［288］良言．全面理解审计准则的作用［J］．中州审计，2004（6）：1－5.

［289］项文卫．略论新国家审计准则的十大作用［J］．现代审计与经济，2011（2）：18，22.

［290］江景叨．浅谈应如何加强农村集体经济审计［N/OL］．中国审计报．2015－4－8．http：//epub.cnki.net/kns/detail/detail.aspx？FileName＝CSJB201504080022&DbName＝CCND2015.

［291］刘雨华．农村财务审计浅析［J］．现代农业，2015（2）：70－71.

［292］李少霞．农村集体经济财务管理和审计监督存在问题及解决措施研究［J］．经营管理者，2017（23）：50.

［293］郭寨花．刍议农村"两委"换届审计工作措施——以孝义市为例

[J]．山西农经，2018（20）：117．

[294] 王昊，赵越，石楷文，等．审计方法于大数据时代的革新 [J]．市场周刊（理论研究），2018（5）：123 – 124．

[295] 张莉枚．电子数据审计方法与现状 [J]．商，2016（25）：136，147．

[296] 赵晓东，张晓明．知识经济环境下审计方法创新研究——基于整合研究的方法 [J]．郑州航空工业管理学院学报，2016（5）：118 – 122．

[297] 胡三毛．浅议大数据环境下基层审计机关预算执行审计方法创新 [J]．金融经济，2016（18）：161 – 162．

[298] 孙泽宇．基于大数据的财务报告审计方法研究 [J]．会计之友，2016（8）：109 – 111．

[299] 黄廉传，杨王太，李晓院，等．危改补助资金"补"了谁家"助"了何人——吉安市××县农村危房改造补助资金审计方法 [J]．审计与理财，2017（10）：4 – 6．

[300] 徐超，黄佳佳．大数据背景下医疗保险基金审计方法研究——以H省的审计项目为例 [J]．财政监督，2018（19）：65 – 70．

[301] 陈伟，孙梦蝶．基于网络爬虫技术的大数据审计方法研究 [J]．中国注册会计师，2018（7）：76 – 80．

[302] 高卉．面向数据集中式管理的政府审计方法研究 [J]．科学管理研究，2016（3）：53 – 55．

[303] 杨博霞．多种审计方法在扶贫审计中的应用探究 [J]．财会学习，2018（27）：140 – 141．

[304] 曾军，潘宏科，程世斌．基于大数据的多行业关联审计方法研究 [J]．中国内部审计，2016（12）：88 – 92．

[305] 陈伟，勾东升，徐发亮．基于文本数据分析的大数据审计方法研究 [J]．中国注册会计师，2018（11）：3，80 – 84．

[306] 陈伟，吴正，刘海．基于Benford定律的大数据审计方法研究与实现 [J]．中国注册会计师，2017（9）：80 – 84．

[307] 姜晓依．基于社会网络的新型审计方法研究 [J]．市场周刊，2019（1）：64 – 65．

[308] 王醒无．领导干部自然资源资产和环境责任离任审计方法探析 [J]．现代审计与经济，2017（2）：34 – 36．

［309］张红霞．关于做好农村审计工作的探讨［J］．中外企业家，2017（11）：73.

［310］游瑞斌．加强农村村级财务管理的审计分析［J］．山西农经，2017（15）：42.

［311］于文波．基层审计机关在乡村振兴战略中的服务定位［J］．审计月刊，2018（3）：18－19.

［312］于维贵．浅谈农村财务管理问题与审计对策［J］．农业开发与装备，2019（2）：22－23.

［313］郭江华．农村干部经济责任审计要点［J］．农村财务会计，2018（2）：33－35.

［314］刘雪风．农村财务收支审计要点［J］．农村财务会计，2018（12）：30－32.

［315］余云．刍议公路工程财务审计要点及审计方法［J］．当代会计，2019（7）：100－101.

［316］郑小红．浅析征地补偿资金审计重点、审计方法及建议［J］．商讯，2018（21）：29，31.

［317］吴永婵．乡镇政府在农村环境污染治理中的责任探讨［J］．纳税，2017（19）：137，141.

［318］孙星星．乡村振兴战略下农村环境治理地方政府责任研究［J］．农村经济与科技，2019（10）：221，223.

［319］冯阳雪，徐鲲．农村生态环境治理的政府责任：框架分析与制度回应［J］．广西社会科学，2017（5）：125－129.

［320］吴舜泽，殷培红，夏冰，等．落实党委和政府农村生态环境保护主体责任的调研分析［J］．环境与可持续发展，2019（2）：5－9.

［321］禹政敏，房宇．论地方农村环境治理中的政府责任［J］．辽宁行政学院学报，2016（9）：82－85.

［322］于君．天津市北辰区审计局加强农村集体经济组织审计需法律护航［N/OL］．中国审计报．2014－12－17. http：//epub. cnki. net/kns/detail/detail. aspx？FileName＝CSJB201412170072&DbName＝CCND2014.

［323］栾建杰．加强农村经济审计　规范农村财务管理［J］．吉林农业，2015（6）：54.

［324］王莉．论农村经济财务审计工作的管理和监督［J］．科技经济市场，2015（9）：80．

［325］颜连江．关于农村财务审计工作的思考［J］．科技致富向导，2015（11）：27．

［326］石建华．对农村财务审计工作的思考［J］．农民致富之友，2014（23）：88．

［327］吴国霞．强化农村财务审计工作　促进农业经济发展［J］．农业与技术，2015（3）：170，196．

后 记

呈现在读者面前的这本书，是我们对中国乡村治理和农村审计的长期观察和思考。

2002 年，刚到高校工作，对自己的科研方向，一度感到迷茫。一个偶然的机会，有幸参与一个农村财务管理的课题，由此跟农村财务管理和农村经济监督研究结缘。作为从山村中走出来的孩子，对农村有着深厚的感情，也总期望自己能为乡村建设做点力所能及的事情。农村审计这个领域，正好是科研压力这一严峻现实和心中理想的最佳结合点。幸运的是，早期所写的一篇篇小文章得到了杂志社的认可，使得自己有机会慢慢积累，最终形成较为完整的成果体系。

开始以为，有了好的开始，成功就在眼前。谁知动笔之后，才发现有诸多的困难。全书的构思从 2014 年开始，但几经周折，直到 2020 年 9 月才基本完成。2018 年，中央审计委员会的成立，是我国审计改革和发展的里程碑，对我国审计监督体系带来了重大而深远的影响。与此同时，我国农村改革已经进入深水区，相关政策不断推陈出新，深刻改变着我国农村审计的制度环境，这些都给课题研究带来一定的挑战。本书在写作过程中，坚持把党中央、国务院《关于实施乡村振兴战略的意见》《关于加强和改进乡村治理的指导意见》《关于加强法治乡村建设的意见》等政策文件和我国审计改革发展最新成果融入研究，力求使研究成果顶天立地——既符合中央最新文件精神，又满足农村基层实际情况。当然，受限于我们的研究能力和时间精力，对相关政策理解可能不够准确，加之调研工作做得不够深入细致，书中有所瑕疵在所难免，请读者们批评指正。

李 歆

2021 年 1 月